"我爱我"心灵成长丛书

WO AI WO XIN LING CHENG ZHANG CONG SHU

总主编
郭 成

学习需要好品质

WOAIWO XUEXIXUYAO HAOPINZHI

主 编：赵小云 郭 成

参 编：（按姓氏笔画为序）

田 莲 吴 岳 张 利 张文江

周海霞 杨 静 钟 静 雷 燕

图书在版编目(CIP)数据

我爱我 学习需要好品质 / 赵小云,郭成主编. —重庆
西南师范大学出版社,2013.3
("我爱我"心灵成长丛书)
ISBN 978-7-5621-6171-4

Ⅰ.①我… Ⅱ.①赵… ②郭… Ⅲ.①学习方法—青
年读物②学习方法—少年读物 Ⅳ.①G791—49

中国版本图书馆 CIP 数据核字(2013)第 038481 号

策　　划:刘春卉　杨景罡
责任编辑:曾　文
特约编辑:李樟花
插图设计:张　昆
封面设计:大象视觉设计
版式设计:曾易成
出版发行:西南师范大学出版社
地址:重庆市北碚区天生路 2 号
邮编:400715　市场营销部电话:023-68868624
http://www.xscbs.com
经　　销:新华书店
印　　刷:重庆五环印务有限公司
开　　本:889mm×1194mm　1/32
印　　张:10.75
字　　数:310 千字
版　　次:2013 年 3 月第 1 版
印　　次:2013 年 3 月第 1 次印刷
书　　号:ISBN 978-7-5621-6171-4

定　　价:22.00 元

衷心感谢被收入本书的图文资料的原作者。由于条件限制,暂时无法和部分作者取得联系。恳请这些作者与我们联系,以便付酬并奉送样书。

前　言

我是一个怎样的人？我有哪些特点？我快乐吗？我郁闷吗？遇到生活中的问题我紧张、焦虑、不开心的时候该怎么办……这些问题都与人们的心理健康有关。

当今时代，心理健康已成为人们最关注的个人健康问题。每个人都希望能更清晰地认识自己、了解自我，每个人都希望自己健康快乐，每个人都希望自己有充分的信心和力量来应对生活，有一种生活的自信感、希望感和力量感！要维持这种积极、健康的心态，每个人自己的努力和行为十分重要，自我的力量是发展自己、维护自己的核心力量，尤其是面临众多成长和发展任务的青少年，树立积极自我维护的心态、掌握有效的自我维护技巧一直是专业领域强调的核心要素！为此，我们根据人们在日常生活中容易发生的突出心理问题和情绪困扰，从心理健康自我维护的视角，精选了当代心理学研究领域的相应成果，组织编写了这套"'我爱我'心灵成长"丛书，以帮助人们解剖自己、认识自己，了解学习心理健康自我调控的方法和技巧，从而帮助人们培育积极心态，掌握有效应对心理困扰的方法和技巧，维护心理健康！

本套丛书一共有六本：《我爱我 学习需要好品质》《我爱我 学习困难自我突破》《我爱我 我的情绪我做主》《我爱我 好性格成就好人生》《我爱我 生活是本有趣的书》《我爱我 健康心理自我维护》，属 2010 年重庆市哲学社会科学科普项目研究成果(2010KP002)。

该书主要针对青少年学业中的相关问题给予心理指导。对青少年而言，学业是关系着你们十多年甚至二十余年的主要生活事件，这其中尤以如何搞好自己的学业最为令人关注。在现实生活中，我们会发现有些青少年将自己的学业打理得"一帆风顺"，很少让父母或老师操心；而有的青少年在学习过程中则是"困难重重"，让父母或老师"操碎了心"。为什么会出现这样明显的差异？这其中的关键就在于学习心理素质上的差异。换言之，青少年要想把学业搞好就需要一定的学习心理素质作支撑。

所谓学习心理素质是以先天生理条件为基础，经过后天的训练和培养所获得的有利于完成学习任务的稳定的心理品质的总和，也是个体认知、情意、行为与个性相互联系构成的完整的心理结构。基于这样的思考，本书内容的确立主要从学习必备的心理素质之认知篇、情绪篇、行为篇、动机篇、人格篇和智能篇等六个维度来阐述，每个维度下又分设多个小主题，内容主要涉及学业自我概念、学业成败归因、积极学业情绪、考试焦虑应对、学习行为习惯、学习方法与策略、学习时间管理、学习动力激发、未来时间观、学习目标的设置、学习主动性、质疑精神、学习合作性、学业挫折应对、记忆力、观察力、注意力、想象力、反思力和思维力等 20 多个与学业成败密切相关的学习心理素质。诚然，本书所确立的内容并不能涵盖学习必备心理素质的全部，但我们确信这些主题对促进青少年的学业成功是至关重要的。

本书由赵小云、郭成负责全书结构体系的策划与统稿，并负责认知篇与动机篇的编写；周海霞、赵小云、杨静负责情绪篇的编写；赵小云、张文江、钟静负责行为篇的编写；张文江、雷燕、张利负责人格篇的编写；田莲、吴岳、张文江负责智能篇的编写。

该书在编写过程中得到了重庆市社会科学联合界科学普及部、重庆市社会心理学会领导和专家的大力支持，得到了西南师范大学出版社领导和编辑的大力支持和帮助，在此向他们表示深深的感谢！同时，在编写过程中，我们参阅、借鉴、吸纳了国内外同行专家的研究成果，部分内容取材于网络，在此谨向原作者致以诚挚的谢意！

科学普及是一项对科学性和趣味性要求极高的重要活动。在丛书编写过程中，我们从内容选材到呈现形式、语言表述等方面充分考虑了科学性、趣味性、生动性、可读性等要素，以增强丛书的吸引力。尽管如此，由于编者的学识与经验有限，书中疏漏及争议之处在所难免，恳请读者批评指正！

目录

CONTENT

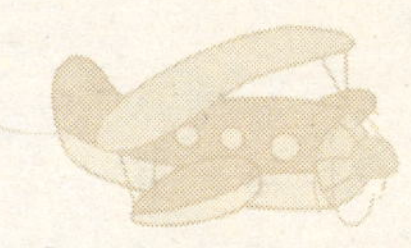

认知篇

情绪篇

行为篇

动机篇

人格篇

智能篇

认知篇

青年者，人生之王，人生之春，人生之华也。

——李大钊

第一节　给学业一个正确的认知

2006年，国家统计局调研组对青少年学习自我感受的调查曾发现：对学习“很有兴趣”和“比较有兴趣”的中学生占40%，28%的中学生对学习的“兴趣一般”，认为学习“比较枯燥”和对学习“厌烦”的中学生超过20%，11%的学生选择“说不清”。出现这种现象的原因是多方面的，有来自外部因素的影响，如学校层面上的有学校环境、教师的教学方式、评价方式、师生关系、同学关系，家庭层面上则有家庭环境、父母的教养方式、父母的学业要求等等；当然，来自个体自身的因素也是不容忽视的，且起着主导性作用。那么，这些个体自身因素究竟是什么呢？

诊断评价

不爱学习的牛策

牛策，小学六年级学生，天资聪颖，只要他想学的东西很快就能学会，可就是懒散，不喜欢学习，上课不认真听讲，回家从来不主动看书做作业，能拖就拖，经常欺骗老师和家长。看着他的成绩，家长和老师心里都很着急，磨破嘴皮讲道理、打骂都试过，还是不怎么见效，稍微好了一阵子又故态复萌，甚至更不认真了。

◎想一想◎

这样的学生，你们班里有几个？你是否也在这个群体中呢？他们为什么这样子？

◎问题探析◎

有效的教育必然体现在积极促进学生学业自我概念的形成和发展上。牛策之所以在学习上有着这样的表现，一个主要原因就是他对学习没有一个正确的认知。比如，他不认为学习是一件快乐的事情，不懂得学习需要一定的自我控制，不知道学习会给他带来什么……他的问题从心理学的角度上讲，就是其学业自我概念发展水平较低。

学业自我概念可视为自我概念的亚概念，是构成自我概念的成分之一，自诞生起就备受心理学家和教育学家的广泛关注，目前已成为人格心理学、教育心理学和健康心理学等诸多学科研究的热点。西南大学心理学教授敦成在综合国内外相关研究的基础上，指出学业自我就是指个体在学业情境中形成的对自己在学业发展方面比较稳定的认知、体验和评价，包括对自己在不同学业领域中的学业能力、成就、情感以及方法等的认知、体验和评价。该观点在其对我国青少年学业自我所做的内隐观的研究中得到证实。那么，学业自我为何会受到诸多专家学者的广泛关注呢？

首先，学业自我是预测个体学业成败的一个重要指标。在教育过程中，学业自我概念是学生认识学业及其学习环境的参照系。因此，在学业上，学生通常总是在与其学业自我概念相匹配的水平上选择环境刺激物，并在这个过程中表现出对什么敏感、对什么感兴趣，以及看重什么、向往什么等等。这样，学业自我概念必然会制约学生的学业发展。实际上，关于二者之间关系的探讨一直是学业自我研究领域中的焦点。目前许多研究证实，学业自我发展的好坏会影响其学业成就。

其次，学业自我是预测个体人格健全的敏感因素。我们知道，人格的发展除受遗传因素的影响外，还受到个体生活环境或生活经历的影响。对青少年而言，学业是关系着他们十多年甚至二十几年的主要事件，而在这一事件中，他们最为关心的莫过于自己的学业成败。对他们来说，学业成功能在很大程度上提升其满足感，激发其前进的动力；而学业失败则会导致其自尊意识减弱，抱负水平降低，且不断失败的学习体验常使其产生自卑、畏缩不前等心理问题。若这些问题长期存在，他们的学业发展就会受阻，某些优良的心理品质就会被抑制，其人格的健全发展必然会受到影响。而积极学业自我的形成则可以缓解因学业失败带来的消极体验，这是因为积极学业自我的养成过程本质上就是引导学生好学、乐学的过程。如河北大学心理学博士、教授刘惠军等在2000年研究就发现，学业自我概念和非学业自我概念对其心理健康都有显著性影响。淮北师范大学的心理学博士赵小云2007年的研究也曾发现，高学业自我的中学生在人格上具有高外向性、高宜人性、低情绪性、高谨慎性和高开放性等特征。

由此可见，有效的教育必然体现在促进学生积极学业自我概念的形成和发展上。

测一测

本测验共有20道题，每道题都有5个备选答案，请根据自己的实际情况，在题目后填写相应的数字（每题只能选择一个答案）。这5个数字所代表的意思是：

5——很符合自己的情况；

4——比较符合自己的情况；

3——很少符合自己情况；

2——不符合自己的情况；

1——很不符合自己的情况。

1. 学习对我来说并不是一件枯燥乏味的事情。	1	2	3	4	5
2. 在学习中我经常感到快乐。	1	2	3	4	5
3. 我有很强的学习能力。	1	2	3	4	5
4. 我对学习充满兴趣。	1	2	3	4	5
5. 在学习上，我总是主动计划和决策。	1	2	3	4	5
6. 我在学习上很勤奋。	1	2	3	4	5
7. 我喜欢学习。	1	2	3	4	5
8. 在学业上，我会积极应对，以避免学业失败。	1	2	3	4	5
9. 我觉得学习是件愉快的事情。	1	2	3	4	5
10. 老师一直把我看做是最聪明（优秀）的学生之一。	1	2	3	4	5
11. 在学习上我的自觉性比较高。	1	2	3	4	5
12. 同学们都认为我的学习能力强。	1	2	3	4	5
13. 我在学习上很认真。	1	2	3	4	5
14. 为了我的未来，我必须努力学习。	1	2	3	4	5
15. 我认为学业成功很重要。	1	2	3	4	5
16. 我很看重自己的学业成就。	1	2	3	4	5
17. 为了在学业上有所成就，我愿意付出加倍的努力。	1	2	3	4	5
18. 当学习一门新课时，我通常可以肯定自己的成绩会名列前茅。	1	2	3	4	5
19. 我渴望自己能成为一个学识渊博的人。	1	2	3	4	5
20. 我认为我在学业上是成功的。	1	2	3	4	5

【评价与分析】

将你所选的数字相加，若得分低于 60 分，说明你对学习的认知不够积极，亟须做出改变；若得分在 60～80 分之间，说明你对学习的认知还有待改善；若得分在 80 分以上，说明你对学习的认知比较积极。

资料卡

中国青少年学业自我发展的现状

关于青少年学业自我发展的总体水平，国内相关研究表明，我国青少年的学业自我发展现状并不乐观，如西南大学心理学教授郭成 2006 年的研究发现，我国西南等地区青少年的学业自我发展水平不高，基本上处于中等水平。淮北师范大学心理学博士赵小云于 2007 年的研究则发现，中学生的学业自我发展虽处于中等偏上水平，但有 15%左右的中学生对自己的学业具有消极的自我意识，比较积极的仅占总人数的 28%。此外，赵小云、郭成于 2012 年针对西部少数民族高中生的研究也发现，仅有 20.8%的高中生对自己的学业持有积极的评价，有 19.2%的高中生对自己的学业持消极评价，这说明西部少数民族高中生的学业自我发展水平亦不容乐观。另外，还需一提的是上述三个研究均证实，我国青少年在学业自我的发展上呈现出这样的特点：均表现为非常重视学业成就，有较好的学业情感体验，但在学业行为上自控力较差，且对自己的学业能力评价较低。

观点意识

青少年学业自我概念低的原因

青少年学业自我概念的形成主要是其在生活中与那些会制

约其学业发展的环境的交互作用的过程中发生和发展的，而这些环境主要是家庭和学校，这也是青少年学生成长的主要生活空间。不同的学业经历和情境导致了不同的学业自我，这是一个内在的自觉转化过程。青少年学业自我概念会因这些环境的优劣（如教养方式、学校的好坏、学业的成败等）而出现较大的差异。如果他们对家庭和学校环境的知觉是积极的，会有助于他们获得愉快的学习生活经历，而这些积极的学习生活经历无疑会促使他们对学业作出积极的认知、体验和评价。所以，我们教育工作者培养青少年的积极学业自我可从改善他们的生活和学习环境，提高他们的生活满意度做起。

操作训练

【训练策略一】

明确学习的价值——我为什么要学习

有人说，一个人成就的大小永远超不过他脖子以上的部分——脑袋，人和人之间最大的不同就是思维的差异。同样做一件事，有的人成功了，有的人失败了，很大程度上取决于他（她）对这个事的理解。也就是说，做任何事，为什么去做远比你做这件事情本身还要重要得多。动机是起决定作用的，对学习也是一样的，你为什么要学习比你学习本身这个事情要重要得多。但现实情况是，很多青少年学生似乎从来没有认真思考过“学习的价值是什么?”“我为了什么而读书?”这些问题解决不好，自然会降低学习的激情。

◎读一读◎

学习的理由

1. 我们一出生就像一张白纸，由于生活所迫需要填涂，所以学习可以给我们带来知识的营养，丰盈自己。

2. 学习是苦与乐同在的，播种一份希望就有一份收获。

3. 学习是上一辈人渴望做的事，而如今我们真的很幸运，有很多的机会去学习。

4. 做人要有毅力，绝对不要认输。

5. 学习是一种经历，是绝对不可以缺少的体验。

6. 学习可以让你成长，知识改变命运绝对不是空话，只是你信不信的问题。

7. 学习让我们的生活充满挑战，在知识的海洋里畅游会让我们感到自身的渺小。

8. 海绵式的学习方法催促我们尽快吸收知识，但怎么也吸不完。

9. 学得多不一定很有才，但学得少那他一定是蠢材。

10. 学得少，不一定不好，就好像“钱不是万能的，但是没钱就是万万不能的”。

11. 财富有多和少之分，知识也有，渊博者我们称之为“博学”，贫乏者我们称之为“庸人”，而我们大部分人是拒绝平庸的。

12. 任何事物都不可能一蹴而就，所以学习也一样，别想走捷径。

13. 总有人埋怨现代教育的弊端，总有人叫嚷废除高考，然而这样做之前，是否有更完善的被所有人接受的教育制度呢？所以“实干家”还是会在艰难中适应并且寻找自己的喜好。

14. 没有人不想学习，只有毅力之分，看谁学得多学得少。

15. 有没有不好好学习的理由？答案是有，前提是你智商高，能力强，不学也能了解万物，更重要的是你日后肯定能凭自己的能力解决温饱，不依赖别人。

16. 如果你拥有亿万家产，不愁吃穿，那么你爱怎样就怎样，没有谁管你学不学。（请注意：父母的钱不是你的，盖茨可没把他的所有家产留给子女，所以这样做的人先想清楚父母的钱够你用一辈子吗？父母是否打算把钱留给你？）

17. 为了自己，我们要活得有出息，既然人人都参加义务教育，我们为什么要比别人差。

18. 为了家人尤其是父母，不管是不是虚荣心作祟，你的家人总会希望你是一个学习出色的人（起码在中国的大多数家庭里，父母还是希望儿女学业有成的。俗语说：望子成龙，望女成凤。所以也难怪高考这座独木桥这么挤）。

19. 为了朋友，当朋友们认真学习，你甘心落下？当朋友不学无术时，你甘心沦落？我们要做好榜样。

20. 想学习的人总会找上千百个理由，钻时间的空子，发奋读书；不想读书的人，就算怎么强迫他，他也是课上打瞌睡，课下玩闹。

21. 学习，就该有一个明确的目标并制订恰当的计划，下定决心。

22. 量力而为，别想些不切实际的事情，学习还是脚踏实地的好。

23. 可能你身边的人总在给你压力，你开始厌倦这样的学习生活，你想要自由，但是你要的起吗？你愿意就这样享一时之乐？

24. 很多人在高三的时候会后悔自己荒废光阴，拼命的补习，可结果是少有上榜的，让周围的人都觉得心疼，早知如此何必当初。

25. 总该为自己找点事做吧，认真、努力、热情，学习就不会有想象中的难。

26. 谁不想天天自由自在，谁不想像比尔　盖茨那样富有，可是前提是必须先努力有所成就。

27. 我们今天的学习就是为了明天更好的生活。

28. 把自己的大脑填得越多越好，这样的每一天绝对充实和多彩。

29. 或许命中注定人生就不是一帆风顺的，那么就从学习开始吧！

30. 或许学习根本不需要理由，这是人的本能，只是学业成就有高低之分，谁希望低人一等呢？

31. 有人说很多的知识在大学毕业以后根本用不上，那学它干什么？可有没有想过多知道点东西对自己也没有坏处，就好像财富，你会嫌它太多吗？

32. 有太多的借口被人们用来逃避学习，其实就是受不了那点

“苦”，就是懒惰和懦弱。

33. 想想20岁以前，一个人最宝贵的光阴里到底都干了些什么，才会后悔那时的行为，才会想自己想拥有的生活是什么样，虽然还不晚，但总是遗憾。

34. 该怎样学习，你自己应该最清楚，不用别人在旁督促，一个人要做对得起自己和别人的事，无愧于心。

35. 如果不学习，我们还会知道什么？很多人都知道井底之蛙的故事，眼光还是放远一点好，毕竟时代日新月异。

36. 如果不学习，我们能活出什么样来？我们可不可以开小车、住洋楼，答案不得而知，但是可以肯定这样的概率微乎其微。

37. 我们要好好学习，尽一切努力，起码无愧于父母的养育，对得起自己。

38. 我们不是天才亦不是蠢材，但是学习可以把我们变得有才，然后才有机会得到“财”。

读了以上的理由，我们还有什么理由不好好学？

◎想一想◎

你是为什么学习的？你还能给自己列出多少学习的理由？

◎试一试◎

你能不能尽可能多地说出你喜欢学校的理由？

譬如，学知识、学做人、认识社会、交朋友、环境好、老师好……

【训练策略二】

自我激励——向名人学习

自我激励是指个体具有不需要外界奖励和惩罚作为激励手段就能为设定的目标自我努力工作的一种心理特征。德国专家斯普林格在其所著的《激励的神话》一书中写到：“强烈的自我激励是成功的先决条件。”人的一切行为都是受激励产生的，通过不断的自我激励，就会使你有一股内在的动力，朝所期望的目标前进，最终达到成功的顶峰——自我激励是一个人迈向成功的引擎。

◎读一读◎

给不爱读书的青少年的名言警句

1. 不去读书就没有真正的教养，同时也不可能有什么鉴别力。

——赫尔岑

2. 读书如饭，善吃饭者长精神，不善吃者生疾病。——章学诚
3. 勿以恶小而为之，勿以善小而不为。——陈寿《三国志》
4. 读万卷书，行万里路。——刘彝
5. 发奋识遍天下字，立志读尽人间书。——苏轼
6. 非淡泊无以明志，非宁静无以致远。——诸葛亮
7. 黑发不知勤学早，白首方悔读书迟。——颜真卿
9. 立身以立学为先，立学以读书为本。——欧阳修
10. 立志宜思真品格，读书须尽苦功夫。——阮元
11. 莫等闲，白了少年头，空悲切。——岳飞
12. 鸟欲高飞先振翅，人求上进先读书。——李苦禅
13. 千里之行，始于足下。——老子
14. 少壮不努力，老大徒伤悲。——《汉乐府·长歌行》
15. 书痴者文必工，艺痴者技必良。——蒲松龄
16. 书到用时方恨少，事非经过不知难。——陆游
17. 书犹药也，善读可以医愚。——刘向
18. 问渠那得清如许，为有源头活水来。——朱熹

【训练策略三】

激发自己的学习兴趣——让自己爱学习

戴尔·卡耐基有句名言：“如你假装对工作感兴趣，那么这种态度会使兴趣变成真的，并且消除疲劳。”因为态度决定结果，态度改

变命运。积极向上的态度使人有了激情，有了激情就有了奋发向上的斗志，有了奋发向上的斗志就会有满意的结果。这种经验可以很好地应用在学习的兴趣培养上；如果你对某一门课或对学习不感兴趣，你就可以训练自己假装对它感兴趣，并坚持下去，必定会有很好的效果。

●秘诀一：弄假成真法

首先，训练自己面带微笑。当面对着自己不喜欢的课程时，不要愁眉苦脸。要让自己面带微笑，并要从心底里愉悦起来，保持一种快乐感。

然后，用肯定、简短的语句宣布："我很喜欢你！""我对你很感兴趣！"

这样坚持一段时间后，就会解除心中的排斥感，真的产生兴趣。这种方法并不是说"心想事成"，不是讲我"想"怎么样，就可以怎么样，它要求你在心里产生学习兴趣之后，立即着手，深入研究下去，将这种兴趣转化为深入学习的动力。

●秘诀二：兴趣暗示法

作为学生，学习是自己的职责，在我们不可以改变课程的情况下，那么只好改变自己。改变自己对待学习的态度，痛苦也是学，快乐也是学，我们为何不去选择快乐地学呢？因此，对那些不喜欢的科目，可以采用兴趣暗示法。

比如对数学，在学习之前，首先进行热身运动，摩拳擦掌，面带笑容，看着数学，大声说："数学，从今天开始，我要喜欢你啦！""可爱的数学，我要对你产生兴趣了。""数学，我会满怀兴趣地学好你！"

每次学习数学之前都暗示自己，坚持三个星期，或者更长一段时间，这些语言就会深入到潜意识里，一旦进入潜意识，你对数学的兴趣就真正培养起来了。

很多对学习没有兴趣的同学，一拿起书就会产生不愉快的情绪，甚至厌烦、恐惧，从而关闭了自己的灵性之门，导致学习效率低下，甚至无效。当摩拳擦掌、面带微笑进行自我暗示时，就会产生一种愉悦感，厌烦、恐惧的情绪都被冲散，心灵之门渐渐打开，要学的知识就容易吸收进来了。

在学语文时，暗示自己："学语文很快乐，我对语文充满兴趣。"

在学英语时，暗示自己："学英语很快乐，我对英语充满兴趣。"

此法可适用于任何一门课程。

当你快乐地学习的时候，你已与兴趣结缘了。

◎读一读◎

暗示的力量

1960年，哈佛大学的罗森塔尔（R. Rosenthal）博士曾在加州一所学校中做过一个著名的实验。新学年开始，他让校长把三位老师叫进办公室，对他们说："根据过去三年的教学表现，你们是本校最好的老师。为了奖励你们，今年我们特别挑选了三班全校最聪明的学生给你们教。这批学生的智商比同龄人都要高，希望你们能有更好的成绩。"

老师们表现出掩饰不住的喜悦，临出门时校长又叮嘱他们："要像平常一样教他们，不要让孩子或者家长知道他们是被特意挑选出来的。"

一年之后，这三班的学生成绩是整个学区中最优秀的，比平均分数高出两三成。这时候，校长才告诉老师们真相，这些学生并不是刻意选出来的，而只是随机抽选出来的普通学生，三位老师万万没有想到事情会是这样的，只有归功于自己教得好而已。而校长又告诉他们，其实他们也是随机抽选出来的。

这是因为暗示发挥了重要作用，三位老师觉得自己很优秀，充满了自信与自豪，工作中自然就格外卖力，学生知道自己是个好学生，肯定会努力学好，结果就真的全部优秀起来了。

●秘诀三：兴趣迁移法

面对不喜欢的科目时，也可以运用这种兴趣迁移法，利用自己对其他科目的兴趣来带动不感兴趣的那些科目，训练时进行下列做法：

(1)问自己愿不愿意把这门课学好，用肯定的语言来回答自己，比如"我一定能将数学学好"，"这些单词我很快就会背了"。这样反复默念，形成一种潜意识。

(2)进行身心放松训练。尽量坐舒适，慢慢做三次深呼吸，将心情放松，不要感受到压力。

(3)想象自己上所喜欢的课时的情景，让心情快乐起来。

(4)想象自己上不喜欢的课时的情景，然后就将上喜欢的课时的愉快心态迁移到不喜欢的课程上，让自己面对不喜欢的科目时也有一种轻松、愉快的心情。

(5)立即开始学习。

【训练策略四】

增强你的自信

人往往因为自信而成功，也往往因为缺乏自信而失败。19世纪的思想家爱默生说："相信自己'能'，便攻无不克。"拿破仑甚至讲："在我的字典里，没有'不可能'这个词。"正是没有这个词才使得他南征北战，横扫欧洲大陆。事实上有许多学生正是缺乏学好某门课的信心，产生了畏惧心理，丧失了兴趣。所以要建立起学习的兴趣，可以从增强自信心入手，具体有以下几个步骤：

(1)想象自己曾获得成功的事情，努力回味那种成就感，以获得对学习的兴趣。

(2)令人愉快的事物总能激发兴趣。所以尽量想愉快的事情，如"我今天将再学会10个单词"，"今天又学会了方程式的解法"，让自己知道今天超越昨天，树立起"每天多做一点，就是成功的开始"的信念。

【教你几招】

★挑前排的位子坐 ——我不怕引人注目 ——我能领会别人，并有见地	★练习当众发言 ——我不惧怕 ——我有独特见解

★练习正视别人 ——我们平等，我能赢得你的尊重 ——你谈的我是懂的	★主动和别人说话 ——自我封闭是对自信心的扼杀
★抬头挺胸快步走 ——我有精力，有信心，有能力 ——比平时走路快25%	★爽朗地大笑 ——我有信心 ——我一定能行

提示：自信心的培养是一个长期的过程，需要一定程度的自我认识，在此基础上参照以上方法有意识地训练，不久就会发现别人眼中的你不一样了哦！

【训练策略五】

正确理解“学业成功”，学会“向下比较”和“自我比较”

在我国，追求超越他人的学业成绩早已在我们的社会、家庭、教师和学生之中成为时尚。它不仅在应试教育的实践中发展到登峰造极的地步，而且在倡导与构建“素质教育”的今天，也依然是潜藏在人们心目中的信条和准则。因此，家庭和学校一直强调个体学业发展的重要性，其学业的成功甚至被看成是改变命运、实现理想的唯一途径。所以，青少年十分重视自己的学业成就，对学习成功体验的渴求也是十分强烈的。众多研究发现，青少年的学业成就是影响其学业自我发展的重要因素。同时，心理学研究也表明，自我概念较差的学生如果在某方面接连取得成功，往往会给他们带来愉悦的情绪体验。这种成功体验会使他们进一步增强对成功事物的兴趣和信心，并使他们的自我概念健康发展。可以说学业成功体验是积极学业自我形成的必要条件。

观点意识

学业自我是怎么形成的？

——大鱼小池效应(Big Fish Little Pond Effect)

大鱼小池效应提出的理论基础有两个。其一是基于美国著名心理家费斯汀格(L. F. Festinger)的社会比较理论：该理论认为人类存在这样一种动机，即通过与他人的观点和能力进行比较来评价自己的观点与能力，比较的结果对他的行为有重要影响。其二为美国心理学家马什(H. W. Marsh)的内 外参考框架模型(Internal External Frame of Reference Model)：外部参考框架模型是典型的社会比较过程，学生将某一门课的成绩与其他同学在此课上的成绩进行比较，或者是与实际成绩水平的某种外部标准相比较(如学校等级、班级排名等)；内部参考框架模型是学生将自己在某一学科上的成绩与自己在另一学科上的成绩进行比较，如他的数学成绩最高，那他的数学自我概念将比其语文自我概念要高。这一模型是对传统的社会比较理论的拓展。BFLPE 效应就是基于外部参考框架模型形成的。马什等对此模型在自我概念形成过程中的适用性进行的 26 个国家的跨文化检验表明此模型具有普遍的适用性。

马什这样描述其 BFLPE 效应的理论模型：“该模型假设学生将自己的学业能力与同伴的学业能力相比较，并且用这种社会比较印象作为基础来形成他们自己的学业自我概念。具有相同能力的学生，当他们将自己与更高能力的同学进行比较时，他们就会有较低的学业自我概念，当他们与能力较低的同学进行比较时，他们的学业自我概念就会较高，这时就出现了 BFLPE 效应。”

◎想一想◎

对你而言，你是如何理解学业成功，如何获得成功体验的呢？是取得好成绩，把自己的对手甩在后面，还是与过去的自己相比进步了呢？

◎读一读◎

故事1：“芭比娃娃”是露丝·汉德勒“创造”的一种畅销玩具，诞生之后，许多美国父母都乐于给孩子买，希望孩子长大后有个如芭比娃娃的理想形象。但是让这些父母震惊的是，当初给孩子买芭比娃娃时，孩子们都是很开心的，可不久之后，孩子们就会躲在房间里冲着娃娃发泄甚至将其毁坏。

【问题解码】美国妇女组织是这样解释的：芭比娃娃的体型为少女设置了不可实现的目标，最终结果就是伤害了她们的自尊心，使得她们对自己的容貌和身材感到自卑。而孩子们的发泄，正是自尊受损后的一种心理补偿行为。

故事2：美国学者斯坦利·默斯（S. Morse）和耐思·格雷（K. Gergen）曾做过这样一个实验：他们把一些大学生分为两组，分别填写一份关于“自尊评价”的表格。这其中，让第一组学生在填表前较长时间接触一位不修边幅、不守纪律的“脏先生”。第二组学生则接触一位衣着讲究、充满自信的“净先生”。结果，研究者在仔细阅读两组学生的自尊问卷后发现：接触“脏先生”的第一组学生的自尊心有了明显提高，而接触“净先生”的第二组学生的自尊心普遍下降。

【问题解码】研究者把第一组所遇到的情形叫做“向下比较”，第二组遇到的叫做“向上比较”。心理学研究表明，“向下比较”容易产生心理优越感，自信心增强，自尊心上升；而“向上比较”的人则容易产生自卑感，自信心下降，自尊心受挫。

想一想上面两个故事告诉了我们什么？日常生活中你是这样做的吗？如果不是，请立即作出改变吧！

家教警语

孩子的学业认知，家长需引导

家长对待学习的态度往往决定着孩子对待学习的态度。对于

一、二年级的孩子来说，形成正确的学习态度是很重要的，因为在这一时期形成的学习态度，往往决定他今后整个学习生涯中对待学习的态度。一、二年级，是家长培养孩子正确学习态度的关键期。

所以，那些孩子刚刚入学不久的家长们应该注意了，在这一时期，你不需要太关注孩子的学习成绩，但你必须要做的是不断地向孩子传达这样一个观念——学习是快乐的事情！

判断鉴别

心理多棱镜：在子女的学习上，你有过如下态度与行为吗？

请仔细阅读下面的描述，根据你的实际，在“是”或“否”上作出选择。

1.你是否实行过以钱奖励学习的制度：譬如，成绩60分以上奖10元，70分以上奖20元，80分以上奖50元，90分以上奖100元。你觉得只有这样才能激起他对学习的最大动力。

2.现实生活中，你是否认为自己为孩子付出了那么多，孩子就一定得品学兼优。当孩子并没有做到时，就歇斯底里地运用一切手段套牢孩子，如不让孩子闲着，非得把他的课余时间占满了心里才踏实；不让孩子出错，为了一次不理想的成绩就打骂孩子。

3.你是否自以为对孩子的一切了如指掌，处处都替孩子打理好，就像是养盆栽一样。比如，对你的孩子说过这样的话：“你在班里要是考不了前三名，就考不上重点高中；考不上好高中，就考不上重点大学；考不上重点大学，就没有好工作；没有好工作，就得不到高收入；得不到高收入，就过不了幸福生活……”

4.你是否认为孩子学习就只能是课本上的学习，像课外活动这些是浪费时间的事。

【评价与分析】

在以上的描述中，你选择“是”的项目越多，越说明你在孩子的学习上存在着错误的教育理念。这些错误的理念会不利于孩子形成正确的学习态度。

◎读一读◎

孩子最烦的九种家教方式

第一，唠叨式。唠叨式是愚蠢的家教方式之一。很多孩子说，一听爸爸妈妈唠叨就烦。

第二，数落式。唠叨的同时就是数落。数落比唠叨更恶性了一点儿，因为数落常常带有谴责性质。要将数落式彻底取消。就是这些错误方式在毒害孩子，破坏孩子的学习状态，把孩子积极性的火苗扑灭了。

第三，训斥式。动不动就训孩子，这也不好，那也不对。

第四，打骂式。打骂式对孩子的影响更不好，一定得杜绝。幸运的是采取这种方式的家长不多。

第五，达标式。规定孩子考试的平均成绩必须达到多少分，名次要进入前几名，上哪个重点中学，考哪所名牌大学。

第六，疲劳式。学校搞题海战术，家长再额外增加学习时间和学习内容。

第七，包办式、陪读式。对孩子的学习面面俱到地操心，没完没了地辅导，一天到晚陪着孩子学习。

第八，催促式。不断催促孩子，你该做作业了，你该复习了。很多孩子说，我本来准备做作业了，父母一催我反而不想做了。

第九，愁眉苦脸式或处处操心式。父母亲的面孔对孩子有最大的影响。如果一个很好的孩子回到家里，面对的是一张数落的脸、一张唠叨的脸、一张训斥的脸、一张打骂的脸、一张催促的脸、一张愁眉紧锁的脸，那他在家中从根本上失去了学习的乐趣。父母的这张脸有时候决定了一切。

启示录

如何向孩子传递"学习是快乐的"

一、让孩子时刻都保持新鲜感——快乐与好成绩之间的平衡点

很多时候,家长希望孩子能用出色的成绩来证明自己的能力。既希望孩子快乐学习,又希望孩子能够取得好成绩。往往家长错误地认为,只有玩才会给孩子带来快乐,其实不然,学习也可以给孩子带来乐趣。玩与学并不冲突,如果家长能够帮孩子找到二者之间的平衡点,孩子就会觉得学习就像玩一样有意思,孩子也会像喜欢玩一样喜欢上学习。

这要从家长对孩子的期望和态度说起。随着孩子年龄的增长,家长对孩子的期望越来越高,对孩子的表现越来越不满意。大多数家长总是把目光盯在孩子的坏习惯上,而忽视了孩子在学习上所取得的进步和成绩。当然,还有很大一部分家长已经不满足于孩子在学习上所取得的这些进步,他们忽视了对孩子的欣赏和鼓励,继而还在苛求孩子要继续努力学习。

在这种情况下,学习给孩子带来的压力要远远大于学习本身的乐趣。家长要让孩子一直保持对学习的新鲜感。

1.保持平常心,永远用欣赏的态度对待孩子的学习

每一天,孩子都是在进步的,但家长们之所以常常发现不了孩子的进步,很大程度上是因为家长对孩子的期望过高了。家长适当的期望可以激发孩子的进取心,但期望过高,孩子就会视学习为压力,在充满压力的状态下,孩子永远也不会感觉到学习的乐趣。

虽然你现在的成绩比别人差,但妈妈相信,你所掌握的学习方法和良好的学习习惯,绝对能让你的成绩每天都有进步。

我知道你有学习的潜能,当你把自己的潜能一点点释放出来时,

成绩就会“嗖嗖”地提高。

家长欣赏和鼓励的态度，就等于是在培养孩子对学习的自信心，从而使孩子能用轻松的、快乐的态度面对学习。

2. 帮孩子去发现学习中的新鲜感

计算器虽然算数算得快，但除了算数之外，它对人几乎没有其他方面的帮助。但算盘就不同了，它能锻炼人的思维能力，能使人越来越聪明，这就是它的伟大之处。

在孩子学习生涯中，好多情况是这样的，随着孩子年龄的增长，你会发现孩子也许会莫明其妙地讨厌上某种题型、某个学科等，但孩子之所以会产生这种情绪，往往是因为他们对这些题型和学科缺乏了解。

所以，为了避免这种情况的产生，以及激发孩子对学习的兴趣，家长们需要具备一种先知先觉的意识，向孩子灌输神秘感和神圣感。这样不仅可以把孩子那种莫明其妙的厌烦感驱除掉，还可以促使孩子带着新鲜感去学习。

当孩子将要接触应用题时，你可以这样对孩子说，明天老师可能给你讲一种好玩的题型，做这种题就像做游戏。

当孩子将要接触作文时，你可以这样对孩子说，你知道二年级的学生最伟大的能力是什么吗？让我告诉你吧，那就是写作能力，其实写作文很简单……

二、给孩子创造积极的学习舆论环境

由于目光的短浅，由于理性思维能力有限，只要在学习方面稍微遇到一点儿困难，这些孩子就会产生放弃学习的想法。这时，小男孩们可能会这样想，我将来要自己做生意，做生意根本用不着太高的文化。而小女孩们则会产生嫁个好老公的想法。

孩子的这种思想很可怕，如何避免呢？给孩子创造一个正确的学习舆论环境就可以了。

1. 避免消极的学习观念

为了避免孩子受到消极舆论环境的影响,家长在日常生活中一定要注意自己的言论和思想,只有家长时刻用积极的态度看待学习,孩子才能时刻保持积极的学习态度。以下这些话,家长闲聊时一定要注意,被这些判断力不是很强的孩子听到后就会总结出“学习无用”的结论。

××做生意赚了一大笔,听说他的文化水平并不高,中学都没有读完,人家是赶上好时机了。

××家的女儿嫁人了,人家命好,嫁了个有钱的老公。

××家的孩子还没找到工作呢,还是大学生呢,现在的大学生是越来越不值钱了。

2. 营造积极的学习舆论环境

在你们爷爷辈的那个年代,经济还不是很发达,只要有聪明的头脑,再加上勤奋,人们就能取得较大的成就。但在现实社会中,没有知识的人只能靠出卖自己的劳力生存,就算给他们资金,他们也没有开办公司的能力。

你看电视上的杨澜阿姨,她现在的成就如此之大,都是通过她的刻苦努力得来的。

你最喜欢的主持人白岩松,去看看他的自传,你就知道他小时候的学习有多刻苦。

那些演艺界、文艺界的一些知名人士,他们之所以不停地进修,就是因为他们懂得,只有继续学习,才能取得更大的成就。

榜样的力量是巨大的,家长帮助孩子找到合适的榜样,孩子对学习的积极性就能极大程度地被激发出来。

家长如果总是拿他们与周围的孩子对比,他们会从心底里讨厌那个孩子,还会激发孩子的仇视心理。不要拿自己孩子与别的孩子作比较,而是引导孩子自己到那些名人的成长经历中去寻找成功的真谛。

三、学习是一种途径，而不是目的

孩子喜欢学习并不等于他们的学习态度正确。孩子的学习态度是否正确或科学，往往决定着他们能否通过学习取得成就。

即使孩子学习很认真，也很努力，我们也要引导他们形成正确的学习态度。

家长对孩子学习表现得过于紧张，这将十分不利于孩子正确学习态度的形成。在日常生活中，可以这样对孩子说：

如果你感觉很疲劳，你可以玩一会儿再写作业。

如果今天所学的知识你已经掌握了，你的作业可以先放一放，放松一下再写，做家庭作业只是掌握知识的一种手段、一种途径。

不要总让自己很累，掌握知识是主要的，学习时间长短是次要的。

第二节　正确看待自己的学业成败

在学校，多数教师都希望自己的学生能全身心地投入学习，取得令家长和教师都满意的成绩，然而现实中却总不尽如人意。学生的学习问题层出不穷，诸如“为什么我的数学成绩总是上不去？”“我尽了努力，为什么还是得不到好成绩？”“别人都学得好，我却学不好，是不是自己太笨？”“我总觉得自己已努力到尽头了，以后不知该怎么办才能取得好成绩？”等问题屡见不鲜，这类问题实际上是关于学生学业成败的归因问题。大量研究表明，归因是影响成就动机、影响学业成绩的重要因素，积极的归因方式能激发动机，而消极归因方式则会干扰动机。那么何为积极的归因方式？在学习中我们应该做何归因才能带来积极效果呢？希望本专题的学习能对你有帮助。

诊断评价

我被贴了“傻”标签

我不是一个自信乐观的女孩，在平时的学习中我很在意别人对我的看法。在小学和初中的时候我的学习成绩比较优秀，进入高中以后我的成绩直线下降，尤其是数学和物理。有时候做不出一道数学题，就会被人说“你怎么这么笨啊……”诸如此类的说，久而久之，我开始觉得我是不是真的智商有问题，不适合学理科，只能学死记硬背的文科知识。

◎想一想◎

在学习中你是否也有这样的情况呢？面对学习中遇到的困难或者挫折是否怀疑自己的智商或者能力不足呢？

◎问题探析◎

正确面对学业成败，积极的归因方式则能促进学习的动机的形成。所谓归因，是指人们对他人或自己的所作所为进行分析，指出其性质或推论其原因的过程。正确的归因方式对于指导人们的行为有着重要的意义，人们只有对完成的事情进行正确分析，才能总结经验，弥补不足。作为在校学生，面对考试成绩，如果归因正确，那他们在今后的学习中就能够扬长避短，继续努力；如果归因错误，则会使他们丧失或降低学习的积极性和主动性。案例中的女孩就是因学业归因不积极而产生了诸多心理困扰。

学习成败是每个学生都会遇到的。学习结果有两种：成功和失败。成功的学习体验有助于进一步激发学习动机，学习成功使学生赢得赞扬、地位，满足好奇心求知欲，这就形成了学习的附属内驱力、自我提高内驱力和认知的内驱力，更有力地推动学习。每个学生都希望自己学习名列前茅，受到老师赞扬、同学尊敬，所以他们是愿意好好学习的。可是随着时间推移，如果经受的失败太多或长期的努力得不到回报，就会影响学习者的信心，使他们认为自己的能力不足，即使自己再努力也无法把学习成绩提上去，于是就放弃了努力，这样就形成了习得性无助感，所以把失败归结于能力（内在的、稳定的、不可控的因素）不够而放弃努力的这种归因称为危险归因。因为一旦学生将失败看成是不可控的必然的结果，努力也无济于事的话，就会放弃努力（内在、稳定、可控因素）而丧失学习动机。学习成败的归因也是学生学习动机中成就动机的内容之一。所谓成就动机是指个体对成功的追求程度。成就动机不同，学生的归因也不尽相同。学习落后生更倾向于把学习成绩与自身能力和运气联系起来，而优秀生则更强调努力。

测一测

填答说明：在符合自己实际情况的题项上打“√”。

1. 如果考试得了差分，通常我会认为主要是自己努力不够。（　）

2. 之前几次考试我都没有考好，所以我认为自己是一个没有能力的人。（　）

3. 我在某门课程上取得了好成绩，我觉得是这个老师教得好、水平高。（　）

4. 如果考试时生病了，我就很难获得好成绩。（　）

5. 在我看来，不论什么事，只要我足够努力就一定有好结果。（　）

6. 考试的低分通常是由于我运气不好造成的。（　）

7. 如果我讨厌一个老师，那么该老师所教授的课程我会学得很不好。（　）

8. 取得好成绩很大程度上取决于我的努力程度。（　）

9. 我不能在太难的课程上取得好成绩。（　）

10. 因为我有较强的学习能力，所以我总是能取得好成绩。（　）

11. 我是一个很有才华的人，因此我总能获得比别人更高的分数。（　）

12. 我得到差分，是因为我考试的时候太紧张了。（　）

【评价与分析】

以上 1、5、8 题涉及学生将自己的学业成败归因于努力程度，打"√"的项目越多，说明越倾向于将学业成败归因于努力这个内部可控因素；

以上 2、10、11 题涉及学生将自己的学业成败归因于自己是否有能力，打"√"的项目越多，说明越倾向于将学业成败归因于能力这个内部不可控因素；

以上 3、7、9 题涉及学生将自己的学业成败归因于课程难度、教学水平等，打"√"的项目越多，说明越倾向于将学业成败归因于难度这个外部可控因素；

以上 4、6、12 题涉及学生将自己的学业成败归因于运气、身体不舒服、紧张等，打“√”的项目越多，说明越倾向于将学业成败归因于运气这个外部不可控因素。

资料卡

中小学生学业成就归因的特点

曲阜师范大学的心理学教授韩仁生等在2003年的一项研究中指出，我国中小学生学业成就归因的特点主要表现在以下几个方面：

1. 中小学生学业成就归因存在明显的年级差异

研究发现，中小学生对学业成功和失败的归因倾向存在差异，显示出各年级归因倾向各异的特点。归纳起来，小学生倾向于将成功结果归因于教师教学水平高和自己刻苦努力、运气好，较少归因于临考前的“抱佛脚”和心境好等原因；倾向于将失败结果更多地归因于心情紧张、他人帮助少、临考前不抓紧时间复习等。初中生倾向于将成功归因于运气好、不紧张等，较少归因于自己长期努力学习；更多地把失败结果归因于教师教学质量差和自己没有长期努力，较少归因于运气差和心境不好等。高中生更多地将成功归因于自己努力程度高、教师教学水平高、不紧张等，较少归因于运气差和他人帮助少；更多地把失败结果归因于能力低、没有努力、紧张等，较少归因于他人帮助少、考前没有加强复习等。

通过比较中小学生不同年级水平对学业成败的归因差异发现，年级或学生年龄因素的作用非常明显，除临时努力因素外，对其他各种原因的知觉都存在显著差异。这充分说明中小学生对于学业成败的归因存在明显的年级差异。也就是说，不同年级的学生具有不同的归因倾向。但是，中小学生学业成就归因不存在性别差异，与西方学者研究结果不同。

2. 中小学生明显地意识到学业失败的结果是可以改变的

原因的稳定性归因与成功的期望之间存在内在联系。韦纳的研究表明，原因的稳定性归因会影响成败期望的继续。学生如果把学业成败结果归因于稳定的原因，那么对现有结果改变的期望就不高；如果归因于不稳定的原因，则对改变结果的期望就高。研究发现，我国中小学生明显地意识到失败的结果是可以改变的。而且，无论是成功结果还是失败结果，中小学生都愿为获得成功而付出努力。这显然是我国传统教育的结果。此外，在是否愿意努力上，性别差异显著，男生愿意付出更多的努力。

3. 中小学生对学业成败的情感反应较敏锐

在归因过程中，情感因素作为其中一种动力因素，对行为具有重要的激发和推动作用。韦纳与其同事们的研究证实了每一原因维度都能与一组特定的情感反应相联系。我国学者根据西方的研究结果，结合我国学生情感表达的方式和特点，对中小学生与归因倾向相联系的情感反应作了比较性研究。结果发现，我国学生在学业上获得成功之后，更多地产生了欣慰感、自豪感和对教师及他人的感激之情；在失败后更多地产生了内疚、自卑和对教师及他人的怨恨。另外，对情感反应的性别差异研究发现，在成功结果上，女生的欣慰感明显高于男生；在失败结果上，女生明显地产生了更多的自卑和怨恨。

此外，原杭州大学心理学教授张铁忠等人发现，中学生对学习成败的归因主要有以下 6 种类型：

1. 把失败归之于自己脑子笨、能力差等稳定的因素。这种归因会使自己丧失信心，自暴自弃，放弃努力。

2. 把失败归之于自己不努力等不稳定的因素。这种归因会使自己重燃希望，变得努力。

3. 把失败归之于学习难度大等稳定因素。这会使自己学习积极性受影响，甚至会对相应学科失去信心。

4. 把失败归之于运气不好等不稳定因素。这可能会使自己重新树立信心。

5. 把成功归之于运气好等外在因素。这会使自己产生侥幸心理，下次不一定会努力。

6. 把成功归之于自己能力强、努力程度高等内在因素。这既可能使自己满意、自豪，也可能使自己产生骄傲、自负等情绪。

观点意识

韦纳的归因理论

美国著名教育心理学家韦纳(B. Weiner)从三个维度把归因分为：内归因和外归因，稳定归因和不稳定归因，可控制归因和不可控制归因；又把人的活动成败的原因，即行为责任，主要归结于四个因素：能力高低、努力程度、任务难度、运气(机遇)好坏。将此"三维度""四因素"结合起来，组成下面的"三维度模式"。

三维度	内部的		外部的	
	稳定的	不稳定的	稳定的	不稳定的
	不可控的	可控的	不可控的	可控的
四因素	能力高低	努力程度	任务难易	运气好坏

人的归因可以分为四种情况：

1. 内部稳定的不可控因素，如能力高低。如果一个学生把自己学习的好坏归因于此，认为学习好是由于能力高，那他就会信心充足，甚至趾高气扬；或认为学习差是由于能力低，那他就会失丧失信心，只好听任失败。

2. 内部不稳定的可控因素，如努力程度。如果一个学生认为学习成功是由于努力的结果，那就会鼓励自己继续努力，并预期今后再次获胜；或认为学习失败是不努力造成的，那他就会相信只要自己努力，一定可以获得学习成功。

3. 外部稳定的不可控因素，如任务难易。如果一个学生把学习不好归因于任务困难，那他就会埋怨客观现实，并把今后学习好的希望寄托在减轻任务的难度上；或认为自己学习好是由于任务容易，那他就会提醒自己，今后要认真学习，以应对困难任务的学习。

4. 外部不稳定的不可控因素，如运气好坏。如果一个学生把得失归因于运气好坏，那么学习成功，他就会产生侥幸心理，并祈求今后仍能碰上好运，倘若学习失败，那他只好自认倒霉，但愿今后福星高照，好运来临。

操作训练

【训练策略一】对借口说“NO”

很多时候，我们都会为自己没能做好一件事情而找各种各样的理由，你有没有这样的感觉：喜欢的事总能找到时间，不想做的事总能找到借口。

◎读一读◎

美国西点军校，200 年来奉行的最重要的行为准则，也是西点军校传授给每一位新生的第一个理念，那就是“没有任何借口”。它强化的是每一位学员想尽办法去完成任何一项任务，而不是为没有完成任务去寻找借口，哪怕是看似合理的借口。秉承这一理念，无数西点毕业生在人生的各个领域取得了非凡的成就。

千万别找借口！在每一个借口的背后，都隐藏着丰富的潜台词。借口让我们暂时逃避了困难和责任，获得了些许心理的慰藉。但是，“借口”的代价有时却无比高昂，它给我们带来的危害一点也不比其他恶习少。

借口给人带来的严重危害是让人消极颓废，如果养成了寻找借口的习惯，当遇到困难和挫折时，不是去积极想办法克服，而是去找各种各样的借口。其潜台词就是“我不行”“我不可能”，这种消极心态剥夺了个人成功的机会，最终让人一事无成。

优秀的人从不寻找任何借口，他们总是把每一项工作尽力做到超出别人的预期，最大限度地做好自己的分内工作，而不是寻找各种借口推诿。美国成功学家格兰特纳说过这样一段话：“如果你有自己系鞋带的能力，你就有上天摘星的机会！让我们改变对借口的态度，把寻找借口的时间和精力用到努力学习中来。因为学习中没有借口，人生中没有借口，失败没有借口，成功也不属于那些寻找借口的人！”

◎小组训练◎

反驳种种逃避的借口（适宜 4～6 人一组）

要求：发挥各自的想象，讨论大家在学习过程中的如下学习逃避问题，应该如何反驳，写出你们小组讨论后的最佳答案，然后与其他各小组交流分享。

●借口 1：这个知识点我没有弄懂，肯定不会做，等改天好好学习一下，再做吧！

反驳：____

____

●借口 2：我心情不好，学习效率肯定低，等我状态好的时候再学习吧，我先看看电视。

反驳：____

____

●借口 3：我喜欢学数学，英语最让我讨厌，还是先做数学吧，如果还有时间再做英语。

反驳：____

____

你还可以找出你学习生活中常用的一些推托借口，现在不妨拿出来晒一晒吧！

“哎，题目太难，我又考砸了！”

“数学又没有及格，真是‘伤心太平洋’！看来我天生没有数学细胞啊！”

____

____

【训练策略二】学会“正确归因”

【小组讨论】

我们应该如何归因呢？

要求：将大家写下的曾经说过的归因的话放到一起，讨论哪一种归因方式最好？我们在今后的学习中如果遇到困难应该如何找原因。

●困难1：考试失败

归因：____

●困难2：学习效率低

归因：____

●困难3：讨厌英语（或讨厌其他学科）

归因：____

【专家点评】

总的来说，我们在对学习困难进行归因的时候：

（1）要尽量找自身的并且通过自己的努力可以控制的原因。

如果，把失败的主要原因归结于自己努力程度不够、学习方法失误和复习方向偏离等这些相对不稳定（通过自身努力可以改变）的因素。认识到这方面的原因，可以使我们敢于承认自己的不足，勇于承担责任，并调整自己主观态度与努力程度，争取提高自己的学习成绩。

(2)有时候也可以找找自身努力之外的某些不稳定的偶然的外因。

有时候可以根据实际情况,找一找自身努力之外的某些不稳定的偶然的外因,比如身体原因、环境干扰和试题难度太大等等。在尊重事实基础上,适当关注客观原因,有时候在遇到严重的学习挫折时,不妨给自己一个“小小的理由”,缓解一下自己的紧张情绪,避免给自己带来过大的心理压力与情绪障碍,给自己一个心理上的支撑,让自己重新拾起自信,从失败中寻找一份前进的动力。

反思内化

◎问一问◎

1.我不想学习时通常会为自己找什么样的借口?

2.在面对学习失败的经验,我还需要从哪些方面改进我的学习?

◎用一用◎

某学生初二时学习成绩较好,初三成绩下降,他认为成绩不好的原因是自己不是学习的料,再努力也没有用。

1.设想该学生以后的行为和后果:

情绪消极、自暴自弃、厌学……

2.归因不合理处在于:

自卑、片面分析自我……

某学生初二时学习成绩较好,初三成绩下降,他认为成绩不好的原因是初三换的老师教得不好,太倒霉了,无法提高成绩。

1.设想该学生以后的行为和后果:

心烦闹情绪、上课不认真学;心烦,上课不听讲,课下自学……

2.归因不合理处在于:

片面,只看外因不看内因,对老师缺乏客观分析……

请给上述两位同学献计献策:

【训练策略三】从故事中寻找“真理”

◎读一读◎

“神”的力量

从前有一位将军，在率军打仗之前，他当着全体将士的面进行了一次占卜，当他抽签时，全体将士都屏住了呼吸，因为抽签的结果将会告诉他们这次出征能否取胜。将军把签郑重地举到将士面前，上面清清楚楚写着：“神将帮助你们赢得战争的胜利。”全体将士欢呼雀跃。结果，将军率领他的军队取得了一个又一个的胜利。在庆功会上，将士们纷纷说：“如果没有神，我们将不可能取得胜利，让我们为神而干杯。”听了将士们的提议，将军微笑着拿出所有的签，令人惊奇的是所有的签上都写着同样的话。看着惊呆了的众将士，将军激动地说：“勇敢的将士们，你们才是赢得这次胜利的决定力量，没有神帮助我们，我们完全靠的是自己，让我们为自己干杯吧！”

这次胜利显示“合理归因秘诀”，请你试试补充说出将军的话。

此故事给人的启示是：事物成败的关键是内因，不能一味强调外因，忽视自我的力量会失去自信、责任感。

相信自己的力量

美国的心理学家曾做过一次实验，研究飓风给美国南部造成的人员伤亡情况。一般认为，飓风造成的破坏情况是由多种外在的、人们不可控制的因素决定的，如风力的强度、飓风发生的次数、建筑物的结构、天气预报情况等等。但有一个非常重要、却经常为人们所忽视的因素，这就是人的因素。心理学家用实验测量了中北部的伊利诺斯州和南部的阿拉巴马州，伊利诺斯州的居民不太相信个人的命运掌握在上帝手里，认为运气不太重要，个人的努力对于改变命运是最重要的。而阿拉巴马州的居民大多虔信上帝，认为上帝是个人命运的主宰者，运气对于成功是最重要的。两州居民对于命运的不同态度决定了他们对飓风采取了不同防范措施，造成的结果也截然不同。

由于伊利诺斯州的居民相信自己主宰命运，因此，他们在飓风面前积极进取，主动迎击，及时决策，减少损失；而阿拉巴马州的居民消极无为，坐守待毙，祈求上天，悲观绝望，结果他们的损失明显大于伊利诺斯州。

	美国中北部伊利诺斯州	美国南部阿拉巴马州
观念	不信奉上帝、运气不重要，个人努力对改变命运最重要	信奉上帝 运气对成功最重要
1. 在防范飓风期间 (1)注意天气变化人员	9%	2%
(2)注意看电视人员	24%	0%
2. 飓风后的幸存者 (1)力求外界援助	34%	8%
(2)体验消极可怕情绪	3%	21%
对飓风的态度	在飓风面前积极进取、主动迎击、及时决策	在飓风面前消极无为、坐守待毙、悲观绝望
在飓风中损失	小	大

生活中诸如此类的事例很多，我们可以依据人们对命运的不同看法把人简单分为两类：内部控制型和外部控制型。如果你相信自己的成功与失败都与自己的努力有关，自己的命运完全由自己来把握，那么，你是内部控制型的人。反之，如果你认为自己的成功与失败都是由不可控制的外部因素决定的，自己的努力起不了多大作用，那么，你属于外部控制型的人。内部控制的人像生命长河中的一名勇敢的舵手，时时都在与大风大浪搏斗；外部控制的人则是时时等待命运之神的恩赐，做着“守株待兔”的美梦。这两种人对命运的看法，直接决定他们的生活道路及他们的命运，从前面的例子你能悟出人生的哲理吗？

家教警语

孩子的学业成败归因需家长引导

青春期是孩子个性形成的关键时期，由于认识事物的片面性；加上新一代的青少年大多数是独生子女，家长对他们的事情往往干涉太多;再加上孩子从小未形成一种对自己的事情负责的态度,致使他们对自己生活、学习中的成败不能作出合理的归因,影响了他们的行为方式,久而久之,会形成不良的人格特征,阻碍他们的健康成长。家长若能抓住时机,帮助孩子在成败中学会合理的归因方法,将有助于培养孩子对自己负责的态度,促进他们形成健全的人格,促进他们的全面发展。

启示录

打破砂锅问到底——培养孩子的归因

有个学生叫陈路,平时比较贪玩,学习上不太努力,凭着一点小聪明,有时考试也能考个班级中等水平,但由于他经常粗心大意,所以成绩起伏也较大,有时能考到班级前 10 名,有时也能落到班级后 10 名行列。一次,期中考试之后,他是铩羽而归,回到家中,十分不情愿地将考试成绩向家长作了汇报。家长听孩子说完了之后,开始真想痛打他一顿,可转而又想,在学校里刚刚学到的有关知识不是说得很清楚吗,在孩子失败的时候,打骂是无济于事的,这样做只能增加孩子的自卑心和压力。想到这里,家长说:“小路,今天我们坐下来,好好地分析一下你这次考试可以吗?”孩子连忙说:“可以,可以。”家长说:“小路,你总结一下这次考试这么差的原因有哪些?是老师没有教好?还是你自己主观努力不够?或者是试卷太难了?”小路考虑了一会儿,嘟着个小嘴,不好意思地说:“爸爸,都是我不好,考试的前一段时间我比较贪玩,没有重视这次考试,再加上上次考试我考得比较好,心里也有骄傲情绪。”爸爸听了小路这番话后,语重心长地对小路说:“能找出失败的原因,就等于成功了一半。以后,应当按照今天所分析的原因,不要贪玩,不要骄傲,这样下去,你的成绩一定能提高。”

这次谈话后，小路确实在学习上更加投入了，功夫不负有心人，又一次考试，小路的成绩就上升了很多。在尝到成功的喜悦之后，小路更是信心百倍地投入学习之中。也许真的是“好事多磨”，在一次考试中，小路的物理考砸了。回家之后，小路垂头丧气，一脸的不高兴。家长看到后，关心地问：“小路，怎么了？今天和谁闹矛盾了？”小路说：“没有。”家长又说：“那是怎么回事？”小路说：“物理考试没有考好。”家长这时明白了，原来是成绩不好，才不高兴。这可是个好现象，说明孩子已经有了学习的自觉性了，不过，还要分析一下失败的原因，以便今后更好地学习。接着，家长和小路一起对物理试卷进行分析，找出了存在的问题：一是对题目没有理解，囫囵吞枣；二是将多答案选择题看成了单答案选择题，所以失了不少分。后来，家长又与孩子的物理老师进行了电话联系，得知这次物理试卷难度偏大，所以，学生的考试成绩普遍偏低。在正确分析了物理考试失误的原因之后，小路更加清楚了自己在学习上存在的问题，也明确了努力的方向。由于家长对小路学习上的归因正确，从而使小路很快地改掉了自身在学习上存在的不足，学习成绩很快提高，现在已经进入了优生行列。

【专家点评】

在日常生活中，孩子的行为时时处处都要有家长对它作出归因，从而作出具体的判断、评价，产生相应的态度和认识。而家长的评价、态度，对于孩子积极性的调动、教育效果的好坏太重要了。因此，家长应善于对孩子的行为作出正确的归因，同时，家长也要培养孩子正确归因的习惯。

第一，对孩子进行积极进取的归因，有助于孩子的学习。

当孩子学习成功的时候，较多内部的、可控的归因能够提高孩子的自信心，更加发奋学习。如果总是把成功归于自身的聪明这些内部的不可控因素，则可能产生骄傲自满情绪，不利于孩子的学习。如果把成功归于侥幸、运气、学习条件、他人帮助等外部的不可控因素，势必懈怠学习，这样的学习自然不可能稳定，即使一时取得好成绩，

也不可能长期保持下去。

学习失败时，较多的内部归因、可控归因，容易激发上进心。反之，如果总是把失败归因于不可控因素（运气不佳、头脑笨等），必然放弃自身的主观努力，形成学习的依赖心理。这样的归因就不是积极进取的归因。

可见，内部的、可控的归因是积极的进取的归因，是较为理想的归因。

第二，对孩子进行实事求是的归因，有助于孩子的学习和身心健康。

由于孩子知识、经验、能力等的局限，他们自己的归因往往比较片面，甚至是错误，倘若家长能够逐步引导孩子进行实事求是的归因，也就是按照影响学习成功或者失败的实际原因进行归因，而不是迎合家长或社会的言不由衷或不切实际的归因，则对于孩子找出影响学习的真正原因，明确今后学习的努力方面，是大有好处的。

第三，结合学习、生活辅导对孩子进行归因训练，有助于孩子养成正确归因习惯。

家长是孩子的第一任老师。家长在家庭里，要对子女进行学习、生活上的指导，要辅导孩子的知识、技能的学习，也要重视训练孩子的归因。孩子做完了作业，完成了一项任务，家长就可以利用这些机会指导孩子进行归因，像案例中小路的家长，对孩子的每一次考试，都进行正确归因，这样做，一可以为孩子找到学习成败的真正原因，二可以训练孩子的归因习惯，坚持下去，孩子就可以养成正确的归因习惯了。

另外，家长在训练孩子正确归因的过程中，还应当训练孩子认识自己、分析自己的归因，引导孩子逐渐学会正确归因，调控不正确归因。

情绪篇

宽容不仅是一种雅量、文明、胸怀，更是一种人生的境界。宽容了别人就等于宽容了自己，宽容的同时，也创造了生命的美丽。

——爱默生

第一节　在愉快中学习

若你在某一时期内的学习状态不佳，原因应该是多方面的，除了关注学习基础、学习方法、教学水平等常见诱因之外，我们还要特别关注另一个问题，即你的“学业情绪”是否健康。所谓学业情绪是指学生在学习过程中，与其学业相关的各种情绪体验，包括高兴（快乐）、厌倦（厌烦）、无助、生气、难过、满意、憎恨、羡慕、痛苦、沮丧等。值得注意的是，学业情绪强调的不仅仅是学生在获悉学业成功或失败后所体验到的各种情绪，而且也强调学习过程的情绪体验，包括学生在课堂学习中、在日常做作业过程中以及在考试期间的情绪体验等。简单地讲，学业情绪包含学生学习过程中和学习结束后所涉及的所有情绪。研究发现，养成健康的学业情绪，有助于学生认知活动的顺利开展，有助于学生形成积极主动的学习态度，有助于建立良好的师生关系，有助于学生身心和谐健康发展。那么，作为学生，我们应该如何调节自己的学业情绪呢？

诊断评价

厌学的小兵

小兵是初级中学二年级学生，在班上的学习成绩属中等偏下。小兵从小父母离异，与外婆一起生活。父亲由于自身经济情况较差，很少给予照顾。小兵在小学阶段，各科成绩都很优秀。但进入初中学习以后，学习便开始有点吃力，在一次期中考试没考好之后，小兵就觉得心里特别烦躁，经常说头痛、难受，不想上学。初二上学期开学后，班级一个同学告诉他打游戏很好玩，他从此迷恋上了打游戏，以致于上课总是无精打采，提不起精神，老师讲到什么地方都不知道。老师针对他的表现，多次批评教育。但是由于没有父母关心和管教，他不愿听课，不愿记笔记，拿起课本就烦，学习成绩下降很快，而成绩越下降越不愿学习……

◎想一想◎

在生活中你是否像小兵一样？面对考试成绩不理想是否会感到无助与难过？是否将注意力转移到了网络中呢？是否越来越觉得学习是一件痛苦的事情呢？

◎问题探析◎

优异学业成绩的关键在于积极学业情绪的体验！

案例中小兵曾是一个非常优秀的学生，说明他是很聪明的一个孩子，但是聪明并不能保证他就一定会在学业上发展顺利或成功。这里面有一个非常重要的因素是小兵不具备的，那就是非智力因素。学业情绪作为一种与教学和学习过程密切相关的非智力因素，在学生的成长与发展中发挥着重要作用。事实上，小兵缺少的正是学业

中的积极情绪体验。

大量研究证实，良好的学业情绪会在如下方面产生积极效果。

1. 良好的学业情绪有助于学生认知活动的顺利开展

学习是一种认知活动，这种认知活动不仅取决于智力因素，也取决于非智力因素。美国心理学家马森(P. H. Mussen)指出：儿童在学校的成绩和成年后的成就，不仅仅依赖于他们的能力，而且也依赖于他们的动机、态度和对学校及其他成就情境的情绪反应。经常性的学业失败会给学生带来痛苦、不愉快和挫折感，如果一个人长期缺乏愉快的情感体验，必定难以形成个人的良好的学业情绪，而没有良好的学业情绪，不仅不会有成功的学习，甚至一般的学习任务也不可能顺利完成。因此，培养学生良好的学业情绪有助于学生认知活动的顺利开展。

2. 良好的学业情绪有助于学生形成积极主动的学习态度

学业情绪影响学生的学习动机。当一个学生处于一种积极的情绪状态时，他就会变得乐于学习、善于学习，就会对学习产生浓厚的兴趣。可以说，良好的学业情绪是提高学生学习兴趣的中介变量，而缺乏学习兴趣恰恰是影响中国儿童青少年进一步发展的一个“瓶颈”。在倡导终身学习的今天，培养学生良好的学业情绪，进而使学生主动对学习产生兴趣显得更为重要。

3. 良好的学业情绪有利于建立良好的师生关系

师生关系状况的好坏与学生的学业情绪有很大的关系。诸多研究者在中小学的调查研究中发现，很多学生产生严重的厌学情绪与不良的师生关系有着密切的关系。

此外，教师的厌教情绪也会在潜移默化中通过各种途径感染学生，影响学生学习的积极性。根据美国著名人本主义心理学家马斯洛(A. Maslow)的需要层次学说，人都有归属和爱的需要以及尊重的需要，学生作为独立的个体，他们也同样需要教师的关爱与尊重。因此，如果教师能够在学习过程中给予学生积极的鼓励，让学生有成功的情绪体验，在评价中给予建设性的评语，用心跟学生进行沟通、交流，会有助于学生形成良好的学业情绪，进而提高学业成绩。

4. **良好的学业情绪有利于学生身心健康发展**

纵观青少年的心理健康问题，不难发现，一部分是由于学习压力过大造成的。学生的身心健康发展，除跟先天的遗传素质有关外，更重要的是与教育和环境有关。如果能够给学生营造一个宽松平等的学习环境，让学生形成良好的学业情绪，那么就会减轻学生的学习压力，增强学生主动学习的动力，进而促进学生形成良好的心理品质和健全的人格。

测一测

测试说明：在符合自己实际情况的题项上打"√"。

1. 学习带给我很多快乐。（　）
2. 成绩下降导致我很焦虑。（　）
3. 当我取得好成绩时，我会心潮澎湃。（　）
4. 在学习中，我经常受到挫折。（　）
5. 我很困惑为什么我总学不好。（　）
6. 有时学习会给我带来意外的惊喜。（　）
7. 我很担心自己的成绩比别人差。（　）
8. 我能心平气和地对待我的成绩。（　）
9. 有时我努力了却没有取得好成绩。（　）
10. 我很困惑为什么我总学不好。（　）

【评价与分析】

以上 1、3、6、8 题涉及在学习中的积极情绪体验，打"√"的项目越多，说明对学习越积极、有希望、愉悦、自豪、放松、满足，在学习中更多地体验到了成就感。

以上 2、4、5、7、9、10 题涉及在学习中的消极情绪体验，打“√”的项目越多，说明在学习中感到恼火、沮丧、焦虑、心烦、羞愧、无聊、厌倦等情绪越多。

资料卡

中国青少年学业情绪的特点

山东师范大学的孙士梅在 2006 年的一项调查中发现，青少年体验到的学业情绪由多到少依次排列为：厌恶类、恐惧类、悲伤类、愉快类、焦虑类、惊讶类，居于首位的是厌恶类学业情绪，其次是恐惧类情绪，再次是悲伤类情绪。可见，青少年学习过程中体验到的消极学业情绪明显多于积极学业情绪。

在整个青少年时期，各类学业情绪的发展表现出不同的发展趋势。对愉快类学业情绪来说，从初中到大学，年级差异不明显，即变化比较平稳。对悲伤类学业情绪来说，高中达到最高水平，从初中到大学呈现倒“U”型趋势；对恐惧类学业情绪来说，初中时期是最高水平，以后一直到大学，随着年级的增长逐渐明显下降；对厌恶类学业情绪来说，从初中到高中有所增加，高中时期达到最高水平，到了大学急剧下降；对焦虑类学业情绪来说，初中时期是最高水平，以后一直到大学，随着年级的增长逐渐缓慢下降；对惊讶类学业情绪来说，初中时期是最高水平，以后随着年级增长有所下降，高中和大学时期变化不大。

观点意识

学业情绪的“控制—价值理论”

德国心理学家佩克伦(R. Pekrun)等人于 2006 年综合了期望理论、情绪假说、成就情绪的归因理论、控制理论和学习成绩的情绪作用模型提出了“控制—价值”理论，为理解学业情绪提出了一个综合性的理论框架，是目前为止能有效说明学业情绪过程的主要理论。该理论认为对学业活动或结果的控制和价值的评估是学业情绪产生的重要原因，并认为产生学业情绪的两类评估为：(1)对学业结果和活动的主观控制感(如相信自己能够坚持学习并取得成功)；(2)对学业活动或结果的主观价值感。与控制感相关的认知主要包括对个体能力的自我评价和知觉到的能力感，如对能力的自我概念、自我效能感等，对学业活动或结果的主观价值感则具有内在价值和外在价值两方面。成功与失败的回馈是归因的重要依据，进而形成能力与控制相关的评估，最后促进成功与失败相关情绪的长期发展。学生得到负面回馈越多，产生的消极学业情绪就越多。

操作训练

【训练策略一】消除学习中的不合理信念

听故事，说情绪

【故事1】

假设你周末去买了一个礼盒，你在商场休息时把它放在身旁的凳子上，这时一个人走过来坐在放礼盒的凳子上，把礼盒弄坏了，此时你的情绪怎样？把它写下来，当时你是怎么想的？

后来，你发现这人是个盲人，他看不见你的盒子，此时你的情绪如何？你的想法又如何？也把它写下来。

【故事2】

有两个秀才一起去赶考，路上他们遇到了一支出殡的队伍。看到那一口黑乎乎的棺材，其中一个秀才心里立即“咯噔”一下，凉了半截，心想：完了，真触霉头，赶考的日子居然碰到这个倒霉的棺材。于是，心情

一落千丈，走进考场，那个“黑乎乎的棺材”一直挥之不去，文思枯竭，果然名落孙山。另一个秀才也同时看到了，一开始心里也“咯噔”了一下，但转念一想：棺材，噢，那不就是有“官”又有“财”吗？好，好兆头，看来今天我要鸿运当头了，一定高中。于是心里十分兴奋，情绪高涨，走进考场，文思泉涌，果然一举高中。回到家里，两人都对家人说：那“棺材”真的好灵。

◎想一想◎

（1）面对同样的事物——“棺材”，两个秀才为什么有不同的感受呢？

（2）两个秀才带着各自的想法应考，出现了什么后果？为什么？

由此可见，同样一个事件，由于人们对于该事件的不同认识和理解，会出现不同的情绪反应。事件与情绪并非直接相关，而是有一个非常重要的中介因素在起作用，那就是当事人对事件的看法。

观点竟被

你知道“合理情绪疗法”吗？

美国著名心理学家埃利斯（A. Ellis）于20世纪50年代创立了合理情绪治疗（Rational Emotive Therapy，简称RET），又称合理情结疗法。合理情绪治疗是认知心理治疗中的一种疗法，因它也采用行为疗法的一些方法，故被称之为一种“认知—行为”疗法。

它的基本理论主要是“ABC”理论。其理论认为引起人们情绪困扰的并不是外界发生的事件，而是人们对事件的态度、看法、评价等认知内容，因此要改变情绪困扰不是致力于改变外界事件，而是应该改变认知，通过改变认知，进而改变情绪。他认为外界事件为A，人们的认知为B，情绪和行为反应为C，因此其核心理论又称

ABC 理论。

ABC 理论的具体内容是什么呢?

在 ABC 理论模式中,A 是指诱发性事件;B 是指个体在遇到诱发事件之后相应而生的信念,即他对这一事件的看法、解释和评价;C 是指特定情境下,个体的情绪及行为结果。通常人们认为,人的情绪的行为反应是直接由诱发性事件 A 引起的,即 A 引起了 C。

ABC 理论指出,诱发性事件 A 只是引起情绪及行为反应的间接原因,而人们对诱发性事件所持的信念、看法、理解,B 才是引起人的情绪及行为反应的更直接的原因。人们的情绪及行为反应与人们对事物的想法、看法有关。在这些想法和看法背后,有着人们对一类事物的共同看法,这就是信念。合理的信念会引起人们对事物的适当的、适度的情绪反应;而不合理的信念则相反,会导致不适当的情绪和行为反应。当人们坚持某些不合理的信念,长期处于不良的情绪状态之中时,最终将会导致情绪障碍的产生。

因为情绪是由人的思维、人的信念所引起的,所以埃利斯认为每个人都要对自己的情绪负责。他认为当人们陷入情绪障碍之中时,是他们自己使自己感到不快的,是他们自己选择了这样的情绪取向。不过有一点要强调的是,合理情绪治疗并非一般性地反对人们具有负面的情绪。比如一件事失败了,感到懊恼,有受挫感是适当的情绪反应。而抑郁不堪、一蹶不振则是所谓不适当的情绪反应了。

◎学一学◎

A 事件:这一次月考没考好。

B 原想法:我真没用,不是读书的料。

C 引发的情绪:焦虑不安、自卑。

原想法的不合理之处是什么?

____

____

(提示)一次失败不代表一个人永远失败,这次发挥不好也不代表我笨、没用,否则就犯了"以偏概全"的错误。

理性的新想法是什么?

____

____

(提示)这次发挥不好不代表我笨,这次没考好的原因是自己没有认真复习导致的,下次我认真做好考前准备情况会好转。

新情绪:自信。

◎用一用◎

请同学们写出近日在学校中令自己快乐、生气、伤心、紧张、受挫或自卑的事件(A)和当时的想法(B)、情绪(C)或所导致的行为结果(至少三件事)。

例:同学叫我绰号　　我感到不被尊重　　生气不理同学

(1)____

(2)____

(3)____

这些事件和想法是否引起了你的情绪困扰?如果原来的想法引起了你的情绪困扰的话,试试换种想法会怎么样?

【训练策略二】学会处理学习上的不良情绪,做情绪的主人

学习上的各种不良情绪直接影响着我们的学习效率,因此,为了提高学习效率,我们必须将其克服掉。下面介绍几种克服不良情绪的方法,仅供大家参考。

1.转移法。转移法就是在不高兴时,把注意力转移到愉快的或其他不令自己不快的事情上去。当我们认识到痛苦是不可避免、只

能默默地忍受时，就要尽快、尽可能积极主动地将自己的注意力转移到那些最有意义的事情上去，转移到最能使你感到自信、愉快和充实的或不令自己痛苦的活动上去。这种方法的关键是尽量减少外界刺激的输入量，尽量减少它的影响和作用（如没考好时，上街散散心，心情就会放松；受到父母批评时，找老师或同学谈谈心等等）。

2. 沟通缓解法。沟通，不仅能交流思想感情，还能释放生活学习带来的紧张与烦恼。学生之间、师生之间敞开心扉交流思想、倾诉烦恼，这会消除孤寂、紧张的心理，忘却失意，从而积极愉快地回到学习之中（如受批评后与他人沟通，情绪烦恼可大大缓解）。

3. 情绪疏泄法。情绪疏泄法是指当人处于烦闷的情绪状态时，有意识地采取合理的途径，直接或间接地表达情绪体验和反应。情绪疏泄法有以下几种：(1)倾诉法，(2)超量活动法，(3)哭泣法。

4. 解脱法。解脱法就是换一个角度看待令人烦恼的问题，更深、更高、更广、更长远地把注意力集中到自己有利的一面，这是一个人在不利时保持精神愉快的重要方法之一。例如，当自己没考好时，可以这样对自己说："我虽然没考好，但能激励我更加奋发学习，这有利于我更加勤奋，我会取得好成绩……"

5. 利用法。利用法就是我们平时说的"将坏事变成好事"。一种是对时机和客观条件的利用。如果对方有一种能使我们苦恼的强制性要求，却被你巧妙地以利用，则在精神上就会感到由被动转化为主动，从而可由烦恼转化为怡然自得，乐在其中。另一种利用就是对情绪本身的利用。如"嬉笑怒骂，皆成文章"。当自己真挚的情感强烈地涌现时，抓住它做一些有益的事，这样既是利用，又是升华和抵消。

6. 自我暗示法。暗示法是借助于语言的刺激纠正和改变个体的某种心理状态或行为心理调适模式，是指自己有意识地将某种观念不断强化来影响自我的情绪和行为。"暗示"对人体的心理、生理活动有明显影响，甚至可导致人体出现某些幻觉。常用的自我暗示的方法包括利用语言的自我暗示、动作的自我暗示、心理图像的自我暗示等。正确积极的自我暗示可以增加学生的自信心，激励自我奋进。

例如，在学习期间，可时时暗示自己："我能学好"，"我以前能考好，这次也能考好"。另一方面，自我暗示还可以克制愤怒，松弛紧张情绪。例如在冲动易怒时，心里默念："我要冷静些，再冷静些，发怒是解决不了问题的。"考试紧张时可以告诉自己："我要放松，这次一定能考好。"此外，用书面语言的形式进行自我暗示，也是一种很有效的途径，例如不少同学在卧室的床头贴上"拼搏"二字以激励自己。

7. 对抗驱赶法。有些同学平时往往把事情的结果往坏处预测，头脑中充满了消极想法，总认为事情的结果会非常糟糕。往往那些喜欢预测不好结果的同学，精神负担很重，情绪不安，一般学习成绩也不会很好。当你为自己感到特别担忧或紧张时，不妨用以下驱赶抵抗法。具体步骤如下：第一步，把你所产生焦虑的事情写下来，例如，担心考不好；第二步，把你所担心的事情后果写下来，如有人嘲笑我等等；第三步，针对你的消极想法，写出一些反驳的、对抗性的话语，如"你怎么知道我考不好""会努力奋斗，考出好成绩给你看看"等等。用上述对抗的方法，来驱赶消极情绪，是一种保持良好心态有效方法。

◎做一做◎

想一想除了上述方法，你生活中还用到了哪些有效的方法？然后与班级同学交流分享。

家教警语

孩子的学业情绪，家长需引导

学生除了在学校学习，呆的最久的地方就是家庭，接触最多的还是家人。为孩子营造一种温馨的家庭氛围，对其积极学业情绪的形成有着重要的作用，尤其是家人之间的关系。有调查显示，长期生活在和睦家庭的孩子积极情绪体验要多于长期生活在处于紧张关系家庭的孩子。家庭犹如学校的后备力量，父母给予孩子的不光要有物质上的满足，更为重要的是心灵上的支持。初中的孩子正值青春期，他们面临诸多新问题带来的烦恼，此时父母的关怀与爱会带给他们安全感和信心。父母多与孩子交流能够激发他们对事物健康、积极的追求。另外，父母需向孩子树立积极处理情绪的榜样，从而有利于其学业情绪的健康发展。

判断鉴别

心理多棱镜：孩子在学习中的情绪体验，你引导了吗？

请你根据自己的实际情况，对其中的每个问题作出回答，符合的，则把该问题后面的“是”圈起来；不符合的，则把“否”圈起来。

1. 当孩子向你道出自己的心事时，你是否能放下手中正做的家务，全神贯注地听。（是　否）

2. 在节假日期间或周末，你是否能与孩子共同活动交流，如带孩子郊游、参加文体活动、观看演出、参观展览等。（是　否）

3. 你家庭中是否经常开民主生活会，与孩子平等对话，共同讨论家中的一些重要事情，并对孩子的进步及时给予鼓励。（是　否）

4. 你是否经常在孩子面前大发脾气，发泄社会上的一些不满情绪或吵架等。（是　否）

5. 你是否把自己没有实现的理想或全部的希望都寄托在孩子身上，并时刻提醒、督促孩子学习。（是　否）

6. 当孩子有时看电视、听音乐或参加一些文体活动时，你是否怕影响孩子学习而加以制止。（是　否）

7. 每当孩子考过试，你是否仔细询问其成绩，并与其他孩子相比，如果考差了，你会非常伤心，批评孩子不争气等。（是　否）

8. 你是否时时在孩子面前说“现在，大学生到处都是，太滥了！如果不考上重点或名牌高校，将来仍有可能失业，甚至影响个人的前

途”之类的话等。 （是 否）

9.为了孩子学习，你是否千方百计地为孩子选购各种复习资料，生活上无微不至地照顾，家中的活都不让去做一点，惟恐影响孩子学习。

（是 否）

10.你是否经常与学校的老师联系，了解孩子的学习情况，掌握孩子成绩在全校的地位，并对其提出合理要求与希望，不断鼓励其努力学习。

（是 否）

【评价与分析】

参考结果：1——是，2——是，3——是，4——否，5——否，6——否，7——否，8——否，9——否，10——是。假如你所圈的与提供的参考结果一致得 5 分，不一致的不得分。

如果得分在 35 分以上，说明你平时能以平常健康的心态去影响孩子，成为孩子心灵上的沟通者、生活上的关爱者、学习上的指导者，为孩子营造一种健康向上、民主和谐的温馨氛围，有利于孩子坚强意志和良好心理品质的形成，使孩子能以乐观向上的态度对待人生，把学习看作是一种乐趣、一种对科学知识的追求，并始终能以最佳的精神状态投入学习。只要你的孩子智力正常，一般可成大业。

如果得分在 25～35 分之间，说明你能为孩子的学习营造良好的氛围，不会造成孩子心理上的过分压力，使孩子能以正常的心态对待生活，学习较投入，情绪较稳定，只要努力，成功就在面前。

如果得分在 25 分以下，说明你的言行不利于孩子健康心理品质的形成，可能会造成孩子学习情绪不够稳定，目标不够明确，如果压力过大，孩子很容易出现学习和考试焦虑现象。这时，就请你仔细分析自己的不足，想想该如何以平常的心态去影响孩子，帮助孩子克服学习上的障碍，以健康乐观的心态去面对现实。

启示录

让孩子快乐学习!

孩子是每个家庭的希望,是每位家长的希望,家长再忙、事情再多也一定要全心关注孩子。作为家长,我们需要引导孩子既能"快乐地玩"也能"快乐地学习"!

1. 让孩子知道,怎么才能痛痛快快地玩。要求孩子上课要认真地听讲,家庭作业要先"无条件"完成,省下的时间就是"玩"的时间。学习要认真,不懂就问,要讲究方法,讲求效率。

2. 孩子在家学习,最好要有一个专门学习的环境,学习的氛围。孩子学习的时候,家长最好也做和学习有关的事情。当孩子遇到学习障碍和困难的时候,家长要及时给出孩子解决的方法,而不是直接给出答案。孩子学习进度家长应该适度了解,孩子的作业家长一定要督促其及时完成。

3. 当孩子考试"烤糊"了怎么办?孩子考试不可能每一次都考得非常好,很多家长简单地以为没考好就是孩子"粗心"。其实,孩子没有考好,具体问题就得具体分析。像中医,把把脉,得认真分析原因。究其原因,有以下几种:知识点掌握不牢固,熟练程度不够,考试不够重视,心理素质不好,审题"大马虎"没有读懂题的要求,写字"小马虎"错字不断,思维方式不活跃……找到了原因,就要认真总结,保证以后不犯同样的错误。

4. 当孩子犯错误了怎么办?"人无完人,孰能无错。"大量教育心理学家研究表明,打骂孩子会造成很多心理伤害,我们的孩子需要赏识,需要有人来夸奖,你经常夸他了吗?作为家长,我们应该发现孩子,赏识孩子,称赞孩子。好成绩往往是"夸"出来的。

"平庸的家长是唠叨,较好的家长是说教,优秀的家长是教练,伟大的家长是引导。"作为家长可以分为此四个层次,我们究竟做到了哪个层次？所以，做家长的要远离唠叨，远离说教，做好陪练，善于引导。

在非洲的一个学校，老师拿出一张白纸，在上面涂一个黑点，问家长这是什么？家长们说是“黑点”。老师说：“这么大的白纸难道你们没看到吗？”对待孩子，你该看到是白纸而不是黑点。所以，作为家长，请你改变你的态度。

学习的过程其实是艰辛的，但学习的结果一定是快乐的。怎么能让学习和快乐兼顾？学习需要付出汗水，但丰厚的回报也可以让学习快乐起来。我们家长应该给孩子精神和物质的鼓励，让孩子学习更有源动力。

总之，让孩子快乐地学好，才能快乐的玩好。

第二节　坦然面对考试

人在生活过程中不可避免地要遇到一些较大的事件，对在校学生而言，升学考试就是比较重要的，因为这直接关系到一个学生的前途和命运。正因如此，也就带来了一系列问题，在每年的中考和高考中，总有一部分学生因压力过大，或是过度紧张、焦虑，发挥失常，考不出自己的真实水平，要么名落孙山，要么进不了理想的学校。这种现象在各类学生中都有不同程度的存在。我们要知道，学生的考试成绩，首先取决于平日的学习，包括知识的掌握、技能的培养和方法的训练，而到了考场上，更重要的是考试方法和策略、考试的心态。从理论上讲，考生进了考场后，所掌握的知识、具备的能力等已是定数了。而在考试过程中能否运用科学的方法，提取大脑里的知识，运用具备的能力去解答试题，就是另一回事了。中国科学院心理学教授王极盛曾调查了 2000 年考入北京大学的 51 名考试状元后发现，在影响考试成绩的 20 个因素中，学习基础的重要性居第 4 位，学习方法的重要胜居第 3 位，考前心态的重要性居第 2 位，而考场心态的重要性居第1位。由此可见，考试心理素质的重要性。那么在考试中，你是否具备良好的考前与考场心态呢？

诊断评价

小辉是老师公认的学业优秀的学生，平日学习很好，不管是单科还是综合考试，成绩在班里都能进入前十名，而一到正规的大考就会发挥失常。在考试的前几天，她脑子里总是产生这样那样的担心："考不好就对不起父母、对不起老师了""同学会笑话的"等等，以至于晚上都睡不好觉。

在考试中一看到别的同学在不停地答题，一听到别的同学翻卷子的声音，就会着急紧张，以为别人都会，自己不行了。一遇到难题就心慌，越是想做出来，就越是不会，越不会就越着急，有时心跳加快，大脑一片空白，什么也想不起来了。

◎想一想◎

小辉的这种表现，你是否也曾有过？若有，你一般是怎么应对的？

◎问题探析◎

考试成功的关键不仅在于知识、智力的高下，还在于考试心理素质的优劣！

案例中小辉的表现主要原因是因为没有良好的考试心理所致，是典型的考试焦虑，也就是我们平常所说的怯场，这是导致考试发挥失常的一个较普遍的、重要的因素。诚然，考生对知识、技能的掌握程度，其智力、能力的发展水平以及他们在考试活动过程中如何运用正确的思维方式对试题进行分析，无疑是影响考试成绩的最主要因素。但是，是否学习好就一定能考得好呢？事实表明，考生考试心理素质好就能考出应有的水平甚至超水平发挥；而心理素质不好的考生就容易出错甚至"考砸"。从这个意义上讲，考试实际上是考你的心理素质。

那么，哪些心理素质是考试必需的呢？心理学研究证明，考试必备的成功心理素质包括以下几种成分：(1)合理具体的考试目标；(2)强度适当的考试动力；(3)灵活有效的考试压力应对策略；(4)勤奋上进；(5)有强烈的考试必胜的自信心，对前途抱有乐观的态度；(6)合理调控自己的情绪，轻松兴奋；(7)较强的复习迎考的主动性、积极性；(8)强烈的责任感；(9)生活有规律、营养合理、张弛有度；(10)较强的自我效能感；(11)增强学习的目的性、计划性，注意坚定、调节整个学习过程；(12)对待考试要有一颗平常心。

测一测

本问卷可用来检测中学生的考试焦虑程度，共由 33 个题目构成，每题有 4 个备选答案。请根据自己的实际情况，在题目后面圈出相应的字母，每题只能选择一个答案，其相应字母的意义是：A——很符合自己的情况；B——比较符合自己的情况；C——较不符合自己的情况；D——很不符合自己的情况。

1. 在重要的考试前几天，我就坐立不安了。 A B C D

2. 临近考试时，我就泻肚子了。 A B C D

3. 一想到考试即将来临，身体就会发僵。 A B C D

4. 在考试前，我总感到苦恼。 A B C D

5. 在考试前，我感到烦躁，脾气变坏。 A B C D

6. 在紧张的复习期间，常会想到："这次考试要是得到个坏分数怎么办?" A B C D

7. 越临近考试，我的注意力越难集中。 A B C D

8. 一想到马上就要考试了，参加任何文娱活动都感到没劲。 A B C D

9. 在考试前，我总预感到这次考试将要考坏。 A B C D

10. 在考试前，我常做关于考试的梦。 A B C D

11. 到了考试那天，我就不安起来。 A B C D

12. 当听到开始考试的铃声响了，我的心马上紧张地跳起来。 A B C D

13. 遇到重要的考试，我的脑子就变得比平时迟钝。 A B C D

14. 看到考试题目越多、越难，我越感到不安。 A B C D

15. 在考试中，我的手会变得冰凉。 A B C D

16. 在考试时，我感到十分紧张。 A B C D

17. 一遇到很难的考试，我就担心自己会不及格。 A B C D

18. 在紧张的考试中，我却会想些与考试无关的事情，注意力集中不起来。 A B C D

19. 在考试时，我会紧张得连平时记得滚瓜烂熟的知识也回忆不起来。 A B C D

20. 在考试时，我会沉浸在空想之中，一时忘了自己是在考试。 A B C D

21. 考试时，我想上厕所的次数比平时多些。 A B C D

22. 考试时，即使不热，我也会浑身出汗。 A B C D

23. 在考试时，我紧张得手发僵，写字不流畅。 A B C D

24.考试时,我经常会看错题目。 A B C D

25.在进行重要的考试时,我的头就会痛起来。 A B C D

26.发现剩下的时间来不及做完全部考题,我就急得手足无措、浑身大汗。 A B C D

27.如果我考了个坏分数,家长或老师会严厉地指责我。 A B C D

28.在考试后,发现自己懂得的题没有答对时,就十分生自己的气。 A B C D

29.有几次在重要的考试之后,我腹泻了。 A B C D

30.我对考试十分厌烦。 A B C D

31.只要考试不计成绩,我就会喜欢考试。 A B C D

32.考试不应当再像现在这样的紧张状态下进行。 A B C D

33.不考试,我能学到更多知识。 A B C D

【评价与分析】

统计你所圈各个字母的次数,圈一个A得3分、B得2分、C得1分、D得0分。用下列公式可以算出你的总得分:

总得分=3×圈A的次数+2×圈B的次数+圈C的次数

根据你的总得分即可推断你的考试焦虑程度。

分析:

0～24分:镇定,考试前后基本没有紧张不安状态,能正常地复习和应考。

25～49分:轻度焦虑,在考试前较短的一段时间内,会感到紧张和害怕,但不影响复习,不影响身体健康,无需专门咨询和辅导。

50～74分:中度焦虑,在考试前较长一段时间内感到紧张、害怕和忧虑,复习效率降低,睡眠饮食受影响,有必要进行自我调节。

75～99分:重度焦虑,在考试前很长一段时间内,感到忧虑、恐惧,会产生各种心理性疾病,严重影响复习和考试的正常进行,有必要求助于心理咨询和心理治疗。

资料卡

调查显示:中国青少年的考试心理素质不佳

关于青少年在考试期间的心理问题流行情况的研究很多,但存在使用的测量工具不统一,流行率分歧大等问题。诸多采用SCL—90心理卫生症状自评量表的研究表明,大中专学生考试期间的心理问题流行率在36.3%到48%之间,患病率从高到低依次为人际关系敏感、强迫、敌对、焦虑、偏执、抑郁。采用考试焦虑量表进行调查研究的结果表明,61.7%~78.5%的学生存在考试焦虑,4.5%~51.0%的学生存在中度以上考试焦虑。西南大学心理学博士江琦于2006年调查研究发现,大中专学生考试心理问题流行率是58.8%;其中,轻度症状流行率为46.3%,中度症状流行率为12%,重度症状流行率为0.5%。男女性别间总体考试心理问题流行率存在显著差异,女生考试心理问题的人数显著多于男生,这与国内外其他研究基本一致。

观点意识

考试心理问题的类型及特征

教育心理学家研究表明,那些考试心理素质较差的学生容易在考试前、考试中、考试后出现心理问题,通常表现在认知、个性和适应性等方面,具体如下:

(1)认知问题。认知是人对客观事物的反应活动,直接参与对客观事物认知的具体操作,是心理素质结构的最基本成分。它和个体的基础知识一起,构成保证考生考试质量的物质基础。考生在考试活动中容易出现的认知问题主要有注意涣散、记忆阻滞

和思维阻抑等。

(2)个性问题。个性因素是指人对客观事物的对待活动中的相对稳定的、具有独特倾向性的心理特征的总和，虽不直接参与对客观事物认知的具体操作，但是具有动力和调节机能，居于心理素质的核心地位。考生在考试活动中的个性问题即指考生由于个性中的主观困惑状态或个性障碍，造成心理动力及其调节机能失调。主要有以下几种形式：

A.动力问题。反映学生的考试动力，目标过高、动机太强可能会给学生带来过大的压力，造成情绪问题；或目标过低、动机太弱则会影响学生对待复习考试的态度及考试绩效。心理学研究表明，适度的动机有利于激发学生学习热情，获得较好结果。

B.自卑。指的是个体在同他人就体貌、学习能力、学业成绩以及社会地位等方面内容进行比较后，感到自我适应性差，某方面或几方面不如他人，因而表现出无能、软弱、沮丧、精神不振时的心理不平衡状态。

C.自责。指个体在考试过程中产生不能正确看待失败，常将失败、过失归咎于自己的思想和行为的表现。

D.抑郁。考生中经常出现在考试之后的情绪问题。反映的是与临床上抑郁症状相联系的广泛的概念，抑郁苦闷的情感和心境是代表性症状。它还以对生活的兴趣减退、缺乏活动愿望、丧失活动力等为特征，包括失望、悲观以及与忧郁相联系的其他感知及躯体方面的问题。

E.强迫。强迫症状主要指个体在复习考试过程中出现的那些明知没必要，但又无法摆脱的无意义的思想、冲动、行为等表现。还有一些比较一般的感知障碍。

F.焦虑。临床上明显与焦虑症状相联系的症状及其体验，一般指那些无法静息、神经过敏、紧张以及由此产生的躯体征象(展颇)，那些游离不定的焦虑及惊恐发作。

G. 精神病性。主要指在考试的应激反应过程中，考生所产生的一些精神症状，包括幻听、思维分散、被控制感和思维插入等症状。

(3)适应性问题。考生在应试考试中，易出现的适应性问题主要表现在以下几个方面：

A. 怯场。由于过去的失败体验，或自身期望过高，过于看重分数，从而产生的对考试怀有的恐惧心理，使个体无法安心学习、考试。

B. 家庭压力。主要反映家庭对学生学习考试的态度、期望、教养方式等内容。分数高即压力大，意味着“家庭的期待与教养”已成为学生的精神负担。

C. 人际敏感。主要指某些个人不自在感、孤立感，包括自卑、懊恼、孤独、与人疏离、缺乏可利用的社会支持系统等内容。

D. 身体症状。主要反映的是身体不适感，包括心血管、胃肠道、呼吸等系统的不适和头痛、背痛、肌肉酸痛以及焦虑及其行为表现。

操作训练

【训练策略一】正确认识考试

对于学校来讲，考试是评定学生学习状态和教学效果的重要方法，也是高一级学校选拔新生的基本方式之一。我们平时的考试，主要目的就是为了促进学生系统的将所学过的知识加以复习和消化，激励进取精神，找出存在的差距和努力的重点，更好地提高学习水平和效果。概括地说，考试就是让我们“比而知不足，知不足而进取”，是让人不断成长进步的过程，每次考试，无论结果好与坏，从心理上和知识上，都可以促使我们反思，从中有所收获，那么考试还有什么可怕的呢？其实人生就像一个大考场，其间有无数次考试，每越过一

个及格线，你就会有一个质的飞跃；失败了，可以从头再来。要记住：分数只是暂时的、表面的，水平才是永恒的、内在的！以正确的观念理解考试，以积极的心态对待考试，才可以在考前全心复习，考中游刃有余，考后再接再厉。

【训练策略二】确立合理的考试目标，激发适度的考试动机

考试目标是对考试期望水平的具体化，合理的考试目标来源于合理的考试期望水平。合理的考试目标有利于激发适度的考试动机，使活动效果和期望水平相协调；而过高的期望水平、不合理的考试目标，会挫伤学生的信心，从而导致学习效率下降、考试成绩下滑。

◎读一读◎

一个原本成绩不错的学生进入高三后一度成绩下滑，家长十分着急，找到心理咨询部门求助。经做心理测试发现，该生在“自责”一项分数偏高，经了解，问题就出在他母亲身上。这位母亲对儿子期望过高，强令中上成绩的儿子一定要考上北大。当孩子考到班上第三名时，这位母亲还要挑毛病，让孩子找差距。因此，孩子的自信心不断下降，产生了明显的自卑感和自责倾向。几次模拟考试都想考好怕考坏，因此紧张过度导致发挥失常。这是造成他成绩下滑的根本原因。

◎想一想◎

1. 总的来说，你在考前有具体、明确的考试目标吗？

____

2. 你的考试目标合理吗？

____

（一般而言，合理的考试目标首先要适合自身的智力水平、知识基础和个性特征等基本条件；其次，合理的考试目标要充分反映社会、学校、家庭和个人对考试活动结果的期望和要求。）

◎做一做◎

1. 收集整理自己历年来尤其是近一年来的考试活动情况（结果与发挥水平），分析自己的学习状况，初步提出最近将要举行的考试目标。

2. 就这一目标征询教师和同学的意见。

【训练策略三】面对考试要有一个好心态，自信不可或缺

考试时最重要的是保持一个良好的心态。北京大学曾请一位心理专家对各地高考“状元”做了一项调查。结果显示，这些人成功的最主要原因是心理状态略胜一筹。在整个应考的过程中都要保持一种“注重过程，看淡结果”的心态，壁立千仞，无欲则刚。

◎读一读◎

九个人过桥的试验

教授说：你们九个人听我的指挥，走过这个弯弯曲曲的小桥，千万别掉下去，不过掉下去也没关系，底下就是一点水。——顺利过桥

走过去后，教授打开了一盏黄灯，透过黄灯九个人看到，桥底下不仅仅是一点水，而且还有几条在蠕动的鳄鱼。——吓了一跳

教授问：现在你们谁敢走回来？——没人敢走了

教授说：你们要用心理暗示，想象自己走在坚固的铁桥上。——只有三个人愿意尝试：第一个人颤颤巍巍，走的时间多花了一倍；第二个人哆哆嗦嗦，走了一半再也坚持不住了，吓得趴在桥上；第三个人才走了三步就吓趴下了。

教授这时打开了所有的灯，大家这才发现，在桥和鳄鱼之间还有一层网，网是黄色的，刚才在黄灯下看不清楚。大家现在不怕了，说要知道有网我们早就过去了，几个人哗啦哗啦都走过来了。

只有一个人不敢走，教授问他，你怎么回事？

这个人说，我担心网不结实。

这个试验揭示的原理——心态影响能力。

有人说心态决定命运，自信走向成功。事实证明，自信是保证考试成功的重要心理素质。自信的学生学习积极主动，相信通过自己的努力能够获得学习、考试的成功。他们全力以赴，竭尽所能，较少怀疑、彷徨和胡思乱想。自信心不足的学生则难以在学习上做到全身心投入，获得考试成功的机会相对较小。

自信心来源于考生的成功体验，来自于对考试成功、学业成就的追求，是对美好未来的向往。自信心不仅是考生心理健康的标志，而且是将成功的愿望转变为成功实现的基础。

◎读一读◎

心理学研究表明，自信心能使我们将最好的智力、能力和体力发挥出来。有人曾经将一批智力和知识水平大致相当的学生分成三组，让他们分别做难度相同的作业。

第一组，只在作业前向他们作一般的说明。

第二组，在作一般的说明之外，还加了些鼓励性话语："我们了解你们的能力，下面的作业对你们来说有些困难，但经过你们的努力是可以完成的。"

第三组，在作一般的说明之外，增加了如下的指导语："这些作业超过了你们现在能力所能达到的限度，你们中的大多数人都不能解决，不过，你们尽力而为吧！"

实验结果是，第一组有50%的人完成了作业；第二组有80%的人完成了作业；而第三组只有30%的人能够完成作业。差别如此之大，根本原因就在于学生是否有自信心。

如果大家对自己的目标有足够的信心，就会自觉地尽最大能力克服一切困难。可见，自信心越高，越容易坦然面对考试。

◎想一想◎

自信心对促进考试成功的作用有哪些？

例：(1)自信心能够增强考试成功意识。（充满自信心的学生在遇到挫折时，首先看到自己的长处，相信自己能够成功，他们不气馁

充满斗志）

（2）____________________

（3）____________________

（4）____________________

（5）____________________

◎试一试◎

自信心的培养步骤：

步骤一：客观地评价自己。开一张清单，列出自己的缺点，尤其是优点，从而发现自己是一个不错的人，增强自信心。

步骤二：正确对待失败和挫折。A. 分析失败的原因，归结为内在的、稳定的、可控制的因素，如学习方法、努力程度等方面；B. 面对失败不要悲观失望，而是要吸取经验教训，图谋改善；C. 对于那些无法控制、非人为的因素造成的失败，要坦然接受。

步骤三：言语暗示。在复习迎考阶段，在做每一件事之前都自我鼓励，告诉自己“我能行”。假如每天都能在自己醒来后或做每一件事之前都这样做，那么每天的精神就会格外的好，自信心也就会逐渐地树立起来。

【训练策略四】掌握应试技巧

一般来说，考试不仅是在考学生掌握知识的程度，还考验学生应付考试的能力。所以作为学生，在平时努力学习的同时，还应该掌握一些基本的考试技巧。换言之，会学还得会考，掌握考试方法才能获得好成绩。

1. 考前两天：增强自信，择要复习

考前复习要有所侧重，只要检查一下重点内容是否基本弄清楚就可以了。所谓重点：一是老师明确指定和反复强调的重点内容；二是自己最薄弱的、经常出错的地方。如确认这些方面已没有问题，就可以安下心来，并反复暗示自己“复习很充分，一定会考好的”。

2. 考试前夕：睡眠充足，情绪愉悦

在有了信心之后，考试前夕的休息十分重要，切莫在考试前夜以牺牲睡眠时间去复习，这是得不偿失的。曾有一位考生前夜仍看书到深夜，总觉得没有把握，由于过于紧张和疲劳，影响了她第二天的考试结果，结果考砸了，心里更慌，晚上饭也没吃，又疲倦地复习到深夜，加之家长不断讲：“这是人生的关键一搏，可不能大意。”种种压力导致这位学生考前几乎虚脱，严重地影响了正常水平的发挥。因此临考前夕，要尽情放松，看看花草散散步，减轻心理紧张度，听听音乐愉悦心情，打打球调剂大脑，早些休息……一定要避免思考过多，精疲力竭。

3. 考试当天：从容安排，沉着镇静

(1)吃早吃好。要有充足的用餐时间，最好在考前一个半小时用餐完毕。否则因过多血液用于消化系统，使大脑相对缺血，影响大脑功能的发挥。饭菜要清淡卫生，可选用高维生素、高热量的食物。

(2)欣赏音乐。出门前十分钟听段欢快的音乐，既可使人心情愉快，又可活跃思维，还可一边欣赏音乐，一边检查准考证、文具用品等是否带全。

(3)适时到考场。一般在考前二十分钟到达为宜。太早了，遇到偶发事件的可能性增大，极易破坏良好的心态。过迟，来不及安心定神，进入考试角色的心理准备时间太短，有可能导致整场考试在慌乱中度过，造成不必要的失误。

(4)缓行忌谈。在赴考场的路上，行速要慢，以免加速心跳，导致情绪紧张。进入考场前不要高谈阔论，也不要与人交谈复习讨论题目，以免原来“胸有成竹”的良好感觉一扫而光。考完后不要对答案，万不可以一题之小换心理情绪之大失。

4. 考试中：先易后难

拿到试卷后，通览一遍，做到心中有数。即使看到暂时不会做的题目也不要慌，因为选拔性考试，试题会有一定的区分度。先做易解的题，这是应试的技巧，更是增强信心的心理调适方法，每解一题便会增加一份自信，但人易我易，所以要不大意，要仔细。待思路流畅后再做难题，人难我不畏难，你感觉难时别人更是无从下手，这样想想心里会平静很多，有利于提高士气、正常发挥。

如果在作出以上努力后，仍出现怯场，也不必惊慌。可先搁下试卷，稍做一下揉面等活动，或伏案休息片刻，这种转移注意力的方法，有助于克服紧张情绪。也可采取深呼吸的方法慢慢呼气、吸气，同时放松全身肌肉。经过1～2分钟的练习，也能消除极度紧张状态。

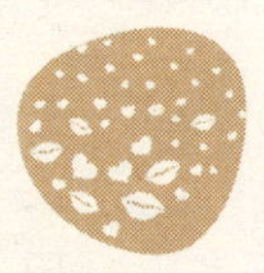

家教警语

考试，考孩子也考家长

考试，对每个学生来说都是自身综合素质的一次大检阅，升学和就业的选择，是对每个学生抉择能力和社会适应能力的综合考验。父母应对这一点有清醒的认识，并尽早在孩子的日常学习生活中用渗透、点拨、提醒、讨论、谈心等方式对孩子进行有意识、有计划、有步骤的指导和培养，不能到了毕业的时候才去培养这些素质，到时就会措手不及，影响孩子在人生转折点上的表现！

判断鉴别

心理多棱镜：考前家长应多做什么？

请仔细阅读以下题项，在符合你实际情况的题项后的括号内打“√”。

1.不论复习多紧张，总要嘱咐孩子每天至少保证6～8个小时的睡眠。 （ ）

2. 保证孩子的饮食，力求清淡、新鲜、营养成分较高且营养结构合理。（　　）

3. 注意孩子的生理状况，但并不大惊小怪。（　　）

4. 很注意孩子的情绪状态，嘱咐孩子以平常心应试。（　　）

5. 鼓励孩子适当从事一些户外活动，做到劳逸结合、张弛有度。（　　）

6. 帮助孩子确立的考试目标是孩子认为比较合理的。（　　）

7. 总是对孩子说："以平常心去考试，尽力而为即可。"（　　）

8. 能与孩子心平气和地讨论考试的事，且双方都不觉得紧张。（　　）

9. 在孩子复习考试期间，从不反复追问"复习得怎么样""有把握吗"诸如此类问题。（　　）

10. 考前提醒孩子注意熟悉考场、考场规则、准备好考试用具等。（　　）

【评价与分析】

在以上测验题中，你选择的项目越多，越说明你对孩子考试前，家长应该做些什么知道得很清楚。否则，需要加强自己在考前要以正确的态度和方式帮助孩子做好生理、心理和物质上的准备工作。

资料卡

孩子害怕考试的本质原因：家长期望过高

据上海市对1141户家庭教育状况调查，家长对子女文化程度的期望，硕士占3.86%，博士占8.91%，上大学占76.54%，上中专、技校占8.64%。据北京市对1050名家长调查，有57.8%的家长要求孩子"样样争第一"，77.94%的家长希望孩子达到大专及其以上学历，只有18.48%的家长认为“能读到什么程度就读到什么程度”。这表明，“望子成龙”“望女成凤”仍是家长的普遍心态。甚至很多家长在孩子考试前，成天在孩子耳边唠叨：“你就是我们一家的希望”“要是考不好将来就没有出路”“我这么辛苦就是为了让你考上大学”等等。家长这种过高的期望、不合理的考试目标，会挫伤孩子的信心，从而导致学习效率的下降。据调查，有70%的学生表示“考不好难以向家长交差”，有30%的学生对来自家庭过大的压力感到烦躁不安。家长期望值过高是造成学生心理压力增加、考试焦虑加剧以及产生其他心理问题的重要原因之一。考生能否正确应对由家长过高期望值带来的巨大心理压力，将会极大地影响考生在学习、考试活动中的效率。

启示录

以一颗平常心来指导孩子参加考试！

考试，对于家长来说，无疑也是一次严峻的考验。许多家长在孩子考试前产生的精神压力、心理负担和焦虑比孩子更大。这种现象必然会影响到孩子，加重孩子的心理负担，容易造成事与愿违的结果。可怜天下父母心啊！其实，家长只需把考试当成平时的考试一样，保持一颗平常心就可以了。那么家长如何才能做到平常心并理智地指导孩子复习备考呢？我们认为，只要家长在以下几个方面有正确的认识，就可以保持一颗平常心。

1.对孩子有信心。如果家长能较全面地了解孩子的能力和个性，对孩子持积极而又客观的评价，那就会对孩子有信心，相信他会努力实现考试目标，相信他能发挥出自己的最佳水平。

2.对考试有正确认识。考试是孩子人生中必不可免的事。只要孩子尽力了，即使考试成绩不理想，也要以平静的态度接受现实。毕竟，孩子还有再次参加考试的机会。平和地对待孩子的考试结果，还意味着更多地关心孩子的成长而不只是分数。

3. 相信“条条道路通罗马”，只要孩子积极向上，总会开拓出一条通向成功的路。

父母有了一颗平常心，就会在情绪、言行和心态上变得比较理智，而这会给孩子以无形的影响，从而减轻甚至消除孩子的心理负担和压力，有利于孩子在考试中正常甚至超常发挥。

行为篇

人大可不必为别人的眼光和舌头而活，如果你总是顾忌别人的眼光和舌头，那么，属于自己的生命还有多少呢？

——汪国真

第一节　学习行为的“自动化”

美国著名心理学家威廉·詹姆士(W. James)说：“播下一个行动，你将收获一种习惯；播下一种习惯，你将收获一种性格；播下一种性格，你将收获一种命运。”古今中外有所建树者，无不具有良好的学习习惯，而青少年阶段是学生形成习惯的关键期，培养学生良好的学习习惯，将为其终身学习打下坚实的基础。国内教学研究统计资料表明，对于绝大多数学生来说，学习的好坏，20%与智力因素相关，80%与非智力因素相关。而学习习惯又在这些非智力因素中占有最重要的位置。你能够自主学习，拥有良好的学习习惯吗？

诊断评价

教师眼中的我们

A：班上有一半的学生能做到课前预习，课后复习，作业基本上能按时完成，格式正确，字迹工整，独立完成等，部分学生比较勤奋，课堂上遵守纪律，到校时间早；也有将近一半的学生总是不能按时完成作业，需要老师反复叮嘱，像鼓一样，敲一敲响一响，不敲一辈子都不会响，上课思考问题时他们就像霜打的茄子一般——蔫了，课堂气氛沉闷，但插嘴现象比较严重，该说话时不说，不该说话时却叽叽喳喳地说个不停，作业格式不规范，分类不严谨。

B：我们班只有极少数学生有较好的学习习惯，比较听话，能按时完成老师布置的作业，注意预习和复习，考试前能认真复习，认真对待；部分学生对学习无所谓，低年级基础没打好，到了高年级想学又使不上劲，以至于有了“破罐子破摔”的想法，形成不读书、抄作业等不良学习习惯；学生上课不珍惜时间，插嘴、开小差，该他讲时不讲，该他记时不记；另外，他们没有明确的学习目标，学习兴趣不浓厚，对学习抱有应付的心理，认为自己是帮家长和老师学，学习好是为了家长和老师有面子、有奖金；现在农村的生活条件有了较大的改善，优越的条件催生了学生不求上进的心理。

◎想一想◎

在学习和生活中，老师眼中的你是什么样的？你属于哪个群体？

◎问题探析◎

学习效率的高低，不仅在于智商的高低，更在于良好的学习习惯。

学习习惯是指学生在长期的学习实践过程中逐渐形成的不需要意志努力和监督的自动化行为倾向，它是习惯的一个重要方面，它的分类具有多样性。良好的学习习惯是学生顺利学习的基本保证，是终身学习的需要。学习习惯是学生为达到好的学习效果而形成的一种学习上不需要意志努力和监督的自动倾向性，学习的主体在较长

的学习过程中由于多次重复和练习而巩固下来并变成内部需要的、逐渐养成的、一时不易改变的学习行为方式。良好的学习习惯对学习活动所产生的积极作用是难以估量的，它有利于激发学生学习的积极性和主动性；有利于形成学习策略，提高学习效率；有利于培养自主学习的能力；有利于培养学生的创新精神和创造能力。因此，学习习惯是一个人的自我学习能力，这是一个人的核心能力，是做任何工作都要具备的能力。

测一测

本问卷可用来检测你的学习习惯如何，共由 20 个题目构成，每题有 3 个备选答案。请根据自己的实际情况，圈出相应的字母，每题只能选择一个答案。

1. 学期初，你是否有具体、明确的学习目标？

A. 有　　B. 有目标但比较模糊　　C. 没有

2. 为实现目标，你是否制订了系统的学习计划？

A. 认真做好计划

B. 想过，但没做计划

C. 从没想过，顺其自然

3. 上学时你是否迟到早退？

A. 从来不　　B. 偶尔会有　　C. 经常迟到早退

4. 听课时，你的注意力集中吗？

A. 非常集中　　B. 偶尔开小差　　C. 经常走神

5. 上课时，你的答问情况是以下哪种？

A. 积极举手答问　　B. 老师叫，才答问　　C. 很少

6. 你听课时是否常做笔记？

A. 常做笔记，且有整理

B. 有时做，但很少整理

C. 没有做笔记的习惯

7. 听课时，重点内容在你的书或笔记上是否有标注？

A. 很多　　B. 有，但不多　　C. 基本没有

8. 上初中后，你向老师或同学提问的情况如何？

A. 很多次，无法统计　B. 不多，几次而已　C. 从没问过

9. 对于听课中的问题，你会怎样做？

A. 经常问老师或同学，共同研究探讨

B. 不敢问老师和同学，自己看书，懂就懂，不懂就算了

C. 不问也不看书

10. 做作业遇到难题时你的态度是怎样的？

A. 先独立思考，再请教别人

B. 请教别人后再完成

C. 懒得费神，一抄了之

11. 晚修时，你通常会怎样做？

A. 先复习、巩固当天所学知识，再做作业、预习新课

B. 做作业、预习新课，复习、巩固当天所学知识

C. 做作业、看课外书

12. 在学校里，你有整理课桌的习惯吗？

A. 有　　B. 很少整理　　C. 从不整理

13. 在你的家里有什么样的书？

A. 有许多与学习有关的书

B. 有一些与学习有关的书，也有其他书籍

C. 没有

14. 你在家通常是怎样学习的？

A. 专心学习　B. 边看电视边学习　C. 有学习，但心不在焉

15. 当学科上有“跛腿”时，你会怎么办？

A. 主动找老师或同学补课

B. 自己加强弱科学习

C. 听之任之或放弃

16. 周末或放假回家，你对学习的感受是什么样的？

A. 有牵挂，并带上书学习

B. 不得不完成作业

C. 不予理睬

17. 对于课外书，你的态度是什么样的？

A. 经常看尤其是名著

B. 很少看，偶尔翻翻报纸杂志

C. 基本不看课外书

18. 你认为玩笔、书等文具好不好？

A. 属不良习惯，应坚决禁止

B. 没好处，分散注意力

C. 纯属个人喜好，无可厚非

19. 从内心讲你觉得学习怎么样？

A. 非常有意思越学越有劲

B. 谈不上有趣但不得不学

C. 毫无乐趣，很苦

20. 你的学习成绩在初中班上位于什么水平？

A. 上等　　　B. 中等　　　C. 下等

【评价与分析】

测试说明：全卷共 20 小题，选择 A 项得 5 分，选择 B 项得 3 分，选择 C 项得 1 分。

总分 80～100 分者，学习习惯等级评“好”；

60～79 分者，学习习惯等级评“一般”，说明需要改进；

20～59 分者，学习习惯等级评“差”，说明需要大力改进。

资料卡

调查显示：青少年学习习惯现状不容乐观

重庆市万州区三正初级中学陈勇均老师在2006年针对农村初中学生学习习惯的调查发现，农村初中学生的学习习惯现状不容乐观，表现为：一是学生学习准备不充分。只有30.2%的学生能带好学习用品，46.7%的学生能做好课前准备，有13.9%的学生不做学习准备，甚至有少数学生上课预备铃响后不进教室，还在室外观望。二是学生学习时耽于空想。只有24%的学生能快速进入学习状态，23.4%的学生上课沉迷于空想。有21.6%的学生上课做小动作，22%的学生上课有意发表一些与学习无关的逗人发笑的奇谈怪论。三是学习自我监控的能力差。当老师不在时，有16%的学生不会自觉学习，13.3%的学生经常被老师提醒注意。四是学生学习存在畏难情绪。老师布置的作业或任务有困难时，7.9%的学生自动放弃应该完成的学习目标任务；对薄弱学科的学习，28.3%的学生不愿对薄弱学科格外用功学习。

抚宁县茶棚学区中心校在2011年通过问卷、课堂教学观察、师生座谈会等多种形式，发现小学生的学习习惯养成上还存在着多方面的问题，特别是一些与学习成绩提高密切相关的学习习惯欠缺。(1)注意力集中时间不长。从随堂观察记录看，大部分学生在后半节课的注意力分散，尤其是低年级学生，容易离开教师的教学内容。家长反映孩子在做作业时，有的边做边玩，有的边做边看电视，不够专心，部分家长认为孩子在做作业时需要陪做。有79.9%的学生认为作业出现错误的原因是粗心大意、不专心。(2)认真倾听的习惯欠缺。许多学生认为认真倾听就是专心听老师讲课，这种理解是片面的。在随堂观察中，我们发现许多学生不善于听取同伴的发言，急着发表自己的见解，往往喊着“老师我想回答”,有抢答现象。在小组合作学习时,大部分学生喜欢发表各自的见解,不善于接受别人的意见来修正自己的答案。(3)边读边思考的习惯没有养成。边读边思考是一种良好的阅读习惯。课堂上,我们发现一些学生按照老师的要求把文章读完后,就等待着老师提问,没有自己先思考的习惯。有33.3%的家长认为孩子很少向他们提问,有23.4%的学生认为自己很少发现问题与提出问题。从期末考试看,有一些题目学生不是不会做,而是缺乏细心与解读技巧,没有读懂题目,不知道从何做起,不会审题。(4)作业习惯普遍比较差。做作业的姿势不端正,需要教师与家长反复提醒。在调查中,发现学生不良的姿势为头趴得低,作业本斜放,握笔很低,大拇指压着食指,“一尺一拳一寸”做到的学生很少。年级越高,字迹越不端正,学生涂改随意,不整洁,不能很好地达到字迹匀称、端正、美观的程度。学生用笔随意,同一本作业本用了三种笔(钢笔、铅笔、圆珠笔)。家长反映孩子做作业粗心,漏题、看错题意、边看电视边做作业。(5)缺乏学习内驱力。许多小学生都是在家长与教师的督促下进行学习活动。在课堂中,不能自始至终自觉地参与到学习活动中,一旦不在教师的视野范围之内,就容易做与学习无关的事情。有部分家长反映自己的孩子比较喜欢看电视,有的每天看,有的放下作业就看,有的一有机会就看。做完作业主动检查的学生不多。有34.2%的学生不会勤查工具书。

观点意识

学习习惯的基本特征

教育心理学家研究表明,学习习惯具有一些基本特征:

1.学习习惯形成的后天性。学习习惯非先天遗传素质,而是人们在后天所养成的一种自动进行某种活动的特殊倾向,是一种自觉、主动、持久和稳定的学习行为方式。从生理机制上讲,学习习惯是一种后天获得的条件反射，它属于非智力因素范畴。

2. 学习习惯的稳固性。对某种学习习惯刺激次数越多，越能使这种习惯得以不断强化，一旦趋于定型化、稳固化，就形成了某种学习习惯。学习习惯形成以后，有时不需要求，即使遇上困难也能自觉克服，但如果想要改变它也是事倍功半。

3. 学习习惯的情境性。习惯的形成，一般来说总是伴随着一定的情境而启动的，也就是说，养成了某种习惯的人，他的习惯表现受情绪的制约，如坐在安静的、学习气氛非常浓厚的教室里，学生会自觉地看书学习；而一旦进入一个吵闹、闲聊的教室，学生可能会随意闲谈。

4. 学习习惯的自动性。习惯是一种动力定型，所谓动力定型是指人的大脑皮层在一定刺激物的反复作用下，使大脑皮层对这些刺激物产生了有规律的条件反射连锁系统，以后一旦有关刺激物作用于有机体，就像激活了一个自动反应装置，一定的程序动作就会相继出现。学习习惯是一个人行为方式的自动化，是在人的大脑皮层和神经系统所形成的条件反射系统。人的学习习惯形成以后，就可以自动地出现，不需要专门的思考和意志努力就可以进行活动。

5. 学习习惯的情绪性。学习习惯形成以后会转化为一种学习需要，自动地体现在学生的学习过程中，使人轻松地获得更多的知识，成为学生学习时不可缺少的内容，如果行为模式受到破坏，个体会产生不愉快的感觉。

操作训练

【训练策略一】培养自己的学习自觉性

学习是一个主动探索的过程。因此，现代高效快速的学习方法，首先需要做的第一件事情，就是学习自觉性的培养。所谓自觉性，简单地说就是不用老师或家长吩咐，不用他们要求，就能主动而且出色地完成学习任务。如果一个人缺乏学习自觉性,良好的学习习惯也就无从谈起,因此缺乏自觉性是良好学习习惯之大敌。如何培养自己的学习自觉性呢?做好以下几点,你或许会有意想不到的变化哦!

1.明确学习的目的,知道自己为什么而读书。

2.要有目标,目标的制订要适度,不可以太低也不可以可望而不可即。跳一跳可摘桃。

3.培养对学习的兴趣,兴趣来自投入的学习,投入越大,兴趣越大。

4.自修时间要有严密的计划性,知道自己下一步该干什么。按计划进行,坚持再坚持。

5.每天都要有反省,对当天的学习进行总结、归纳。

6.需要外力推动,有奖惩措施,鼓励大家做参考书,有严格的督促机制。同桌可以相互监督。

7.创造良好氛围,氛围的力量总是很强大的,一个优秀的集体没有人会掉队,也不甘于掉队。

8.保持持久的热情,不为外界干扰,学会抵制诱惑。

9.养成良好习惯,课桌及时整理,讲义分门别类,错题及时订正。

10.要有良好心态,不以成败影响对学习的热情。

◎议一议◎

回顾与分析自己历年来尤其是近一年来的学习和生活,问自己:是否积极主动制订学习计划?是否积极主动思考老师的提问?是否按时准确完成作业任务呢?原因在哪里?

◎问一问◎

结合自己的回顾与分析,询问家长、老师、同学,倾听他们对自己在学习自觉性方面的认识和评价,并仔细想想哪些地方做得好,哪些地方做得不好。

【训练策略二】了解习惯形成规律,巧用潜意识的力量

我们知道,任何一种行为只要不断重复,就会成为一种习惯。同

样道理，任何一种思想只要不断重复，也会成为一种习惯，进而影响潜意识，在不知不觉中改变你的行为。至于我们的行动，只是在潜意识支配下的被编辑好的程序。那么，怎样运用潜意识的力量来改变不良的习惯，养成一个好习惯？

我们先来分析一种现象。在吃饭的时候，大多数人是用右手拿筷子。为什么会这样？因为从小到大人们都是用右手拿筷子，已经养成了习惯。这说明了人是按照习惯来办事的。假如在今天吃午饭的时候，你不用右手拿筷子，而改用左手拿筷子，你会有什么感受？不舒服、挺别扭的，对吧？这说明改变习惯是一个不舒服的过程。从今天开始，假如你每天都用左手拿筷子吃饭，坚持一个月，一个月后你会不再那么别扭，稍微习惯了一点。这说明习惯是可以改变的，只要不断地重复。

行为心理学研究表明：21 天以上的重复会形成习惯，90 天的重复会形成稳定的习惯。即同一个动作，重复 21 天就会变成习惯性的动作。同样道理，任何一个想法，重复 21 天，或者重复验证 21 次，就会变成习惯性想法。所以，一个观念如果被别人或者自己验证了 21 次以上，它一定已经变成了你的信念。习惯的形成大致分为以下三个阶段。

第一阶段：1～7 天左右。此阶段的特征是“刻意，不自然”。你需要十分刻意提醒自己改变，而你也会觉得有些不自然、不舒服。

第二阶段：7～21 天左右。不要放弃第一阶段的努力，继续重复，跨入第二阶段。此阶段的特征是“刻意，自然”。你已经觉得比较自然，比较舒服了，但是一不留意，你还会恢复到从前，因此，你还需要刻意提醒自己改变。

第三阶段：21～90 天左右。此阶段的特征是“不经意，自然”，其实这就是习惯。这一阶段被称为“习惯的稳定期”。一旦跨入此阶段，你已经完成了自我改造，这项习惯就已经成为你生命中的一个有机组成部分，它会自然而然地不停地为你“效劳”。

【训练策略三】巧用学习习惯治疗卡

自我监督与他人监督在良好学习习惯的养成上是必不可少的。那么，如何进行监督呢？最好的办法就是使用学习习惯治疗卡。

学习习惯治疗卡

（填写此卡，尽量详细，针对具体的问题来解决）

【应用举例】

- ________年________月________日
- 不良学习习惯：________
- 怎样改进：________
- 我邀请________做我的评判人，提醒我要和坏习惯绝交。
- 一个星期后，我的表现怎样？
- 评判人给分：________
- 是不是表扬：________
- 评判人签名：________

胡睿的学习习惯治疗卡

- 2012年5月26日
- 不良学习习惯：不按时完成作业。上自习课的时候说："晚上回家再做吧。"等回到家，吃完晚饭的时候，做了一会儿就想看电视，又说："明天早上做吧！"结果总是推脱，最后到了交作业的时候，才发现自己还没完成。
- 怎样改进：把每天的作业记在记事本上，下课之后或周末，先做作业，再看电视，让父母监督，在没有做完作业之前，不许睡觉，老师上完一课我就立即做完这一课的作业，让自己的同桌监督自己完成。
- 我邀请林超做我的评判人，提醒我要和坏习惯绝交，一星期后，看我的表现怎样。

胡睿的学习习惯评分卡

- 评判人给分：100分
- 是不是表扬：表扬
- 评判人签名：林超
- 日期：2012年6月3日

◎读一读◎

青少年需要养成的17个学习习惯

作为21世纪的青少年，我们有着独立的个性，有着过人的智慧，我们肩负着民族兴旺的伟大使命，我们需要主动迎接各种挑战，包括主动学习，只有主动才能获得更多、更大的成就。要做到主动学习，下面有些小建议给大家。

1. 自觉预习习惯

很多同学只重视课堂上认真听讲，课后完成作业，而忽视课前预习，有的同学根本没有预习，其中最主要的原因不是因为没有时间，而是因为没有认识到预习的重要性。那么预习有什么好处呢？课前预习是学习的重要环节，预习可以提高听课效果，还能够复习、巩固已学的知识，最重要的是能发展我们的自学能力，减少对老师的依赖，增强独立性；预习可以加强记课堂笔记的针对性，改变学习的被动局面。在预习时，要做到：了解教材的大概内容与前面已学的知识框架；找出本章或本课内容与前面已学知识的联系，找出所需的旧知识，找出本课的难点和重点（作为听课的重点）；对重点问题和自己不理解的问题，用笔画出来或记入预习笔记。

如果没有预习，上课时老师讲什么就听什么，老师叫干什么就干什么，这样的学习会显得被动，时间长了，我们会缺乏学习的积极性和主动性。预习还是一个发现问题的过程。通过预习，发现疑问，以便上课时带着问题听课，听课效果会更好。所以，每天晚上，要坚持自己去寻找第二天上课要学习的内容。

2. 专心听课的习惯

如果课前没有一个"必须当堂掌握"的决心，会直接影响到听讲的效果，如果在每节课前，我们都能自觉要求自己"必须当堂掌握"，那么上课的效率一定会大大提高。实际上，有相当多的学生认为，上课听不懂没有关系，反正有书，下课后可以看书。抱有这种想法的同学，听课时往往不求甚解，或者稍遇到听课障碍，就不想听了，结果浪费了上课的宝贵时间，增加了课后的学习负担，这大概正是一部分学生学习负担重的重要原因。

3.独立作业习惯

明确做作业是为了及时检查学习的效果，经过预习、上课、课后复习，知识究竟有没有领会，有没有记住，记到什么程度，知识能否应用，应用的能力有多强，这些学习效果问题，单凭自我感受是不准确的。真正懂没懂，记没记住，会不会应用，要在做作业时通过对知识的应用才能得到及时的检验。做作业可以为复习积累资料，作业题一般都是经过精选的，有很强的代表性、典型性。因此，就是做过的习题也不应一扔了事，而应当定期进行分类整理，作为复习时的参考资料。

4.课后反思的习惯

在读书和学习过程中，尤其是复习备考过程中，每个同学都进行过强度较大的练习，但做完题目并非大功告成，最重要的是将知识引申、扩展、深化，因此，反思是解题之后的重要环节。一般说来，习题做完之后，要从五个层次反思。

第一，怎样做出来的，想解题采用的方法；第二，为什么这样做，想解题依据的原理；第三，为什么想到这种方法，想解题的思路；第四，有无其他方法，哪种方法更好，想多种途径，培养求异思维；第五，能否变通一下而变成另一习题，想一题多变，促使思维发散。当然，如果发生错解，更应进行反思：错解根源是什么？解答同类试题应注意哪些事项？如何克服常犯错误？“吃一堑，长一智”，不断完善自己。

5.及时复习的习惯

及时复习的好处在于可加深和巩固对学习内容的理解，防止通常在学习后发生的急速遗忘。根据遗忘曲线，识记后的两三天，遗忘速度最快，然后逐渐缓慢下来。因此，对刚学过的知识，应及时复习。随着记忆巩固程度的提高，复习次数可以逐渐减少，间隔的时间可以逐渐加长。要及时“趁热打铁”，学过即习，方为及时。忌在学习之后很久才去复习。这样，所学知识会遗忘殆尽，就等于重新学习。

俗话说：“温故而知新。”就是说，复习过去的知识能得到很多新的收获。这个“新”主要指的是知识达到了系统化的水平，达到了融会贯通的新水平。首先，知识的系统化，是指对知识的掌握达到了一个更高的境界，也就是从整体、全局或联系中去掌握具体的概念和原理，使所学的概念和原理回到知识系统中的应用位置上去。其次，知识的系统化，能把多而杂的知识变得少而精，使知识简约化，从而完成书本知识由"厚"到"薄"的转化过程。系统化的知识，既好记又好用。

6. 劳逸结合的习惯

曾有人这样说："光学习，不玩耍，聪明的孩子要变傻。"所谓"头悬梁，锥刺股"，只是精神可嘉，方法未必科学。列宁曾经说过，不会休息的人就不会工作。爱因斯坦演算疲劳后，就拿起他的小提琴拉上几曲自己喜欢的曲子，使自己从那些符号中解脱出来。马克思在研究中感到疲劳时，就画一些画来转移大脑的兴奋区域。

为了保证劳逸结合，就要做到学习活动的定时定量。所谓定时，就是对于哪些时间学习哪些内容，已经成为自觉行为，不需要别人提醒。譬如听英语广播，到了时间，自己就准时打开收音机；什么时间该写日记了，自己就自觉打开日记本。所谓定量，就是在固定的时间内完成定量的学习任务，不轻易改变。譬如记忆英语单词，每天5个，雷打不动，即使走亲戚、会朋友、节假日也从不间断。这些习惯养成，在开始的时候家长要鼓励也要强制，一般一个月后，习惯就形成了。对于有些孩子，家长还要经常督促，以防出现反弹。

7. 翻查工具书和参考资料的习惯

比如，一遇到生字词就翻查字词典；遇到不懂的专业术语就翻查专业词典；遇到生疏的历史典故就翻查历史典籍；遇到不清楚的地名就查地图或地图册。一个勤翻字典的人，肯定少写错别字。

8. "不动笔墨不看书"的习惯

要看书，先找笔。看书时一边看一边圈点勾画，标记重点难点或精彩之处，或随手批注。自己读过的书，一定要留下痕迹。青少年的读书不能像有些老年人的读书那样，他们纯粹是为了消遣；青少年读书是为了武装自己，丰富自己，提高自己。所以每读一本书都要有所收获。每一本书读完后，再从头翻一遍，把标记的重点部分再读一遍，把精彩部分摘抄下来。如有突出的感想、体会，还可以写出读书笔记。到此，一本书才算看完了。书看完之后，还要善于用自己的话向别人复述书中的内容。每复述一次，就是一次复习。这个习惯坚持下去，会对孩子一生的学习和工作有很大帮助。

9. 总结归纳的习惯

每章每节的知识是分散的、孤立的，要想形成知识体系，课后必须有小结。对所学知识进行概括，抓住应掌握的重点和关键。对比理解易混淆的概念。每学习一个专题，要把分散在各章中的知识点连成线、辅以面、结成网，使学到的知识系统化、规律化、结构化，这样运用起来才能联想畅通，思维活跃。

10. 活学活用的习惯

首先要经常把书中的知识、书中的道理、书中的故事讲给别人听，每讲一次，都是对所学知识的一次复习和巩固；其次要将所学知识运用到生活的各个方面，书中的知识只有为我所用，才能真正成为自己的知识。这种活学活用不仅可以促使孩子深刻地领会所学知识的精髓，还能使孩子真正体会到学习的兴趣，从而激发孩子坚持不懈地主动求知，培养孩子自觉主动学习的积极性。

11. 朗读背诵的习惯

对一些优美的文章、经典的文章，最好用大声朗读的方法。每天早读都要坚持，朗读要如入无人之境，排除干扰。从小学到高中的12年时间可以读很多好文章。读出声可以帮助你体味文章的情感，读出声可以帮助你体味文章的节奏美，诗歌尤其要读出声。读出声，有助于记忆和背诵。

中学时代，是背书的最好时期。中学生如果能背诵几百篇优秀的文章、段落，等于为你一生的文学功底、语言功底打下一个扎实的基础。它会为你以后一生的书面表达和口头表达提供帮助。背书时，不要不理解就背，不要一句一句多次重复地读，要分层背诵，一段一段解决。

12. 养成写日记的习惯

要使自己手中的笔随心所欲，就得天天练笔，练笔最好的方法就是天天写日记。通过写日记，可以使我们对自己的学习、生活进行总结和深入思考；可以锻炼我们观察生活的能力和驾驭语言的能力，提高我们的写作水平；可以使我们尽情倾诉自己的感情，调节自己的情绪；可以培养我们独立的个性和独立思考的能力；可以开阔我们的心胸，净化我们的心灵。

记日记形式不拘，长短不限，可记叙，可描写，可抒情。一般来说，记日记起初多记事，之后到发表议论、抒发感情。起初可能觉得没啥可写，你慢慢观察，先写本班同学，然后写动物、植物，写家中摆设，写读后感，写多了就慢慢会写了。为了提高写日记的兴趣，你可以不断变换日记的内容和形式。如插图日记、摘抄日记、想象日记、仿写日记、采访日记等。

13. 养成摘抄和整理知识的习惯

读书时如遇到精彩的描写，精辟的议论，优美的抒情，名人名言，凡人妙语，应立即摘抄下来，并注明出处。刚开始摘抄时往往不分类，时间长了，自己就想动手给它分类了。分类就是整理知识的过程，你记的东西，经过自己几次归类整理，这些知识就属于自己的了，每整理一次，印象就加深一次。平常课堂上零零星星学到的知识如果不定期整理，这些知识就像堆在仓库里的货物，杂乱无章。对学过的知识进行整理，就像把仓库里的货物分类摆上货架，急用时就如探囊取物一样方便。

14. 养成主动说、大胆说的习惯

不少中学生勤于思考，勤于写作，却不善言谈，这样不好，不善言谈的人往往是越发展越不善言谈，以致影响自己的学习、工作和事业。

我们要常把书中的故事讲给别人听，每讲一次都是一次复习，这并不亏本。要把自己生活、学习中的感受和心得与家长、同学、老师交流，要主动参与一些发言、辩论、演讲。这样你会觉得自己越说越想说，越说越会说，越说越敢说，越说越自信。善于表达的人容易赢得威信；善于表达的人，容易摆脱烦恼；善于表达的人，容易建立良好的人际关系；善于表达的人不容易被埋没。所以，多说，不仅对于学习是必要的，而且对于你一生的事业都是需要的。

15. 勤于自学的习惯

自学是获取知识的主要途径。就学习过程而言，教师只是引路人，学生是学习的真正主体，学习中的大量问题，主要靠自己去解决。阅读是自学的一种主要形式，通过阅读教科书，可以独立领会知识，把握概念本质内涵，分析知识前后联系，反复推敲，理解教材，深化知识，形成能力。从小学、中学到大学，再到硕士、博士，学习的层次越高，自学的意义越重要，因为会自学的学生就是有学习潜能的学生。

16. 留心观察的习惯

对客观事物的观察，是获取知识最基本的途径，也是认识客观事物的基本环节，因此，观察被称为学习的"门户"和打开智慧的"天窗"。每一位同学都应当学会观察，逐步养成观察意识，学会恰当的观察方法，养成良好的观察习惯，培养敏锐的观察能力。"观察"这两个字有两层意思，"观"是看的意思，"察"是想的意思，看了不想，不是真正的观察，对认识客观事物毫无意义。要做到观察和思考有机结合，通过大脑进行信息加工，总结出事物的一般规律和特征。

17. 交流讨论的习惯

《学记》上讲"独学而无友，则孤陋而寡闻。"同学之间的学习交流和思想交流是十分重要的，遇到问题要互帮互学，展开讨论。每一个人都必须努力吸取别人的优点，弥补自己的不足，像蜜蜂似的，不断吸取群芳精华，经过反复加工，酿造知识的蜂蜜。

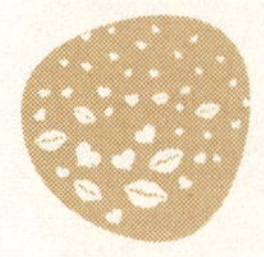

家教警语

孩子的学习习惯家长需引导

俗话说："积千累万，不如养个好习惯。"对任何人来说，从小养成一个良好的学习习惯是非常重要的。因为在人的一生中，不论工作，还是生活，都离不开学习。只有热爱学习、善于学习的人，他的生命才能放射出异彩，才能在事业上获得成功。而一个人能否做到热爱学习、善于学习，在很大程度上，取决于有没有养成良好的学习习惯。一个人如果从小就养成勤于学习、善于思索、认真实践、虚心求教等良好的学习习惯，那就为其一生打下了一个良好的基础。这个基础是实实在在的，牢固可靠的。俗话说："5 岁养成的习惯，60 岁都难改。"这话尽管说得有些夸张，但也不是没有一点道理。因此，对青少年来说，学习习惯是至关重要的一大学习要素。而对于正处在习惯养成阶段的小学生，家长有效地教育和引导是相当重要的。

判断鉴别

心理多棱镜：孩子的学习习惯，你引导了吗？

请仔细阅读以下题项，在符合你的实际情况的题项后的括号内打"√"。

1. 孩子在学习中，遇到了难题，会鼓励孩子独立思考。（　）
2. 引导孩子不要边做作业边吃零食、看电视。（　）
3. 督促孩子做完作业要检查。（　）
4. 让孩子自觉主动整理自己的学习用具与书包。（　）
5. 会看教育类节目与书籍，来改善自己的教育方式。（　）
6. 与孩子一起讨论，制订每学期、每月、每周的学习目标。（　）
7. 主动分析孩子的考试试卷，辅导孩子不能掌握的难点。（　）
8. 会经常督促孩子早睡早起，养成良好的作息时间。（　）
9. 督促孩子预习，并用笔做上不同的标记。（　）
10. 经常了解孩子的学习进度。（　）

【评价与分析】

在以上测验题中，你选择的项目越多，越说明你能比较好地引导孩子培养良好的学习习惯。否则，你需要加强对孩子学习习惯的培养与引导。

启示录

学习习惯培养之三部曲

一、家长陪伴期

陪伴：顾名思义就是相伴在孩子身边，以陪同的方式来辅助和引导孩子建立良好的学习秩序。陪伴给予孩子的是信任感和自信的建立。

陪伴周期：3周，大约21天左右。

陪伴过程中，家长需要明确引导孩子所做内容如下所示：

1. 统一做好孩子每天放学后至睡觉前的学习时间安排，这个时间要与孩子协商确定，周末另行约定。

2. 提前10～15分钟提醒孩子就要进入学习或者写作业时间，请将手里继续的事情停下来。

3. 做好学习前的准备工作，如喝水、上厕所、整理书桌（将与学习无关的物品从书桌上清除，防止分散孩子注意力）、准备课本、作业本、文具等。

4. 根据不同孩子年龄段注意力集中时间的不同，家长要与孩子做好学习时间的约定，幼儿每次学习时间规定为15～20分钟；小学生每次学习时间为20～30分钟；中学生每次学习时间为30～40分钟。每一次学习时间到后，家长要安排孩子短暂的休息，让大脑得到休息，每次休息时间规定为10～15分钟。

5. 家长要注意观察孩子写作业时的坐姿、执笔、运笔、注意力、写作业时的难易程度等，给予孩子适当的引导和帮助。

6. 家长通过观察和比较，对孩子学习或者写作业的点滴进步作出总结，以鼓励和表扬的方式告诉孩子，让孩子感受到他的进步。

7. 注意事项：家长要管好自己的嘴，不要发现问题就去不停地唠叨，试图去改正孩子，要采取艺术化的方式来纠正孩子学习习惯中存在的不足，比如事前约定手势和表情等来启迪孩子；家长要做好孩子的榜样示范，给孩子坚持好习惯以激励；要允许孩子看动画片或者做喜欢的事，这是对学习或者写作业的一种有益促进，但是要将孩子最感兴趣的事放在学习之后，给孩子一个目标定位——按时或者超前完成作业，便会轻松得到看动画片的时间。

二、家长渐离期

渐离，指家长离开孩子的书桌旁，在孩子目光视线可及的范围内关注孩子学习或者写作业。渐离期是一个让孩子逐渐由依赖父母在旁边陪伴学习，到父母一点点离开身边，进而逐渐走向独立的过程，在这个过程里父母的引导非常关键，这关系到整个学习习惯培养是否顺利实施。

渐离周期：4～5 周，约 30 天左右。

渐离期内家长应该关注的内容如下所示：

1. 与孩子总结陪伴期内学习秩序养成的情况，给予孩子肯定，引导孩子逐步走向独立。

2. 明确告诉孩子，现在爸爸或者妈妈要给你独立学习的空间，因为你已经具备独立的能力，但是为了能让你安心学习，我们会在你视线所及的范围内陪伴你。你写作业，我们做自己手里的事，比如看书、学习、做针线活儿等，但不会弄出很大的动静影响你的学习。如果你有学习困难需要帮助时，及时告诉我，我会来到你身边帮助你。

3. 家长要关注孩子学习过程中注意力的情况，坐姿、执笔、手里是否在把玩橡皮等东西。在一个学习时间段里，可以走到孩子身边提醒，注意不要超过两次，次数多了，便成了对孩子的唠叨。

4. 在下一次写作业之前，家长要有针对性地和孩子对上次作业中存在的问题作小结，提醒孩子应该注意哪些事项。家长要注意说话态度，力求委婉和艺术化，让孩子容易接受。

5. 渐离期内，家长可以加入互动式的学习方式，比如家长做学生，让孩子当小老师，这种方式容易激发孩子的积极性，启发孩子做主动式思考，通过互动既让家长拉近了与孩子的距离，同时也锻炼了孩子的逻辑思维表达能力。

6. 注意事项：家长要切忌唠叨，这是最容易分散孩子注意力的一种行为；在纠正孩子存在的痼癖毛病时，要力求语言简洁到位，不要啰嗦；提醒孩子时，莫忘了鼓励孩子：你虽然有一些小问题，但是你比昨天要有明显的进步了，妈妈为你自豪！妈妈为你高兴！妈妈相信你会克服这些小问题，把事情做得更出色。

三、家长放手期

放手，是指家长通过前两个周期的辅助和引导，基本上让孩子从心理完全依赖过渡到半依赖状态，在家长的进一步鼓励和引导下，让孩子完全适应一个人独立学习或者写作业的过程。

放手周期：7～8 周，大约 50 天左右。

放手期内家长应关注的内容：

1. 与孩子总结渐离期内学习习惯培养情况，明确告诉孩子达到的养成程度，让孩子感受到自己的进步和收获。同时通过引导，鼓励孩子尝试独立学习，走向独立。

2. 家长与孩子约定：爸爸或者妈妈在这个周期里，只负责提醒你几个学习时间（学习前的准备、学习中的休息时间、下一次开始学习的时间），不会就细节进行关注，要靠你自己养成。

3. 通过时间提醒，家长要注意孩子对时间的养成情况，特别是对时钟的管理，要让孩子自觉去关注时间，而不是一味地去提醒孩子，一旦孩子能自觉进入学习准备、学习中间的休息等，就要及时表扬孩子，固定孩子的时间意识，增强孩子的自豪感和积极性。

4. 学习之余，要及时和孩子就学习方法、学习效率等话题进行沟通，沟通时机要选在孩子高兴的时候，同时还要注意说话方式，以鼓励和表扬为主，委婉批评为辅，给孩子以激励。

5. 要从观念上引导孩子：学习是你自己的事，爸爸或妈妈对你进行好习惯培养，只是帮助你建立一个良好的学习秩序，以提高你的学习效率；一个人从小养成好的学习习惯，会对一生有益。

6. 尝试将快乐学习理念引入对孩子的学习习惯培养之中。玩可以是快乐的，学习也一样，学习和玩都是一个人生活的一部分。让孩子尝到学习的快乐，家长首先要有良好的情绪掌控能力，不能把孩子存在的不足放大了去解决，去不停地关注；相反要淡化不足，多将孩子的优点拿出来，通过表扬与鼓励让孩子明确知晓，让孩子看到自己闪光的一面，并感受到快乐的家庭氛围，这对孩子快乐学习理念的构建非常有帮助。

7.注意事项：放手期不是完全放开孩子，让孩子自己管理自己的学习，而是从观念上对孩子进行引导；让孩子在良好的惯性秩序基础上吸纳快乐学习的理念，而不是通过逼迫的方式让孩子去被动学习，那样做时间久了会让孩子感觉学习是为了爸爸和妈妈，是为了应付老师布置的作业。家长要注意引导孩子，学习效率越高，用时越短，玩的时间便会越多。

第二节　在高效中学习

对于21世纪的青少年来说，最重要的不是你已经学会了多少知识，而是在于是否掌握了适合自己的高效能的学习方法。伟大的生物学家达尔文说："一切知识中最有价值的是关于学习方法的知识。"伟大的物理学家爱因斯坦说："成功＝艰苦的劳动＋正确的学习方法＋少说空话。"可见，掌握高效能的学习方法，不仅会使你学习成绩和学习效率得到立竿见影的提升，更重要的是，将会使你终生受益，在21世纪的知识经济的潮流中劈波斩浪。愿你在本专题的帮助下，走上一条成功的捷径，使自己成为一名成绩优异的高效能学生。

诊断评价

焦虑的张辉

张辉最近感到压力越来越大。在初中的时候，只要自己努力学习，成绩就能上去，但自从进了高中以后，自己有强劲的学习愿望，也很努力地学习了，可就是结果不好，每次拿到成绩单，总是很郁闷。因为考不好不是自己不努力造成的，而是因为努力了却没有回报。现在很迷茫，而且因为闷闷不乐，集中不了精力去学习，玩的时候又想着学习，真是不知道该怎么办，甚至有些放弃了……

◎想一想◎

在学习中你是否像张辉一样？明明努力学习了，考试成绩却不好；闷闷不乐，老师和同学无法理解；挫败感令自己感到无能为力，学习没有积极性？

◎问题探析◎

学习不仅要勤奋，更应讲究方法，高效率学习一定是科学的学习方法的产物。

现代生活节奏越来越快，学生的学习压力也越来越大。为了提升学习成绩，学生们的学习时间自然也越来越长。但是学习时间长不代表你就一定比学习时间短的同学有收获，因为学习不仅要讲究勤奋，而且更要看你的学习方法，也就是看你的学习效率是否高。时下，讲究效率是现代社会的一个要求。美国著名未来学家托夫勒(A. Toffler)曾预言，未来的文盲不再是不认识字的人，而是没有学会学习的人。就此意义而言，青少年在学校的学习不仅是要掌握一些事实与结论方面的知识，提高运用知识的能力，而且还要掌握科学的学习策略，具备较强的学习能力。案例中的张辉同学显然没有意识到是自己的学习效率出现了问题，尤其是在学习中不注意学习方法，光靠蛮干是不行的。

测一测

回答说明：请认真阅读每一个题项，然后根据自己的实际情况在"是""否"上作出回答。

1. 时间安排问题

(1)你是否很少在学习前确定明确的目标，比如要在多少时间里完成多少内容。

(2)学习是否常常没有固定的时间安排。

(3)是否常拖延时间以至于作业都无法按时完成。

(4)学习计划是否是从来都只能在开头的几天有效。

(5)一周学习时间是否不满 10 小时。

(6)是否把所有的时间都花在学习上了。

2. 注意力问题

(1)注意力完全集中的状态是否只能保持 10～15 分钟。

(2)学习时，身旁是否常有小说、杂志等使我分心的东西。

(3)学习时是否常有想入非非的体验。

(4)是否常与人边聊天边学习。

3. 学习兴趣问题

(1)是否一见书本头就发胀。

(2)是否只喜欢文科,而不喜欢理科。

(3)是否常需要强迫自己学习。

(4)是否从未有意识地强化自己的学习行为。

4. 学习方法问题

(1)是否经常采用题海战术来提高解题能力。

(2)是否经常采用机械记忆法。

(3)是否从未向学习好的同学讨教过学习方法。

(4)是否从不向老师请教问题。

(5)是否很少主动钻研课外辅助读物。

【评价与分析】

一般而言,回答上述问题,肯定的答案(回答“是”)越多,学习的效率越低。每个有学习问题的学生都应从上述四类问题中列出自己的主要毛病,然后有针对性地进行治疗。例如,一个学生的毛病是这样的:在时间安排上,他总喜欢把任务拖到第二天去做;在注意力问题上,他总喜欢在寝室里边与人聊天边读书;在学习兴趣上,他对专业课不感兴趣,对旁系的某些课却很感兴趣;在学习方法上,他主要采用机械记忆法。这位学生的毛病一一列出来,我们就能够采取有效的治疗措施了。

资料卡

调查显示:中学生的学习现状有待改观

有研究者对中学生的预习、听课、作业和复习等环节的学习现状作了抽样调查。调查对象选择了来自某市不同类型(重点、非重点、市区、郊区、山区)的10所中学,以问卷形式抽样调查了10个班的500名学生,共收回问卷485份。还在一所中学挑选出9名优等生,由一位班主任老师采用谈话的方式进行调查。主要调查结果如下:

1.预习情况及其方法

课前预习是听课的基础,也是培养学生自学能力的有效方法之一。调查表明,“老师要求就预习”和“想起来就预习”的学生占总体的43%,而“自觉预习”的学生仅占22.4%,这表明大多数学生没能养成自觉预习的习惯。

学生预习的方法大都是“把新课内容看一遍”,而通过预习“找出重点和疑难点”的学生比较少。通过谈话发现,优等生也只有4人做到了“经常自觉预习”。预习时优等生经常采用“找问题”的方法,中等生和学习困难生基本上采用“把新课内容看一遍”的预习方法,而且习惯于完成教师布置的预习任务,学习的主动性较差。在座谈中,有的学生反映,由于作业负担重,有时想预习但没有时间。这些都表明预习是中学生学习过程中相当薄弱的环节。

2.听课情况及其方法

注意听讲是上课的关键。中学生心理自制能力还不强,听课时注意力容易受到干扰。调查表明,造成学生听课注意力不集中的主要原因是教师讲课枯燥,照本宣科,这种情况约占80%。因此,教师应提高讲课水平,要善于激发学生的学习兴趣,调动学生学习的积极性。

不同的听课方式会产生不同的学习的效果。调查表明,采用边听边思考,力争在课堂上解决问题或边听边记重点听课方式的学生较多。这说明大多数学生比较重视听课这一环节,而且能够积极思考,这些学生约占75%。通过谈话了解到,优等生基本上采用这两种听课方式。他们的共同特点是听课时能积极思考,注意发现问题,喜欢用课堂讨论的方式来解决问题,学习的主动性强;而中学生和学习困难生则大多只满足于把课听懂。

3.课堂笔记的情况和方法

调查发现,优等生基本上采用了记重点的方法,说明他们能开动脑筋，寻找重点，有目的和有选择地记笔记。大部分中等生听课时则详细地做笔记，以备复习迎考，记笔记有其被动的一面。学习困难生主要采用了不记，讲的和书上一样；不记，怕影响听课；抄板书这三种方法，听课的被动性更突出。

4. 课堂小结情况及其方法

课堂小结有助于学生回顾和整理课堂学习的主要内容。调查表明，学生进行课堂小结的方法以“做练习”和“听老师小结”的比率最高。调查表明，多数教师课堂小结全部“包办”，没有发挥学生的主动性。有些教师讲完课后就让学生做练习，让学生以“做练习”代替“课堂小结”。从与优等生的谈话中了解到，他们主要抓住教师讲课时的重点问题，在课堂小结时进一步与老师或同学分析讨论，以深化对问题的认识；而中等生和学习困难生课堂小结的主动性和对所学内容理解的深度则相对较差。

5. 作业完成情况及其方法

课外作业是巩固运用知识和提高能力的一种手段，它应由学生独立完成。学生对作业的认识不同，完成作业时的态度和方法也不尽相同。

调查表明，学生完成作业时采用“先做再看书”方式的比率最高，而采用“先看书后做”的比率相对较低。此外，中等生和学习困难生基本采用边温习边做或先做再看书完成作业的方式，且仍有抄别人作业的行为。这些学生没有形成基本的学习习惯。从教学环节的连贯性来看，一般应在完成作业前先看书，待比较清晰地掌握了所学知识后，再通过完成作业来自检学习情况，强化对有关内容的记忆，这样才能收到较好的效果。当然，学习方法也因人而异。座谈中了解到，有的优等生也是采用先做作业后看书的方式。他们认为，只要做好课堂小结，就可以直接采用第二种方式完成作业。这样既能起到巩固和提高的作用，又能针对作业中的问题去看书和解疑，使得对问题的理解更透彻，记忆更深刻。

6. 复习情况及其方法

复习是加深对所学知识系统理解和巩固的过程，是提高语言运用能力的重要环节。调查表明，经常复习的学生占多数，考前复习的比率也比较高。他们的复习方法大致是老师要求复习或在老师指导下复习，即以解题和解疑为主。复习应根据自己的知识缺漏和学习特点选择合适的方法，否则就不会产生好的效果。这方面，一些优等生的做法很有特点。一位学生介绍，他每次考前的复习都采取针对自己知识缺漏的情况，自我选题出卷进行自测。这说明，好的复习方法没有固定的模式，关键是教师要善于指导学生运用科学的方法进行复习。

7. 参考课外资料

调查表明，参考课外资料的学生占很大的比率。目前社会上课外资料泛滥成灾，有些书质量很差，如果学生不加以选择，很容易使其干扰自身对基础知识的掌握。还有相当一部分学生(占 14.6%)不参考任何资料，这种做法也欠妥。在对优等生的调查中发现，他们对参考资料的选择性很强，并具有一定的辨别优劣的能力，课外阅读的涉及面也很广。

8. 目前中学生对课堂学习的总体看法

目前中学生尚未养成良好的学习习惯，大多数学生没有形成适合自己的学习风格和学习方法。中学生学习现状有待改观。

观点意识

高效率学习的本质及其基本特征

关于高效率学习的含义，目前还没有统一的观点。主要有：第一，有效学习就属于高效率学习，是指能够真正理解、灵活运用所学知识的学习，是推动能力和态度发展的学习；第二，高效率学习是指在科学的学习理论指导下，依据学习规律和心理发展规律，应用科学的学习策略、方法和技巧，发挥学生学习的个人主观能动性，从而在单位时间内能够更轻松愉快地获得更多、更好的知识，达到培养能力和促进全面发展的良好学习效果的过程；第三，高效率学习就是个体在积极的情绪状态下的学习。天津师范大学心理学教授沈德立与白学军在 2006 年的一篇论文中则认为，高效率学习是一种狭义的学

习，是指学生在学习过程中，根据知识的内存联系，按照科学的规律进行学习，以最小的投入取得最大的成效。

另外，沈德立教授还认为高效率学习的基本特征主要表现为以下五个方面：

(1)学习过程高速度。学生能在很短的时间内完成指定的学习任务。学习的高速度是以个体对知识进行高效率信息加工为基础的，其中思维敏捷性是实现高速度学习的关键。

(2)学习方法科学。学生能够根据具体的学习内容，选择运用科学有效的方法完成学习任务。学习方法科学就是按科学的程序来学习。

(3)学习策略运用适当。学生能够根据学习的目标、学习的任务、学习的时间要求、学习材料的性质、学生自身的特点等来选择最佳的学习策略，以实现学习的目标。

(4)学习结果高质量。学生能够顺利而且正确地完成学习任务。高质量是高效率学习的关键指标。

(5)学习有乐趣。学生学习时能够在心理上体验到一种愉快感、满足感和成就感。没有任何压力、焦虑和紧张感。

操作训练

【训练操作一】全面预习法——学习预则立，不预则废

打无准备的仗必输，没有预习的功课效果一定不好。要想有一个高效的课堂学习，必须牢牢抓住课前预习这个关键环节。常言道：“凡事预则立，不预则废。”“预”，即准备。预习就是在教师讲课之前，学生阅读教材及相关的内容，为新课学习做好必要的知识准备。我们在预习的时候，要大体了解书本内容，思考重点，发现难点，注意方法，增强预习的主动性、针对性，培养良好的预习习惯。

预习最大的好处是有助于形成学习的良性循环。预习使学习活动变得积极主动，站在主动进攻位置上的人当然容易打胜仗。

通过预习不仅对新课的内容达到了初步的领会，降低了学习新课的难度；而且大大减少了听课的盲目性、紧张感，调动了学习的积极性，有利于知识的当堂消化和吸收。

预习中理解错误之处，在听课时得以纠正。有了正反两方面的对比，这比光是听听课，在脑子里的印象要深刻得多，容易记住。

越是时间紧，越要抽出一定的时间预习。通过预习避免无效的活动，通过预习赢得学习的时间，通过预习扭转被动的、苦恼的、倒退的学习过程的恶性循环。

良好的预习是学习成功的一半。

【训练操作二】高效听课法——向课堂 45 分钟要效益

一个人的学生时代，大部分的学习时间是在课堂中度过的。在短短的十几年时间里每个学生几乎接受和继承了人类几千年所积累的知识中最基本、最精华的部分，由此可见课堂学习的重要性。一个学生学习的好坏、成绩的高低，关键在于课堂学习。充分利用每一节课的 45 分钟，高效学习，对提高学习质量将产生巨大的影响。

专家认为，要想听好一节课，课前必须从身心、知识、物质上做好充分准备，在上课时力求做到“五到”，即耳到、眼到、口到、心到、手到。专心致志，勤于思考，思维与老师合拍。同时，上课时勇于发言，积极参加讨论，有机会多动手、多实践，做好笔记，才能有效地把握课堂，把课堂变成自己学习的主战场。

课前的心理准备是十分重要的，正确的态度是：以平静、轻松和愉悦的心情迎接新课和老师的到来；应该想到在新的一节课里自己又将学到新的知识和本领，从而感到兴奋，产生一种心理期待。只有在这种心理准备状态下进入课堂，才能确保获得听课的高效率。

◎读一读◎

课堂笔记怎么做?

1. 记提纲

老师讲课大多有提纲，并且讲课时老师会将备课提纲书写在黑板上，这些提纲反映了授课内容的重点、难点，并且有条理性，因而比较重要，故应记在笔记本上。

2. 记问题

将课堂上未听懂的问题及时记下来，便于课后请教同学或老师，把问题弄懂弄通。

3. 记疑点

对老师在课堂上讲的内容有疑问应及时记下，这类疑点，有可能是自己理解错误造成的，也有可能是老师讲课疏忽造成的，记下来后，便于课后与老师商榷。

4. 记方法

勤记老师讲的解题技巧、思路及方法，这对于启迪思维、开阔视野、开发智力、培养能力和提高解题水平大有益处。

5. 记总结

注意记住老师的课后总结，这对于浓缩一堂课的内容，找出重点及各部分之间的联系，掌握基本概念、公式、定理，寻找存在问题、找到规律、融会贯通课堂内容都很有作用。

【训练策略三】作业练习法——兵精贵在操练

如果让你学开汽车，告诉了你如何发动，如何挂挡、起步、加油，如何加速、刹车等等，然后马上就要你到马路上行驶，那肯定是不行的。你必须经过一段时间的练习，等驾驶技术熟练之后才能上路。学生的学习也是如此，若要想学到真正的知识，获取优异的成绩，关键在于平时的作业练习。做作业是学生学习中的重要内容与环节。它对于及时检查学习的效果，巩固和消化课堂知识，提高学生的心智动作技能，积累做题方法技巧，培养学生思考问题、分析问题、解决问题的能力十分重要。

做作业只是手段，其目的是为了掌握知识、方法，提高学习成绩。所以在做作业时要遵循科学的原则要求，循序渐进，勤于思考，善于总结，形成良好的作业习惯。

做好作业的八种良好习惯：

1.先复习后作业。作业前先把相关内容认真地看一看，弄清楚全部问题后再去做作业，这样一来作业才能做得既快又正确。

2.先认真审题。要做到不明白题意不做题，不清楚方法不做题。

3.细心做题。只有平时做题认真细致，准确规范，考试时才能照这种良好的习惯进行。

4.独立完成作业。所谓“独立”，就是亲自动手，自己思考，自己解决和自己完成。

5.认真检查作业。在作业的过程中，由于种种原因，难免会出现各种各样的漏洞和问题，因此作业做完后，一定要认真检查之后再交上去。

6.做完作业后要耐心思考。这样才能把学习的知识融会贯通，达到系统掌握。

7.认真分析批改后的作业。只有经过分析反思，才能吸取经验教训，避免今后犯类似错误。

8.及时完成作业。养成“当日事，当日了”的习惯。

测一测

你做作业练习的质量如何？

请回答，你在做作业练习的过程中是否做到了以下几点。

1.你在做题的时候，是否能够在审题的时候做到“三看清”，看清题中所讲的过程，看清题设条件，看清要解决的问题，这是解题的前提。

2.你在分析题目的时候，能否做到“三想”，想所涉及的概念、所用到的原理，想所给条件与所求问题的关系，想有无隐含信息和条件及题目考查的内容。

3.你在解答的时候，能否做到根据题意和条件，选择最佳的解题方法，如果用到其他学科知识、方法时，如公式变换、数据处理等要细心，最后还要对结果进行检验分析。

4.你能否在解题后进行总结。下面的7个方面你能做到几个？

(1)命题者有什么意图；(2)题目设计的巧妙处何在；(3)此题的关键何在；(4)题目有何规律，是否可推广成一类题型；(5)此题为什么这样做；(6)解题过程中暴露了哪些弱点；(7)这个问题改变设问角度，还会变成什么样的题目。

5.你是否进行积累，积累成功的经验、失败的教训。把平时练习和考试中做错的题目积累成集，并且经常翻阅复习。

◎读一读◎

李兆凡曾以标准分900分的成绩，获得山东省理科考生第一名，被清华大学录取，母校老师总结了他的学习方法，其中重要一点就是注重练习。

谈到李兆凡的学习，令人惊叹的是他的作业练习。凡是课本上的练习题，不管难易，也不管老师是否要求，他都一个不漏地做出来，并作出小结，一本一本，十分规范。有些小题目，看似简单，为好学生所不重视，只眼看，不动手做。但李兆凡绝不放过，他认为小题里边有技巧，基础里面有高深，把课本上这些科学性很强的小题目做好做精，是保证考试时一般性题目不丢分的最有效的方法。

李兆凡的母亲也曾谈到这样一件事：

还是在上小学的时候。一天晚上，李兆凡做家庭作业时发现下午发的练习题丢失了。他从来就是班上的尖子生，偶尔少做一次练习题，不会有什么大损失，第二天补上就是了，但是小兆凡却不这样想。他拿起手电筒就去找。在母亲的陪同下，沿着放学回家的路都找遍了也没有，最后直接去了老师家，另要了一张练习题才满意地回家。当晚他做完了这份练习题才睡觉。

从这件小事上，我们看出李兆凡不仅对一次作业态度认真，而且一直到了高中后仍保持这种良好的、重视动手练习的学习习惯，这给他带来了很大的益处。更重要的启发是：一个人的学习，包括做其他事情，都需要这种严肃认真的执著劲头。一个智力很好的学生，能够在做小题目上持之以恒地投入那样大的精力，这需要一种难能可贵的自觉。如果说一个人出于对科学文化知识的热爱和追求，他深入钻研学习，无论怎样着魔地下工夫都是顺理成章的，因为越是知识的纵深处越有一种强大的吸引力，使人全身心地投入。但在基础性的练习中下大力气，是更需要作出意志上的努力的。

【训练策略四】高效复习法——温故才能知新

两千年前的孔子曾指出："学而时习之"，"温故而知新"。

复习和听课、作业一样，是学生掌握知识过程的一个必不可少的环节。根据心理学家研究的遗忘规律，遗忘在识记后便迅速开始，所以要想提高学习效率，必须对知识及时复习。

复习要制订计划、合理安排，及时、系统、有步骤地复习，掌握科学的复习方法，养成良好的复习习惯，只有这样才能使复习事半功倍。

德国的著名哲学家狄慈根(J. Dietzgen)说："重复是学习的母亲。"中外一切有成就的人，无不重视复习。是否重视复习是造成优生和差生学习差距与分化的重要原因。我们应该"每天有复习，每周有小结，每章有总结"。

怎样复习效率才高呢？有人总结出五个要点：(1)围绕中心，及时复习巩固深化知识；(2)查缺补漏，保证知识的完整性；(3)先回忆，后看书，增强复习效果；(4)看参考书，适当拓宽知识面；(5)整理笔记，使知识条理化、系统化。

◎想一想◎

在学习中，你觉得效果较好的学习方法还有哪些？

例：(1)集中注意力。(集中注意力，可以使自己更好地理解老师讲的内容，进而进行深度加工，使新旧知识发生联系，进行融会贯通)

(2)______________________

(3)______________________

(4)______________________

(5)______________________

◎读一读◎

学习，并非埋头苦干，要讲方法

很多学生看上去很用功，可成绩总是不理想。原因之一是，学习效率太低。同样的时间内，只能掌握别人学到知识的一半，这样怎么能学好？学习要讲究效率，提高效率的途径大致有以下几种：

1. 每天保证8小时睡眠。晚上不要熬夜，定时就寝。中午坚持午睡。充足的睡眠、饱满的精神是提高效率的基本要求。

2. 学习时要全神贯注。玩的时候痛快玩，学的时候认真学。一天到晚伏案苦读不是良策。学习到一定程度就得休息、补充能量。学习之余，一定要注意休息。但学习时，一定要全身心地投入，手脑并用。学习的时候常有陶渊明的“虽处闹市，而无车马喧嚣”的境界，只有自己的手和脑与课本交流。

3. 坚持体育锻炼。身体是学习的“本钱”。没有一个好的身体，再大的能耐也无法发挥。因而，再繁忙的学习，也不可忽视放松锻炼。有的同学为了学习而忽视锻炼，身体越来越弱，学习越来越感到力不从心。这样怎么能提高学习效率呢？

4. 学习要主动。只有积极主动地学习，才能感受到其中的乐趣，才能对学习越发有兴趣。有了兴趣，效率就会在不知不觉中得到提高。有的同学基础不好，学习过程中老是有不懂的问题，又羞于向人请教，结果是郁郁寡欢、心不在焉，从何谈起提高学习效率？这时，唯一的方法是，向人请教，不懂的地方一定要弄懂，一点一滴地积累才能进步。如此，才能逐步地提高效率。

5. 保持愉快的心情，和同学融洽相处。一方面，每天有个好心情，做事干脆利落，学习积极投入，效率自然高。另一方面，把个人和集体结合起来，和同学保持互助关系，团结进取，也能提高学习效率。

6. 注意整理。学习过程中，把各科课本、作业和资料有规律地放在一起。待用时，一看便知在哪。而有的学生查阅某本书时，东找西翻，不见踪影。时间就在忙碌而焦急的寻找中逝去。所以，没有条理的学生不会学得很好。

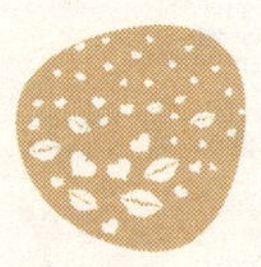

家教警语

学习效果，既在孩子也在家长

教育学生是家长与学校的共同责任，现阶段学生在校学习的时间是有限的，放学以后、节假日，有大量的时间是在家里度过的，因此，如何帮助学生巩固在校学习成果、提高学习效率，是家长面临的新问题，也是家长的新责任。对于大部分家长而言，在知识上指导孩子可能是比较困难的事情，孩子学习主要是靠自觉，但是了解和掌握一些针对孩子学习的指导方法是非常有好处的，因为不管孩子多大，家长永远是他们最应该信任和理解的人。

判断鉴别

心理多棱镜：你眼中，孩子的学习效率如何？

请在下列题项中，结合你孩子的实际情况，进行打分(1～5 分)。

1. 没有家长或老师的监督就不会自觉地学习。 (评分：　　)

2. 上课不认真听讲，经常开小差。 (评分：　　)

3.会采取一定的记忆技巧，如理解、概括、关键词句帮助自己记住要背诵的知识。（评分：　）

4.作业发下来后会及时改正错误并认真分析错误原因。

（评分：　）

5.上课时没听明白的地方下课后会及时向老师或同学请教。

（评分：　）

6.一旦发现自己上课时走神了，很快就能调整过来，集中注意力听课。（评分：　）

7.能够合理地安排学习时间，按时完成学习任务。（评分：　）

8.课堂笔记详略得当，重点突出，记得很好。（评分：　）

9.即使家长不要求，上课前也会主动预习新课内容。（评分：　）

【评价与分析】

在以上测验题中，题 1 和题 2 反向计分，孩子的得分越高，说明你孩子的学习效果越不理想，你需要对其进行学习策略训练的指导；题 3 至题 9，孩子的得分越高，说明你孩子学习效果越好。

启示录

如何提高孩子的学习效率

学习要讲求效率，否则既浪费时间也学不到什么东西，这个道理很多人都懂得，可在实际实施过程中却并非人人都满意。

现实生活中，有些家长对自己孩子的学习成绩低总感到不明白，每天都看见孩子规规矩矩地坐在桌前学习，可为什么每天的作业也完不成，考试成绩也不能提高呢？这个问题一直都困扰着许多家长，让他们百思不得其解。其实原因就在于孩子效率太低，表面上把大量时间都花在学习上了，可实际却有很大部分时间被浪费掉了。那么，我们家长如何做才能提高孩子的学习效率，不至于让孩子耗费时间却得不到好的学习效益呢？方法其实很简单。

第一，教育孩子要掌握科学的学习方法。家长要加强对孩子的“学法”指导，使孩子善学，遵循学习的规律，结合自身的特点来选择学习方法。孩子学习能够取得成效的最基本的步骤是：预习—听课—复习—作业—小结。因此，在指导孩子学习时，要在这五个环节上做好文章，预习弄清难点，听课领会关键，复习扫除疑点，作业全面巩固，小结形成系统。要求孩子做到“先复习后作业，先预习后听课，先思考后提问”。

第二，教育孩子要提高时间的利用率。家长可以在孩子学习时督促孩子讲究学习的速度，特别是做作业时要集中精力，一鼓作气，决不要东张西望、拖拖拉拉。平时要指导孩子见缝插针，善于利用零碎时间。家长还要根据孩子的自身特点，找出用脑最佳时期，对孩子学习时间作出合理安排。不能总是让孩子待在书桌旁，以为只要孩子人在这里便自然会学习。这种想法大错特错，因为“人在心不在”的孩子是学不好知识的。

第三，让孩子保持良好的心境。一个人心情好时学习效率也高。家长要帮助孩子克服骄、躁、灰心丧气的坏毛病，培养他的学习责任感和学习兴趣，以安静整洁的环境和浓厚的学习气氛来诱导孩子良好的学习心境。乐观健康的情绪、稳定良好的心境，有利于提高学习效率。就此，特别要提醒家长们的是，首先家长必须在孩子面前表示对他有信心。在很多方面，可以说孩子是最茫然无知的，他们随时需要家长的关注和支持，尤其是在精神上的鼓舞。

第四，教导孩子优化学习的策略。家长要指导孩子学会将知识归纳比较，找出异同点，从而掌握举一反三的学习策略。在这一点上，希望家长最好是让学生自己动手，尤其对于那些本来就没有学习主动性或兴趣的孩子。因为只有让他们这样做，才能锻炼自觉性，同时，通过总结或摘要，既可达到学习的目的，也让孩子有成就感。

当然，提高学习效率的途径还有很多，只要家长做有心人，发现好的经验，及时在指导孩子中运用，孩子的学习效率就一定会很快提高。

第三节　合理安排学习时间

美国时间管理之父哈佛大学阿兰·拉金（A. Lakein）教授曾经在他的著作《如何掌控自己的时间和生活》中说过：“时间就是生命，它不可逆转，也无法取代。浪费时间就是浪费生命，而一旦把握好时间，你就掌握了自己的生命，并能够将其价值发挥到极限。”俗话也说：“一寸光阴一寸金，寸金难买寸光阴。”我们发现那些善于学习和生活的人总是珍惜时间，合理利用时间，他们学习效率高，生活有条不紊，成为了学习和生活的主人。你能有效地安排自己的学习时间吗？

诊断评价

小李的一天

小李是一名大学生，学习环境相对自由，课外时间较多。上大学以来,小李睡觉睡到自然醒,醒后跑到食堂吃些“剩饭”,匆匆忙忙去上课,上完课跑到网吧去上网,晚上回宿舍与室友打打扑克牌,乱侃一气,熬到半夜,白天的课业早就抛到脑后。拖拖拉拉,一天又一天,如此反复。一年以来,课业无所进步,生活也浑浑噩噩,竟然有几门课“挂科”……

◎想一想◎

在学习和生活中,你是否像小李一样,一天到晚感觉好像是很“忙”,却忙得一塌糊涂?

◎问题探析◎

学习效率高的关键不仅在于努力的程度,还在于对学习时间的有效管理!

小李在学习和生活中“庸忙”,主要问题在于他对自己的生活没有一个合理的安排。该做什么,不该做什么,哪些主要,哪些次要,自己也不去想,做一天和尚敲一天钟,过一天是一天。到头来,搞得学习和生活无所适从,没有条理,还可能出现学习上的“挂科”现象。

作为一种特殊的资源,时间具有如下独特性。(1)供给毫无弹性。时间的供给量是固定不变的,在任何情况下都不会增加、也不会减少,每天都是 24 小时,无法开源。(2)无法蓄积。时间不像人力、财力、物力和技术可以被积蓄、储藏。不论愿不愿意,我们都必须消费时间,无法节流。(3)无法取代。任何一项活动都有赖于时间的堆砌,这就是说,时间是任何活动不可缺少的基本资源。可以说,世上任何一件事情都离不开“时间”。(4)无法失而复得。时间无法像失物一样失而复得。它一旦丧失,则会永远丧失。花费了金钱,尚可赚回,但倘若挥霍了时间,任何人都无力挽回,正所谓“一寸光阴一寸金,寸金难买寸光阴”。

由此可见,时间是最高贵而有限的资源,作为稀有且珍贵的特殊资源,时间是一切活动得以进行的前提,最大限度地开发和利用时间资源,才能保证实现效率和效能。不同的人在"相同的时间"面前表现不同,其结果也不同,其重要原因来自于"时间管理能力"的高低差异。

在日常的学习和生活中,我们也发现有些人整天忙忙碌碌,闻鸡起舞,挑灯夜战,确实非常努力,可是他们的成绩却一般。而有些人则松紧有度,该学时学,该玩时玩,成绩却还不错。努力当然是好成绩的必要保证,然而,上述现象无疑说明学习成绩不仅取决于努力的程度,还在于学习的高效率,众所周知,学习效率高的一个重要策略便是合理计划与管理自己的学习时间。案例中的小李显然并不具备时间管理的能力。

测一测

本问卷可用来检测你的时间管理能力如何,共由 20 个题目构成,每题有 3 个备选答案。请根据自己的实际情况,圈出相应的字母,每题只能选择一个答案。

1. 我在每学期开始的时候为自己制订一学期的学习和生活计划。

A. 总是这样　　B. 有时这样　　C. 从不这样

2. 我在课余时间不感到无所事事。

A. 总是这样　　B. 有时这样　　C. 从不这样

3. 我把自己的东西放得井井有条。

A. 总是这样　　B. 有时这样　　C. 从不这样

4. 我做事情时能坚持到底。

A. 总是这样　　B. 有时这样　　C. 从不这样

5. 我在做事时不容易受到其他事情的影响。

A. 总是这样　　B. 有时这样　　C. 从不这样

6. 我能有条理地完成自己该做的事情。

A. 总是这样　　B. 有时这样　　C. 从不这样

7. 我能分清什么是眼前最该做的事情。

A. 总是这样　　B. 有时这样　　C. 从不这样

8. 我能够做到及时反思自己利用时间的情况。

A. 总是这样　　B. 有时这样　　C. 从不这样

9. 我每天都能按自己的计划进行学习和娱乐。

A. 总是这样　　B. 有时这样　　C. 从不这样

10. 我每次都能在做事之前提醒自己要在尽量短的时间之内保质保量地完成。

A. 总是这样　　B. 有时这样　　C. 从不这样

11. 我每时每刻都知道自己应该做什么事情。

A. 总是这样　　B. 有时这样　　C. 从不这样

12. 我每天都能够按时起床。

A. 总是这样　　B. 有时这样　　C. 从不这样

13. 我认为自己做事情效率很高。

A. 总是这样　　B. 有时这样　　C. 从不这样

14. 我在任何时候都不感觉自己无事可做。

A. 总是这样　　B. 有时这样　　C. 从不这样

15. 当完成一件事情有困难时，我不会为自己找借口说："明天再做吧！"

A. 总是这样　　B. 有时这样　　C. 从不这样

16. 我从不同时做几件事，因为往往什么也做不好。

A. 总是这样　　B. 有时这样　　C. 从不这样

17. 我从未因为顾虑其他事情而无法集中精力来做目前该做的事。

A. 总是这样　　B. 有时这样　　C. 从不这样

18. 我从未在每天放学回家时感觉精疲力竭，却好像一天的学习没完成一样。

A. 总是这样　　B. 有时这样　　C. 从不这样

19. 我不认为没有时间做自己喜欢的事。

A. 总是这样　　B. 有时这样　　C. 从不这样

20. 我每隔一段时间便检查自己时间计划完成的情况。

A. 总是这样　　B. 有时这样　　C. 从不这样

【评价与分析】

选“A”记 2 分，选“B”记 1 分，选“C”记 0 分。

0～15 分：说明你管理自己时间的能力还有待提高，需要从计划性、坚持性、合理性、反思性等多个方面来提高自己的时间管理方法和能力。

16～30 分：说明你具备较好的时间管理能力，但是在有的方面还有待提高，请分析自己平时的表现和本次小测验得分情况，看自己哪方面还需努力。

31～40 分：说明你具备较好的时间管理能力和方法，只要坚持下去一定会收到良好的效果。

资料卡

调查显示：学业成绩有差异的原因之一在于时间管理上

西南师范大学（西南大学前身之一）的阮昆良、邓凌在 2004 年采用我国著名心理学家黄希庭教授等编制的青少年时间管理倾向量表对重庆市 636 名中学生进行问卷调查，用以探讨学业成绩高、低分中学生时间管理倾向的特点。通过一系列数据分析，他们发现，学业成绩高分组和其他学生在总分和各维度上的差异都显著，中间成绩学生和低分组在总分、时间监控观及时间效能感上差异显著。低分组学生的学习习惯一般较差，平时的学习任务不能按时完成，今天的事留给明天。对时间的含义及价值没有明确的认识，没有正确理解时间对个人和社会发展的重大意义，缺少时间紧迫感，对自己的学习、生活缺少计划，不清楚自己正在做什么，下一步要做什么。相反，高分组学生一般都有较好的学习、生活习惯，能够做到课前预习，上课做好笔记并认真思考，课后复习，按时完成作业等。对时间的无贮存、无替代、不可逆等特性有较为明确的认识，有时间紧迫感，善于管理时间。学业成绩高分组的学生在学习、生活和工作中有明确详细的计划，设置好自己具体的长期目标和近期目标。能够根据事件的优先级来合理分配自己的时间，使用较多的学习策略，对学习过程进行更多的自我监控，而且更系统地根据自己的学习结果来调整所投入的时间。学业成绩低分组学生在计划内容宽度上不如另两类学生丰富，进行预习很少，可能将玩作为计划的一个主要内容，而不像另两类学生那样发展并分化出课外阅读、锻炼、娱乐等项目。在制订计划的注意事项上说得很笼统，对自己的具体情况分析得很少。这可能使学业成绩低的学生没有感受到自己的学习任务与时间有限之间的矛盾，而导致不善于时间管理，或者说根本就没有意识到时间管理的必要性。

观点意识

拖延——时间管理之大敌

拖延是一种十分常见的心理现象。我们或多或少地存在拖延行为，这种拖延行为导致诸多不良的后果。最早研究拖延现象的学者关注拖延带来的消极情绪体验，认为拖延是指不必要地推迟任务以至于体验到主观不适感的行为。现在的研究者更多强调拖延行为的认知因素，认为拖延是把该做的事情推后的非理性倾向，也有人将拖延理解为一种自我设限行为，它指延期开始或推迟完成某一任务，即当任务的最后期限即将来临时，个体仍缺乏执行任务的时间投入。2007年，加拿大卡尔加里大学心理学教授斯蒂尔(P. Steel)对拖延的概念和性质进行了系统的梳理，将拖延定义为：尽管预见到该行动会因推迟而变糟，也自愿地推迟开始或完成某一计划好的行动。该定义强调了拖延的三个特征：(1)拖延是一种自愿的行为，既不是胁迫的不得已行为，也不是因为突发事件而导致的客观延误；(2)拖延是将已经计划好的行动推后，具有回避性，拖延者不愿开始或完成已经打算做的事情；(3)拖延是一种非理性的行为，尽管没有适当的理由且会造成不利的后果，个体还是会选择拖延。

拖延倾向测试

下面是一个拖延倾向测试，请根据你的实际情况选择“是”和“否”。

1. 我往往在压力之下才能发挥出色。（是　否）

2. 每次我在开始工作以前总会花不少时间。（是　否）

3. 我非常喜欢最后一秒冲刺的兴奋感。（是　否）

4. 我通常认为不能完成某工作也没什么，布置工作的人可能会忘记。（是　否）

5. 在行动之前我会反复思量。（是　否）

6. 我总是很难开始新的项目，即便是那些让我高兴的项目也不例外。（是　否）

7. 我总是要等到时机成熟才开始一些重要工作。（是　否）

8. 我总是对完成工作所需的时间估计不足，总是对自己说“还来得及”。（是　否）

9. 对我来讲要完成大多数的项目和活动都很困难。（是　否）

10. 当我遇到不喜欢做的事情时，总是可以找到一些借口来逃避做事。（是　否）

【评价与分析】

统计回答“是”的个数。如果一个人回答“是”的次数越多，他就越具有拖延的倾向，如果肯定的回答次数是8次甚至更多，一个人的工作效率将受到显著的负面影响。

操作训练

【训练策略一】形成时间管理的意识，养成时间管理的习惯

我们羡慕那些在学习和生活中井井有条、效率超群的人，然而，良好的时间管理能力并非天生，而是在日常的学习、工作和生活中慢慢形成的。良好的开端是成功的一半，时间管理能力的培养，第一步，便是要形成管理自己学习和生活时间的意识，并逐渐地养成管理时间的良好习惯。如果没有一个比较明确的意识，时间就会像朱自清先生说的那样："洗手的时候，日子从水盆里过去；吃饭的时候，日子从饭碗里过去；默默时，便从凝然的双眼前过去。我觉察他去的匆匆了，伸出手遮挽时，他又从遮挽着的手边过去；天黑时，我躺在床上，他便伶伶俐俐地从我身上跨过，从我脚边飞去了。等我睁开眼和太阳再见，这算又溜走了一日。我掩着面叹息。但是新来的日子的影儿又开始在叹息里闪过了。"

【专家点评】

形成时间管理的意识是养成时间管理习惯的前提，这两个方面又是培养时间管理能力的基础。态度决定一切，说到底，形成时间管理的意识，是要在态度上重视时间管理，并付诸实实在在的行动中去。如此，日积月累，便有可能形成良好的时间管理习惯，提高时间管理的素质和能力。

◎想一想◎

1. 回顾与分析自己历年来尤其是近几年来的学习和生活，问自己：是否有效地统筹安排了时间？是否有明确的管理时间的意识？是否形成了管理时间的行为习惯？

2. 结合自己的回顾与分析，询问家长、老师、同学，倾听他们对你在时间管理方面的认识和评价。

【小组训练】

加强时间管理的意识，端正时间管理的态度，展开时间管理的行动（适宜4～6人为一组）。

要求：结合自己的实际，讨论在学习和生活中如何加强时间管理的意识，端正时间管理的态度，展开时间管理的行动，并写出小组讨论后的答案，然后与其他各小组交流分享。

●1. 如何加强时间管理的意识？

____

____

●2. 如何端正时间管理的态度？

____

____

●3. 如何开展时间管理的行动？

____

____

【训练策略二】分清主次，抓住重点，有序地解决问题

同一时间之内，我们可能面临不止一件事情，也会面对多项学习任务。这就要求我们合理地分配有限的时间，使学习或做事的效率最大化。那么，如何有效地分配时间呢？这就要求我们对学习任务和其他事情分清主次，抓住重点，有条不紊地处理问题。

根据重要程度和紧急程度，可把我们面临的任务或事情分为四类：重要且紧急（Ⅰ类）、重要而不紧急（Ⅱ类）、不重要而紧急（Ⅲ类）、不重要不紧急（Ⅳ类），如下所示：

	紧急	不紧急
重要	Ⅰ类　应对危机 处理急迫的问题 有期限压力的计划	Ⅱ类　防患于未然 建立人际关系 规划学习、工作或生活
不重要	Ⅲ类　接待不速之客 一些文件、信件的处理 出席某些不重要的活动	Ⅳ类　一些可做可不做的杂事 一些不必要的应酬 一些浪费时间的活动

我们学习与做事要分清重点，之后就要集中精力和时间去处理那些“重要而不紧急”的工作。这样可以做到未雨绸缪，防患于未然，同时可以让我们避免掉进“拖延”的陷阱里，避免本来不紧急的事最终变成燃眉之急。一般人倾向于优先选择做那些“紧急而不重要”的事，而学习和生活的成功者会花更多的时间做最重要的事，而不是最紧急的事。因此，我们必须学会如何把重要的事情变得“紧急”。只有这样做，才能让我们的工作既有效率又有效益。

如今，我们的学习、工作和生活节奏非常快，但是快中更要稳、更要突出重点，不能眉毛胡子一把抓。我们应先关注“重要且紧急”的事情，可这会使人长期处于高压的学习和工作状态下；做那些“紧急而不重要”的事情很容易使人精疲力竭，长此以往，既不利于个人健康也不利于学习和工作，应避免习惯于“紧急”状态，因为这不是管理时间的有效办法；每天弄得自己很“紧急”，常处在“紧急”状态，使我们没有时间去做那些“重要而不紧急”的事，但是这些事情往往有着更加深远的影响。

【专家建议】

专注于“重要而不紧急”事情的方法

1. 列出一天最重要的三件事情

找出最重要的任务的最好方法就是精拣出你一天最重要的三件事情。问问自己：“如果我一天只能做三件事情，我将选择哪些最重要的事情呢？”

2. 专注于事情创造的价值

一个衡量学习或工作是重要的还是紧急的最简单的方法就是问它们能够带来多少价值。问问自己：“做这件事情将为我和别人创造多少价值？”

3. 思考更长远

另外一个非常好的衡量你正在干的事情的重要程度的方法，是考虑它将会有多长远的作用。问问自己：“它会让我未来的半年或者一年不同吗？三年呢？”

4. 重要的事情放在首位

完成最重要的事情的最好方法是在早晨就马上开始。尽管我们会被繁忙的学习和工作缠身，却依然能够在一天结束的时候感觉自己完成了自己想要做的最重要的事情！

◎做一做◎

要求：结合自己的实际，讨论以下四个问题，然后与小组同学交流分享。

●1. 在我近期的学习生活中，哪些是“重要且紧急”的事情？我打算怎么办？

____

____

●2. 在我近期的学习生活中，哪些是“重要而不紧急”的事情？我打算怎么办？

____

____

●3. 在我近期的学习生活中，哪些是“不重要而紧急”的事情？我将怎么办？

____

____

●4. 在我近期的学习生活中，哪些是“不重要不紧急”的事情？我将怎么办？

____

____

【训练策略三】根据目标，制订可行的学习计划

凡事预则立，不预则废。心理学研究发现，那些在学习或工作上取得成就的人，一般都有很明确的目标，包括长远的宏伟目标和近期的具体目标，并且根据不同的目标，制订了合理、可行且又具有一定弹性的学习或工作计划。目标好比是灯塔，计划就是航海图，依靠摆

动的船桨，最终达到理想的彼岸。

心理学研究表明，人们对确定的东西有一种自然的安全感，而对不确定的东西往往会有一种恐惧感和焦虑感。一份好的计划，可以降低我们心理上的不确定性，进而避免恐惧感和焦虑感的产生。学习任务繁重、事情多不是问题，杂乱才是问题，因此，一份好的计划也可以避免我们忙乱无章。

一份好的学习或工作计划，要包括目标、任务、时间等要素。要在什么时间内达到什么目标，完成什么任务，解决什么问题，解决这些问题的方法有哪些等问题都要具体地反映在详细的计划中。

★长期计划

结合自己的人生理想与中学或大学的目标，制订未来三年或四年的一个长远的计划，确立自己将在这三年或四年里要达到什么目标。自己拟订好长远计划之后，最好能与家长、良师、益友交流沟通，听听他们的意见，完善自己的长期计划。

虽然长期计划是比较宽广的蓝图，但是却为我们的行动勾画出了大致的框架，不至于我们在平时中"常立志"，而没有"立长志"。

可把自己的长期计划，通过下表的形式记录下来，供以后参考。

长远目标	完成的任务	采取的行动	限定的时间

★中期计划

根据长期计划，分解长期目标，形成若干子目标，据此制订出当年学习和工作的目标。在一年里，明确自己要完成的任务，将要付诸的行动。相对于长期计划，中期计划就要具体而详细一些。

可把自己的中期计划，通过下表的形式记录下来，供以后参考。

中期目标	完成的任务	采取的行动	时间限定

★短期计划

短期计划主要针对一月或一周而设计。结合自己的实际情况，再把中期计划中的目标分解成若干更为具体的子目标，形成每个月或每周要达到的目标。通过我们的实际行动，去完成这些更为具体的学习、工作、生活的目标。如此，才能逐步地实现中期目标，乃至于长远目标。

短期目标	完成的任务	采取的行动	限定的时间

★当天计划

昨天已经过去，明天还未到来，我们能抓住的只有今天。各级目标的实现最终要落实到每一天的活动中。一天之计在于晨，我们必须规划好生活的每一天，做到“一寸光阴一寸金”。

当天计划的制订需要具体可行。结合自己的实际情况，把一天的学习和工作任务安排得当，并力争“当日事，当日毕”。

我们要养成规划每一天学习、工作和生活的习惯。其实，做起来并没有想象的那么复杂。首先，准备一张小卡片（便签本的一页即可），把当日的安排记在上面。然后，把它放在衣服口袋或书包里，以便随时查看。而且，到晚上休息时，我们可以检阅今天的学习和工作是否已顺利完成，进而为明天的任务做好准备。

例如：

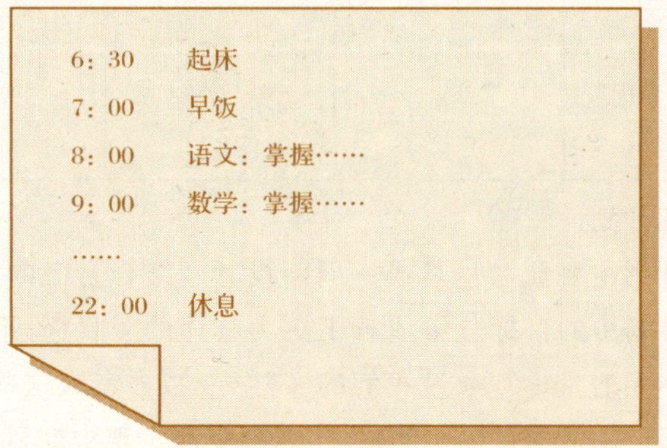
6：30　起床
7：00　早饭
8：00　语文：掌握……
9：00　数学：掌握……
……
22：00　休息

提示：拟订一个有效的时间表，需要一定程度的自我认识。如果你的学习计划是你不可能完成的，那么这个计划就毫无用处。一般而言，你只需要制订一个正式学习和工作任务的时间表，而其他的活动，如文娱活动、体育锻炼等则不必写在上面，只要给这些活动留出适当的时间即可。企图把生活中的每件事情都囊括到计划里，一是不必要，二是会流于空谈。

【训练策略四】确定自己的最佳学习时间

有的人白天精神好，回到家马上变成泄气的皮球，不管三七二十一，马上上床睡一觉再说；有的人习惯三更半夜不睡觉，晚上躲在被窝里听音乐当夜猫子，越晚精神越亢奋。可见，每个人的生物钟都不一样。其实，生活中大部分人的生活习惯是相似的，一般是晚上十一二点就寝，白天六七点起床。然而一天之中，一定会有精神特别好与精神特别差的时段，同样用工一小时，如果精力充足，效果当然好；倘若精神萎靡，效果自然降低。经常保持充满干劲的情绪，读起书来当然得心应手，但一天当中最有精神的时间因人而异，必须依照自己的生物钟，安排精神最好的时段来进行学习。

◎读一读◎

一天中四个学习的高效期

第一个学习高效期：清晨起床后，大脑经过一夜的休息，消除了前一天的疲劳，脑神经处于活动状态，没有新的记忆干扰。此刻学习一些难记忆但必须记忆的东西较为适宜，如外语、定律、历史事件等。有时即使强记不住，大声念上几遍，也会有利于记忆。

第二个学习高效期：上午8点至10点，人的精力充沛，大脑易兴奋，严谨而周密的思考能力、认知能力和处理能力较强，此刻是攻克难题的大好时机，应充分利用。

第三个学习高效期：下午6点至8点，也是用脑的最佳时刻，不少人利用这段时间来回顾、复习全天学过的东西，加深印象，分门别类归纳整理，也是整理笔记的黄金时机。

第四个学习高效期：入睡前一小时。利用这段时间来加深印象，特别对一些难于记忆的东西加以复习，则不易遗忘。

另外，学习效率高的人都有一个共同的特点，那就是他们都懂得合理分配与利用时间，劳逸结合，不迷信长时间的学习能出效果的说法，也不把大量的学习时间浪费在娱乐上。那么，一个人一天究竟学习多长时间效率最高，这就是人们需要掌握的学习时间的最佳点。这个最佳点，实质上就是时间、效果与疲劳之间的转折点。它是一个变量，因人而异，因学习内容、类型的不同而有别。在学习过程中，当感到疲劳的时候，就是从最佳点开始转折的时候，这种信号提示应当立即变换花样去做另一件事，使大脑得到休息，使时间利用效率不至于低落。

确定个人学习的最佳时间点，经过长期合理的使用，便可以形成习惯的节奏和规律。一日之中什么时候做什么，接下来做什么，有条不紊，时间长了便自成一种用时规律。在这规律的时间中，头脑最清醒的时间无疑要用来背诵、记忆、创造；其他时间则用来阅读、浏览、整理资料、观察、实验。合理地安排时间，一定会大幅提高自己的学习效率。

◎读一读◎

美国时间管理之父阿兰·拉金在其著作《如何掌控自己的时间和生活》中提出了节约时间的60点忠告，对我们节约时间有启发意义，摘选部分，以供参考。

1. 我总是准时完成工作，尽量从每一分钟当中获得成就感。

2. 我不会浪费时间为过去的失败感到遗憾。

3. 我不会浪费时间为那些自己没做的事情感到羞愧。

4. 工作日的时候，我每天5点钟起床（晚上早些上床睡觉）。

5. 我会反思自己的旧习惯，并尽量改掉那些不好的习惯。

6. 我的手表比标准时间快三分钟，这样我每天都可以比别人提前三分钟。

7. 我会在口袋里放上一些长5英寸、宽3英寸的卡片，以便记录下随时想出来的好点子。

8. 我每个月都会重新修改一下自己的人生目标。

9. 我每天都会浏览一下自己的人生目标，并确保自己每天都会做一些事情来推进自己的人生目标。

10. 我把人生目标写在办公室的卡片上，每天提醒自己。

11. 即便是在做一些最不起眼的工作的时候，我都会想着自己的长期目标。

12. 我会详细列出每天要做的事情，排好先后次序，并努力尽快完成那些比较重要的事情。

13. 我会首先做重要的事情。

14. 我告诉自己要更加聪明而不是更加辛苦地工作。

15. 我对自己安排作业次序的能力相当有信心，虽然会遇到各种困难，但我还是能够克服它们。

16. 如果我感觉自己有些想拖拉的话，我会问自己："你到底在逃避什么?"然后我会直接面对可能出现的问题。

17. 我给自己足够的时间来完成那些重要的工作。

18. 我总是不断努力，并坚信自己会取得成功。

19. 我会坚持一件件完成“事务清单”上的工作。

20. 我会为自己和其他人设定最后期限。

21. 我周末的时候尽量不考虑工作。

22. 我总是准备采取行动来进一步实现我的人生目标。

23. 我总是不断问自己：“我现在最应该做什么事情？”

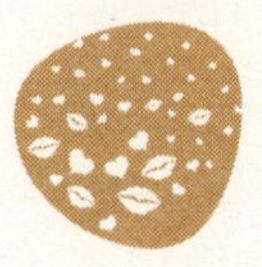

家教警语

孩子的时间管理，家长需引导

孩子养成比较高的时间管理能力，不是一朝一夕的事情，而是在学习和生活的点点滴滴中培养和提高的。家长是孩子的第一任老师，按照美国当代著名心理学家班杜拉（A. Bandura）的社会学习理论，家长是孩子认知与行为的榜样。家长的时间观念和生活方式构成了孩子观察学习的重要材料，潜移默化地影响着孩子未来的时间管理。所以，家长要合理规范自己的生活和工作，还要有意识地引导孩子形成健康的时间管理思想。

判断鉴别

心理多棱镜：孩子的时间管理，你引导了吗？

请仔细阅读以下题项，在符合你实际情况的题项后的括号内打“√”。

1. 时常与孩子谈谈人生规划，聊聊学习的目标。 （ ）
2. 时常与孩子聊聊近期的学习和工作的安排。 （ ）
3. 经常与孩子聊聊一天是怎么度过的。 （ ）
4. 对孩子的学习和工作计划，常常有一些良好的建议。 （ ）
5. 当孩子询问如何规划学习和生活时，会予以引导。 （ ）

6. 会尊重孩子自己关于时间安排的思想。 （ ）

7. 当孩子的人生规划或学习计划明显脱离实际时，会予以指导。 （ ）

8. 会经常询问孩子在学习、工作或生活方面的进展。 （ ）

9. 能够遵守对孩子的承诺，比如约好周末去公园，会付诸行动。 （ ）

10. 当不能如约实现对孩子的承诺时，会进行合理的解释。 （ ）

【评价与分析】

在以上测验题中，你选择的项目越多，越说明你能比较好地引导孩子管理他的时间；否则，你需要改善对孩子时间管理的引导。

启示录

要让孩子知道珍惜时间，更要让孩子学会管理时间！

孩子仅仅知道珍惜时间，是还停留在认知的层面，知道珍惜时间，并不等于能有效地管理学习和生活的时间。因此，家长应该引导孩子学会管理时间，培养与提高孩子的时间管理能力。家长不仅要教之以知，还要教之以法。

1. 引导孩子正确认识时间的价值

孩子处于人生发展的早期阶段，他们的认知能力还有一定局限，有些事情未必能够形成正确的认识，而且对时间价值的认识也在不断变化，可能有时正确，有时又会出现歪曲。因此，父母首先要引导孩子正确认识时间的价值。

家长可引导孩子掌握一些珍惜时间的名言警句。例如，“时间就是生命”“少年易学老难成，一寸光阴不可轻”“明日复明日，明日何其多”“少壮不努力，老大徒伤悲”“昨日已失掉，明天未来到，今天最重要”等等。另外，家长可通过名人珍惜时间的故事启发孩子懂得时间

的重要性。通过引导和启发，使孩子明白时间作为一种资源，它无法取代、无法蓄积、无法失而复得。

2. 引导孩子学习和生活形成规律

时间对孩子来说非常抽象，所以他们较难体会到时间的重要性。父母一定要坚持让孩子有规律地学习和生活。良好的作息习惯是管理时间的前提。家长可以和孩子一起制订一张作息时间表，明确起床的时间、吃早餐的时间、上学的时间、做作业的时间、睡觉的时间等，与孩子协商一起作出合理的安排。当作息时间明确后，形成习惯，孩子才能对时间有一个明确的认识，从而形成管理时间的意识和能力。

3. 引导孩子统筹安排有限的时间

时间是有限的，但每个人的时间一样多。要成为学习和生活的主人，就要把握事情的先后主次，学会统筹有限的时间。在孩子学习与做事的过程中，引导孩子先对事情作一个整体思考，分析哪些事情是重要且紧急的，哪些事情是重要而不紧急的，哪些事情是不重要而紧急的，而哪些又是既不重要又不紧急的。根据实际情况，安排学习与做事的次序。

当然，孩子的一天不可能安排得过于密集与死板。那么，家长就要根据孩子的情况，鼓励孩子充分利用意识清楚、情绪稳定、效率较高的黄金时段，抓住学习的最佳时间。黄金时段因人而异，有的在上午，有的在下午，有的则在晚上，但对大多数人而言，一般是上午的学习效率要高于下午，下午的要高于晚上。所以，可把重要的事情安排在上午，其次是下午和晚上。这样也符合一般学习和工作的时间规律，也有利于作息的安排。

4. 引导孩子形成每天反思的习惯

一天下来，我们有什么收获，今天是否虚度，是应该反思的。只有反思，才有可能及时弥补不足，然后才会进步得更快。作为家长，可在晚上通过聊天的形式，了解孩子是怎么看待这一天的，有哪些安排是值得肯定的，有哪些是需要改进的。今天的所作所为，是越来越接近长远目标和近期目标，还是与目标背道而驰呢？

动机篇

尊重他人的、有责任感的孩子，产生于爱和管教适当结合的家庭中。

——詹姆斯·多伯森

第一节　点燃你的学习动力

点燃自己学习的热情，激发自己的学习动机，让自己愿意学习、学会学习，并成为自主的学习者是每个在校学生追求的教育目标。但总有些时期或阶段，我们会发现自己的学习动力不足，对学习感到无助和倦怠，成为丧失信心和热情的“校园伤兵”，这不但是教师、家长最不愿看到的，也是作为学生的我们所不期望的。本主题将从分析学生学习动力不足入手，借助学习动机的相关理论，向青少年们介绍如何激发自己不懈学习的动力。

诊断评价

王雨，某普通高中一年级学生，上初中时，她学习成绩还不错，但考上高中后，成绩却一直在下降，而且还多了个口头禅“没意思”。

“没意思，成天学什么‘小车碰撞’啦，‘电解溶液’啦，‘之乎者也’啦，有什么用？我们学校什么活动也不搞，只知道学习、学习，真没意思!”

“人家老爸能干,一个保送就把孩子送名牌大学了,我们整天趴在桌子上死学,还不一定能考上大学,多没意思!还不如看看小说,听听音乐,蹦蹦迪,体会青春的色彩,这才叫值!”

◎想一想◎

你是否也有过像王雨同学这样的想法和状态?你知道是什么原因造成的吗?

◎问题探析◎

从王雨的言行表现可以看出,她成绩滑坡的原因主要是厌学,即缺乏学习动力。

学习的动力问题一直是教育心理学和教学理论及实践关注的最重要领域之一。所谓学习动力是指学生个体身上表现在学习中的对认知操作起调控作用的一种内部力量,是在学习需要的基础上产生的激发学习的各种能量,是制约学习效果的基本心理变量,更是学生在学习活动中发挥主体作用的关键所在。正是由于学习动力的作用,学生才能表现出渴望求知的迫切愿望、主动认真的学习态度和高涨的学习热情。

测一测

填答说明:请认真阅读每一个题项,然后根据自己的实际情况作出“是”“否”的回答。

1. 父母不催促你,你是不会主动写作业的,更不会看除作业之外的任何辅导书。

2. 一拿起书本,你就两眼无神,瞌睡、哈欠就来了。

3. 每次复习功课或者写作业,总想能拖延一会儿是一会儿,你要很久才能进入状态。

4.如果是不严格要求完成的作业或练习，你总是能赖则赖。

5.写作业一遇到难题，你就绕开。

6.你认为自己很聪明，不用花很多的时间读书也可以混个及格。

7.你想自己的成绩一觉醒来就能变得非常优秀。

8.你总感觉自己要想立刻提高成绩是非常困难的。

9.为了完成作业，你会全力以赴、加班加点，甚至是不吃饭不睡觉。

10.为了提高成绩，考出好名次你会放弃娱乐，甚至是你喜欢的漫画书及你喜欢去的公园等。

11.你越来越觉得读书没意思，浪费时间和精力，不如去找个工作，逍遥又自在。

12.你觉得书本没什么意思，还不如花时间研究更深层次的东西来得过瘾，如复杂的奥数、厚厚的古典文学或者干脆拿大学的书来读读。

13.你只把时间和精力花在你喜欢的科目上，其他你不擅长或不喜欢的就随便混混了。

14.你宁可长时间抱着课外书，也不愿意翻一下自己的书本和作业。

15.你学习很有计划性，每天分配好时间给不同的科目，努力全面发展。

16.你经常列学习计划，但是你总是实现不了。

17.你学习很轻松，总是很容易地取得好成绩。

18.你被学习搞得团团转，经常感觉力不从心，很疲倦。

19.学习让你感觉很痛苦，如果不是父母逼迫你，你真想和父母说"不读书了"。

20.你要一次成功，从班级的末尾迅速跑到前面，你不打算一点点地进步，你就希望突然改变成绩让别人大吃一惊。

【评分标准】

除9、10、15、17题项回答“是”的得0分，“否”的得1分外，其余的题项回答“是”的得1分，“否”的得0分。

总分在0～5分，说明你在学习上有一点小问题，但是这些问题大多是因为你懒造成的，只要你肯再多花一点时间，再努力一点，你的成绩就会有明显的提高哦！

总分在6～10分，说明你在学习上存在不少问题，有时候你已经产生了厌学的情绪，但是你又不想轻易放弃，还想再努力一下。如果你能和成绩好的同学多交流，针对自己较弱的科目进行拼搏，成绩还是会提高不少的。你有时候会幻想自己的成绩突然好了，但是一定要记住哦，你的成绩是靠努力得到的，不是天上掉下的馅饼哦！

总分在11～20分，说明你已经对学习产生了严重的抵触情绪，你对学习已经丧失了兴趣。很多时候，你想离开学校去社会上闯荡。现在要你马上对学习产生兴趣是不现实的，建议你好好想想自己以后准备做什么，从所有科目中寻找你最喜欢的下手，逐渐提高成绩。可能现在很多人都对你丧失了信心，但是你要记住：千万不要放弃自己，否则你真的会没救哦！

资料卡

调查显示：中国学生的学习动力不足

近年来国内诸多实证研究发现，中国学生的学习动力是明显不足的。譬如，湖南常德西洞庭一中的聂金菊于2005年通过问卷调查和访谈发现，农村初中生厌学行为日渐普遍，有厌学行为的学生人数超过一半。初二是学生厌学行为的高危期，而厌学情绪加重主要在初二至初三阶段。西南大学的雷浩等于2011年的调查研究则发现，高中生的总体学业勤奋度处于中等偏下水平。此外,2011 年 9 月 26 日,国际学生评估项目(简称 PISA)负责人安德烈亚斯·施莱克尔(A. Schleicher)博士在北京大学附属中学的一场交流会上也认为:“中国教育系统的不足之处在于学生的学习动力大多来自外界的压力,学生很难养成终身学习的习惯。”

一般而言,专家认为中国青少年学习动力不足主要有以下一些表现:

1. 无明确的学习目标和学习计划。既无长期目标,也无近期目标,对自己在高中期间以及每学年、每学期究竟要学什么、怎么学、达到什么要求考虑得很少。怀疑自己是否需要学习,或者怀疑学习某些知识是否必要。

2. 无成就感,无抱负和理想,无求知欲和上进心。既对学校制订的各种奖励措施没有兴趣,也对各种惩罚措施没有压力和紧迫感。缺乏适宜的学习方法。学习动力缺乏的学生由于对学习总体上是一种消极的态度,所以也不可能努力地摸索出一套适合自己的学习方法。

3. 兴趣的中心不在学习上,对学习消极应付。具有这种表现的中学生大部分是学业不良者。他们不但觉得学习没有必要,而且厌倦学习、逃避学习,更认为学习简直就是活受罪,是份苦差事,因此上课不听讲、不做笔记,课后不复习、抄袭作业。他们觉得考试就是让自己丢丑,所以在学校里他们感兴趣的事情大都是与学习无关的奇闻轶事、影视明星、青春偶像、歌坛新秀、玩游戏机、去影视厅、打架斗殴等,有的干出违反纪律、迟到、旷课、早退的事情,甚至蜕变为品德不良者,进而恶性循环,这对学生的学习产生十分不良的影响。

观点意识

学习动力与学业成绩有着怎样的关系?

美国著名心理学家耶克斯和多德森(Yerkes & Dodson)的研究表明,各种活动都存在一个最佳的动机水平。动机不足或过分强烈,都会使工作效率下降。研究还发现,动机的最佳水平随任务性质的不同而不同。在比较容易的任务中,工作效率随动机的提高而上升;随着任务难度的增加,动机最佳水平有逐渐下降的趋势。也就是说,在难度较大的任务中,较低的动机水平有利于任务的完成。

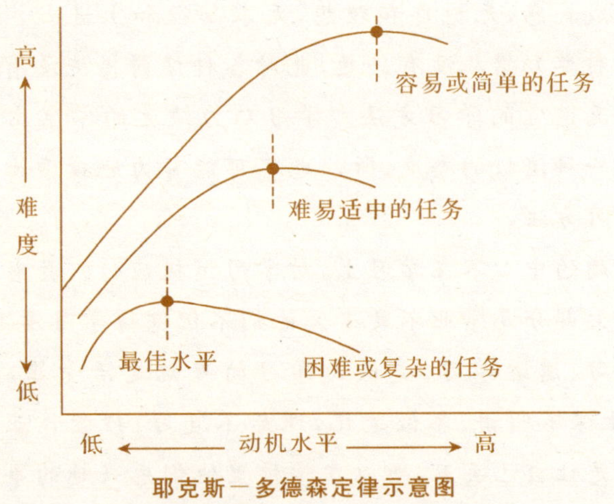

耶克斯—多德森定律示意图

由上图可知,动机强度与工作效率之间的关系不是一种线性关系,而是倒U形曲线。中等强度的动机最有利于任务的完成。也就是说,动机强度处于中等水平时,工作效率最高,一旦动机强度超过了这个水平,对行为反而会产生一定的阻碍作用。如学习的动机太强或者急于求成,会产生焦虑感和紧张感,干扰记忆和思维活动的顺利进行,使学习效率降低。考试中的"怯场"现象主要是由动机过强造成的。

◎读一读◎

“我努力了，却没有好成绩”

高一女生小武，在初中拥有非常骄人的成绩，所有人都说她考重点中学没有任何问题，但事实上，她中考并没有考好，勉强过了某所重点高中的分数线，她觉得那只是一次失误，高一期中考试，考了班上十多名，她觉得自己应该能考得更好些，所以更加努力去学习，谁想到，期末考试竟然比上一次还下跌了好几名，面对越考越差的成绩，她不禁产生一种深深的挫败感，学习的自信心都没有了，觉得自己脑子太笨了，不是学习的料，期中考试后的加班加点换来的竟是这样的结果，她真的无法接受，感觉自己整天精神恍惚，都快要崩溃了。

◎想一想◎

为什么小武那么努力，成绩还是上不去？你认为小武的问题根源在哪里？

【专家点评】

在本案例中，小武正是因为学习动机太强，才在学习受挫时，产生了一系列的不合理情绪，而这些情绪表现为几个特征：

1. 凡事绝对化——这指人们以自己的意愿为出发点，对某一事物怀有认为其必定会发生或不会发生的信念，它通常与“必须”“应该”这类字眼连在一起。当事物发生与其对事物绝对化要求相悖时，他们就会接受不了，感到难以适应并陷入情绪困惑。

2. 过分概括化——这是一种以偏概全、以一概十的不合理思维方式的表现。过分概括化在面对失败或挫折时，会将自己批得一无是处，结果常常导致自责自罪、自卑自弃的心理，引发焦虑与抑郁情绪的产生。

3. 糟糕至极——如果一件不好的事发生了，将是灾难性的，这种认知会导致个体陷入极端不良情绪体验的恶性循环中难以自拔。

操作训练

【训练策略一】了解你的学习动力源，建立起恰当的学习动力系统

由于每个学生的背景不同，他们对学习的未来意义的理解也不同，有的是发自内心真心热爱学习，有的是来自外部的强迫，有的是为了追求名利，有的是为了实现抱负。不同的学生对学习有着不同的看法。对于你而言，你学习的核心理由是什么？你觉得它的效果如何？

◎读一读◎

中学生学习动力的主要来源

1. 为了获得知识、满足求知欲，指向学习任务本身。

这是一种最理想、最稳定的学习动机。当学生已有的知识经验与新的学习材料有差别时，便能使学生感到好奇、惊讶、疑惑、矛盾冲突，就能唤起学生的求知欲，使学生发挥自己的智力优势，去研究、探索未知的世界，有兴趣地去努力获得知识。就是说，这种学习活动本身就能给学生提供快乐和满足。孔子说："知之者不如好之者，好之者不如乐之者。"就是指学习动力最好来自获取知识本身，由对知识的兴趣和强烈求知欲所引起的自觉的学习活动，其效果最可靠。

2. 为了获得地位。

学生靠自己的能力和努力，去取得学业上的名次、造诣，在同龄人中赢得地位，也为将来从事某种工作作最好的准备，使自尊心得到满足。

3. 为了长者的表扬。

学生努力学习就是为了讨取教师、家长的赞许和认可，为了让他们把自己视为可爱、聪明、有发展前途的人，以便给予自己种种优惠待遇。为此，学生就要顺从长者的标准和期望去努力学习，表现为愿意回答所喜欢的教师提出的问题，完成他们布置的作业，为他们得高分。

各种学习动机对小学生所起的作用，其大小顺序为：(1)长者的表扬，(2)获得地位，(3)获得知识、满足求知欲。通常，小学生对教师和家长都有依赖感，教师和家长是学生追随和效仿的人物，学生很重视师生、亲子之间的感情。所以，长者的表扬在小学阶段最能刺激学生学习。

各种学习动机对初中生所起的作用，其大小顺序为：(1)获得地位，(2)长者的表扬，(3)获得知识、满足求知欲。初中生开始热衷于同龄人集体生活中的欢乐和忧患，对来自同龄人的赞许和斥责尤为注意，更容易接受同龄人的要求而拒绝接受教师、家长的要求，开始向成人要求独立。他们借助自己的学习成绩来赢得在同伴中的地位、自身的价值感和自尊心，把成绩看成是赢得地位、自身的价值感和自尊心，取得名次等的手段。所以，最能刺激初中学生学习动机的是在班级中获得地位、考试名列前茅，在同学中显示才华并令其羡慕。

各种学习动机对高中生所起的作用，其大小顺序为：(1)获得地位，(2)获得知识、满足求知欲，(3)振兴中华、成为合格有用的人才。高中生知道自己站在十字路口，面临着职业和人生道路的选择，如果能攀上高峰、升入大学，那么，既证明了自己能力高，又能实现自己的愿望，反之亦然。所以，升入大学、获得地位是刺激高中学生学习的最主要动机。

【训练策略二】在学习中培养自我效能感，克服“无助感”

我们知道，人在从事一项活动或完成一项任务的时候，不是盲目进行的，他会考虑做这件事情对自己是否有意义，还要考虑自己是否有能力去完成这件事情，当人确信自己有能力进行某一活动，并能取得自己预想的结果时，他就会积极努力地去做这件事情。这种个体对自己是否能够成功地进行某一行为的主观判断，就叫做“自我效能感”。只有当人确信自己有能力进行某一活动时，他才会产生高度的“自我效能感”，并会去进行那一活动。比如，学生不仅知道注意听课可以带来理想的成绩，而且还感到自己有能力听懂老师所讲的内容时，才会认真听课。一般而言，当人们在获得了相应的知识、技能后，自我效能感就成为行为的决定因素。但是，如果个体的自我效能感低，会出现什么样的结果呢？

◎读一读◎

“习得无助”实验

心理学家把一只小白鼠放在一个特制的箱子里，这个箱子被一个隔板分隔成两部分。当小白鼠熟悉了环境后，心理学家就会给出一个铃声作为信号，铃响之后，小白鼠所在一侧的箱底就会通电。小白鼠受到难受的电击，就会本能地逃窜，碰巧跃过隔板跳到箱子的另一侧就安全了。几次下来，小白鼠学会了铃声一响就赶紧跳到另一侧以躲避电击。可是研究者后来增加了隔板的高度，以至于小白鼠无论怎么努力都跳不过去。在尝试了多次失败之后，铃声再响起，小白鼠还跳吗？当然是不跳了，因为跳也是白跳。实验并没有到此为止，研究者后来又降低了隔板的高度，甚至比小白鼠第一次跳过的隔板还低，可是当铃声响起，小白鼠仍然不跳，因为它已经“习得无助”了！

这个实验让我们反思，小白鼠明明能够轻易地跳过那个隔板，它为什么不跳了呢？仔细分析这个小实验就能看出，小白鼠多次努力跳过隔板都失败了，由此它对自己的能力产生了怀疑，对自己的行为丧失了信心，既然努力之后还是要面对失败，那还不如省点力气，对被电击的命运听之任之。小白鼠会这样，那我们的学生呢？有没有这种“能跳过也不跳”的学生呢？我相信在我们学生群体中也是不乏其人的。也就是说，人和动物都可能在经历多次的失败后，形成无助、无力的心理，这就是心理学中的“习得无助”现象。

“习得无助”是个体在最初的某个情境中获得了无助感，在以后的情境中不仅没能从这种体验和感受中摆脱出来，还将无助感扩散到了生活中的各个领域。这种扩散了的无助感会导致个体的抑郁，甚至对生活不抱希望。这是一种可怕的感受，在这种感受的控制下，个体会由于认为自己无能为力而不做任何努力和尝试。那么，人为什么会产生“习得无助”呢？上述实验中的小白鼠在遭受多次失败打击之后，认为没有能力跳过让自己失败多次的隔板，对自己丧失了信心，这是自我效能感不高的表现。有些中小学生出现厌学心理，不愿意去学校，不喜欢学习，害怕见老师，其中很大一部分原因在于学习上的“习得无助”，自我效能感低下，对学习没有兴趣和信心。因此，学生如果在学习中出现了“习得无助”，不但会影响后续的学习，还会影响学生生活的各个方面。

那么如何提升自己的自我效能感？

自我效能感可以通过学习与训练来形成和提高。就学生而言，常用来增强自我效能感的方法主要有以下几个：

1. 向榜样学习。用榜样来激励、启发自己的学习动机，是一种常用的方法。譬如，通过播放榜样的录像、影碟、录音，阅读有关榜样的图书，或请榜样讲述自己的成长过程特别是如何克服困难的故事等来激励自己。

2. 成功体验法。体验自己在学习中取得的点滴成功，用情感体验的方式来增强自己的学习自我效能感。这里最主要的问题是你对成功的理解。这种成功也并不一定指什么惊天动地的成就，只要你自己认为是成功就可以了。

3. 心理暗示法。自我效能感的形成与增强的另一个途径就是心理暗示。通过积极的心理暗示可以明显增强人的自我效能感。这里值得推荐的是近年来流行于美国的一种自我激励方法——“60 秒 PR 法”。PR 是英语“自豪”的缩写。这个方法的含义是：每天花 60 秒钟，以讲演的形式简洁地描述自己的天赋和能力以及自己所要达到的目标。这个方法非常有助于形成及强化个人的自我效能感。“60 秒 PR 法”的操作步骤为：首先，找出自己的优点或强项及所应完成的任务；其次，阐述自己将如何完成这些目标；第三，把这些内容用朗朗上口的语言形成 60 秒读完的材料；第四，每天起床后、睡觉前都反复地大声朗读。其内容可根据实际实施更新，制成卡片放在口袋、书包内，贴在床头、盥洗室，还可以制成录音、光盘，随时吟诵，以不断强化自我效能感，激励斗志。

4. 消除挫折法。挫折是每个人都很难避免的，学生由于承受力和应付能力均处于发展中，因而更容易遭受挫折。但是，个体成功与失败的经验又是影响学生自我效能感的主要因素之一，因此，挫折作为失败的经验能极大地削弱学生的自我效能感。那么如何消除挫折带给我们的伤害呢？主要有如下几种方法：一是要正确地认识挫折，挫折对人而言并不总是带来伤害，它也有积极的一面。挫折可以促进人的成长，要相信磨难是一笔宝贵的财富。二是有了挫折，要积极面对，不逃避，要认真找出挫折的原因并找出避免和克服方法。要把挫折当成锻炼、成长的机会，学会享受解决问题的过程。

5. 归因训练法。个体对其成功与失败的归因是影响着自我效能感的因素之一。心理学研究表明，不同的归因产生不同的激励效应。如果把成功归因于运气、工作难度等外部的那些不可控的因素则不会增强其自我效能感；如果把失败归因于努力这类内部的可控因素和把成功归因于能力则有助于增强个体的自我效能感。所以，这要求我们在遇到失败时多从自己的努力上找原因，如努力的程度不够、努力的方法欠佳、努力的时间不足等；取得成功时，也应多从自己努力上找原因，如努力的时间早、努力力度大、努力方法得当，还可以归于自己的能力强等。这都可以有效地增强一个人的自我效能感。

【训练策略三】懂得随时调整自己，给自己的学习“加油”

学习对很多学生来说，并不是一件很轻松的事情。因此，要保证长时间维持一定水平的学习动力也是不现实的。俗话说“老虎也有打盹的时候”，因此，在学习中无论你多么善于自我激励，动力总会有衰退的时候。那么这个时候你会怎么做呢？

这里有一些能使你重新获得动力的方法：

1. 给自己一份奖励。这会使你感觉良好，肯定自己目前取得的成果并促使你展望未来。

2. 停下手上的工作，进行一些体育锻炼。你的大脑需要很多含氧血液才能正常工作，只需站起来就能释放20%。进行一些运动能帮你停止焦虑并轻松起来，你甚至会发现自己在运动时已经把问题解决了。

3. 休息片刻。除非你完全处于“亢奋状态”，否则多数人会觉得每工作二三十分钟就需要休息几分钟以使头脑清醒，否则注意力就无法集中。更换环境往往能使你对事物产生不同的看法。

4. 检验你是否已把握了整体目标。你的大脑在不停地努力建立联结，因此事先应进行整体的考虑以使之有时间去理解信息，并把相关知识“集中”起来。

5. 想出不同的方法把学习内容化整为零。当大问题被分割成较小的元素时，大脑处理起来会比较容易。

6. 试着从不同的途径获取信息。如果你已经听了很长时间，就换一种不同的方式，可以是视觉的亦或是触觉的，这样就能使用大脑的不同部位来处理问题。形象化对你很有帮助。

7. 庆祝你至今所取得的成就。乐观积极地思考你的成果能帮助你产生前进的动力；把所有能令你高兴的事列成清单。

8. 找一些笑料。有证据表示，大笑时大脑会释放出内啡呔，起到松弛剂的作用。

9. 请朋友或家庭成员帮忙。几个头脑总比一个强。

10. 停下手上的工作，回想上一次产生这种感觉是怎么应付的，把过去处理类似情况的所有方法都列出来。大脑喜欢模式，这样做能帮助它建立新的联结。

◎想一想◎

学习中你还有过哪些比较有效的方法？请说出来，与你的同学共同分享一下。

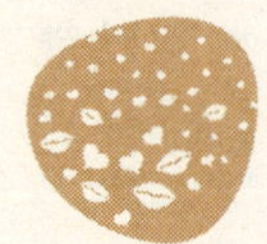

家教警语

孩子的学习动力问题，问题不在孩子，根源在家长

孩子专注能力差、自制力差、学习动力不足、不会作学习计划、没有明确的学习目标等等，这些问题出现在孩子身上，根源却在家长身上，是因为家长不懂得如何去培养孩子的学习兴趣、习惯，如何帮助孩子找到适合自己的学习方法，如何克服学习障碍等。

判断鉴别

心理多棱镜：孩子的学习动机，你引导了吗？

以下每种情况是否与你的状况相符，请作一个判断。

1. 孩子的学习，是为了给我的脸上增光。（ ）
2. 我希望孩子能够比周围的孩子都强。（ ）
3. 经常引导孩子，学习可以丰富自己的精神世界。（ ）
4. 我会强制要求孩子必须保持在班上前三名。（ ）
5. 我会引导孩子除了学习书本知识，还需要加强其他综合素质的培养。（ ）
6. 我经常对孩子说，学习必须考及格。（ ）
7. 经常对孩子说，不要让我失望，我吃苦都是为了你。（ ）
8. 我会把希望都寄托在孩子身上，他学习好将来才能让全家过上好日子。（ ）
9. 我会经常引导孩子，要明确自己想要什么，从自己的兴趣出发。（ ）
10. 我会经常告诫孩子，只有好好学习才有出路。（ ）

【评价与分析】

1、2、4、7、8、10 题均是刺激孩子的外部动机，也是比较功利化的动机；3、5、6、9 题是引导孩子的内部动机，可以促使孩子明确自己的目标。

◎读一读◎

问题孩子，问题不在孩子

当下父母教育孩子时通常存在以下四大错误倾向。

第一大错误：空洞地讲道理。90%以上的孩子不爱听家长们讲道理，不是他们不明白道理，而是经历和体验太少，没体会过违背道理做事的后果。家长不停地讲道理，一味枯燥机械地说教，不但达不到教育孩子的目的，反而容易引起孩子的逆反心理，最终导致孩子对一切正确道理产生抵触心理。

第二大错误：强迫孩子学习。很多孩子学习成绩不理想，父母非常着急，这是人之常情。但是，父母们一定要知道，每个孩子都有一颗上进的心，不是他们不想成绩好，是因为他们不知道应该怎样去解决这些问题。

第三大错误：任意批评孩子。教育孩子，批评是一种方式，但一定要把握分寸，破坏性的批评只会毁掉孩子的自尊心，把孩子的自我价值否定了，把孩子的潜能埋没了。许多家长看到孩子出现问题，心里着急，常常口不择言，想到哪说到哪，全然不顾效果及后果。结果，孩子一开始还能默默接受，后来就会发展到顶嘴，甚至争吵。这样的批评方式不但解决不了问题，反而会使矛盾转移并激化。

第四大错误：跟别的孩子作比较。绝大多数的家长都喜欢拿自己的孩子和别人的孩子比较，家长的本意是想告诉孩子“你还需要加油、努力”，想让孩子产生一些危机感。但是，孩子接收到的信息却是家长爱别的孩子，不爱他了；家长信任别的孩子，不信任他了；别的孩子行，自己却不行等相反的信息。如此长期下去，孩子会感觉到缺乏关爱，与父母之间的感情逐步冷漠淡然，甚至心理失衡扭曲，朝畸形化发展，最终，别说人才，孩子连身心健康的普通人都成为不了。

启示录

学习动力强的孩子是这样培养的

1. 和孩子一起读书,家长可以看看报,一个好的学习伙伴很重要。

2. 孩子在家学习,家长切莫搞一些娱乐活动,一个舒适的学习环境很重要。

3. 不要逼孩子学自己不喜欢的东西。

4. 不要因为孩子的成绩而责骂孩子。

5. 不要因为孩子试卷上的低分而认为孩子没有出息。

6. 教他(她)足以带来成就感的知识:古诗、数字、故事、家务、玩耍、交朋友……

7. 教育孩子读好书、好读书。

8. 不要对孩子的学习成绩表示太大的关注,那样会造成孩子学习紧张,压力增大。

9. 不要把孩子的成绩与其他孩子相比,要分析一下造成这种现象的原因,反思一下有没有自己的责任。

10. 孩子的房间要有自己的书桌,书桌上要有几本自己爱看的书籍,如《格林童话》《伊索寓言》等。

第二节　树立为"未来"学习的信念

在现今的教育体制下,我们的人生历程中,每个人都要接受九年以上的学校教育;而学生每天有将近三分之一的时间花在学习新知识上。令人不禁自问,究竟学校教育的目的为何?从文化角度讲,学校教育并不是人生的结束,而是对未来的一种投资。由此可见,学校教育的目的不仅是当前的学业成就,而是让学生能够为其未来作准

备。正所谓"少不勤苦,老必艰辛;少能服劳,老必安当",所以我们当前应保持着"少年辛苦终身事,莫向光阴惰寸功"的信念,否则终将落得"少壮不努力,老大徒伤悲"的结果。上述中国格言反映出中国传统文化中所特有的未来时间观:未来是现在延伸的结果。因此,华人眼中的"未来"是现在努力付出的原动力。相应地,反映在教育领域,学习者所向往的未来,就是他们在学校中努力学习、付出的原动力。

诊断评价

小王的成长故事

小王从小就是一个听话的好孩子,学习成绩自小学起直到中学均一直名列前茅,是老师眼中的好学生、父母眼中的好儿子。这期间他的生活是很平淡无奇的,生活上衣食无忧,学习上无须担心,也不用考虑太多未来的事情,他的主要任务就是学习。直到他参加完高考准备填报志愿时,他觉得要开始认真思考自己的未来了,但他对选什么专业,将来要从事什么工作是很模糊的,他也不知道自己到底喜欢什么。后来,他在某本杂志上看到有关心理学专业的介绍,他开始对心理学产生兴趣,决定报考心理学专业，但他的父母认为，心理学专业可能将来就业不好，希望他报工科专业，开始小王挺反对的，父母没有办法只好请小王的叔叔做他的工作（他叔叔是博士，某高校的教授），他叔叔也希望他报一个工科专业，并帮他选择了土木工程专业，因小王一直很佩服自己的叔叔，所以就接受了叔叔的意见。进入大学后，小王发现自己根本不喜欢这个专业，所以想换专业，但一直没有勇气，就这样，小王大一时在玩中度过，大二在关注情感问题中度过，大三在迷茫和彷徨中度过，浑浑噩噩地读到大四。临近毕业时，恰逢世界金融危机爆发，就业形势相当严峻，小王自知大学四年并没有学到什么知识，也不知道自己到底该进入哪个领域，所以感到压力很大。当时，班里有好多同学准备继续攻读硕士研究生，小王也加入了考研大军，但他内心并不想再读书了，希望先就业。他到处投简历，不管这个职位是否与专业相关，也面试了几家单位，但多以失败而告终，他开始对自己的能力产生怀疑，也因此而耽误了复习……

◎想一想◎

小王求学阶段的学习生活为什么会这样？你是不是也会像小王一样呢？你知道是什么原因造成的吗？

◎问题探析◎

未来时间观的价值在于能形成未来目标，引导学习者以未来目标为诱因价值进行自我调整。

案例中的小王为什么会这样，如果我们去分析原因，你可能会说出很多，但是若从未来取向的角度来分析小王的话，你会怎样评价他呢？他是不是有如下的特点：从不认真思考自己的未来；没有超前意识；没有未雨绸缪的先见，没有考虑未来；思考问题太浅，所谓说"人无远虑，必有近忧"；对未来的事情漠不关心；做事情不喜欢有所准备和计划，习惯于想干什么就干什么；对自己的人生没有规划；对自己的未来充满担忧；大学四年未能为自己的未来做好准备；缺乏危机意识。

综上可知，造成小王出现这种状态的一个主要原因就是他是一个没有未来意识的人，换言之就是不具有未来时间观。

未来时间观是未来取向研究中的一个非常重要的研究议题，是指个人计划、设想、组织未来的概念，本质上它是一个认知一动机概念，因为它起源于未来目标的设定，并会影响现在的行为。比如挪威心理学家吉斯米（T. Gjesme）就曾将未来时间观喻为探照灯，认为未来时间洞察力类似于探照灯的功用，能用来照亮前方的事物。因为个人所重视的不只是当下目标，如果探照灯强度越强，便能看得越远，也能发现更多目标；当这些目标愈加清晰明亮后，个人便能真实地知觉它们。因此，未来时间观能帮助个人妥善地构建、计划未来行动，对未来目标采取行动。

对未来时间观内涵的理解，中国台湾成功大学的周淑枫曾综合各家学者的观点，认为未来时间观的架构可从认知与动态两个层面进行探讨。认知层面是指个人预期目前活动将会影响未来的结果，主要包括关联和工具性知觉。所谓关联，是指个体认为当下行为将对未来结果产生影响，因而在从事决定时，会倾向于去预期长期的结果。而工具性知觉则是指个人知觉当前任务对达成未来目标有所助益，因而引发的价值性动机。动态层面是指个人对未来目标所保持的评价（价值）与情感。评价代表着个人对未来目标的重视程度，它在未来时间洞察力的动机概念中扮演着必要的角色。情感则是指个人预期事件是否能满足或取悦自己的程度，以及对未来事件持有正面与负面或乐观与悲观的看法。个人预期未来能体验到的正面或负面的情感均会影响其动机与行为。

资料卡

调查显示:有较高比例的青少年缺乏未来规划意识

事实上,小王的故事在当前青少年群体中具有一定的普遍性。如南通工学院的周围、李佳等于2004年对本校大学生的调查研究曾发现,在校大学生普遍存在对所读专业不感兴趣,对自己所学与将来从事工作之间的关系认识不明确,未接受过生涯规划辅导因而不会科学规划未来的职业发展方向,对自己的职业目标感到迷惘、困惑甚至焦虑,对将来可能从事的职业缺乏全面了解等等现象。合肥学院的陈啸、李小晨等于2009年对1129名大学生的调查研究中还发现,我国大学生的规划意识淡薄,如在调查"对自己未来的职业发展是否有明确规划"时发现,有"详细规划"的本科毕业生仅8.88%、大专毕业生为9.52%;另外有71.38%本科毕业生、76.87%大专毕业生对自己的未来有"大概规划";更为严重的是19.74%的本科毕业生、13.61%的大专毕业生"没有规划"。在校生中有"制订过未来五年计划"的最高比例仅为23.36%;58.9%的本科在校生和60.58%的专科在校生回答"思考过,但从未制订"。

测一测

本测验共有21道题,每道题都有5个备选答案,请根据自己的实际情况,在题目后圈出相应数字(每题只能选择一个答案)。这5个数字所代表的意思是:5——很符合自己的情况,4——比较符合自己的情况,3——很少符合自己情况,2——不符合自己的情况,1——很不符合自己的情况。

1. 当我做决定时，我会先考虑未来可能达成的结果。 1 2 3 4 5
2. 我认为我的未来目标很有价值。 1 2 3 4 5
3. 我认为现在所学的对我的未来目标很有用。 1 2 3 4 5
4. 对于我的未来，我的态度很积极。 1 2 3 4 5
5. 我觉得做任何事，眼光都要长远一点。 1 2 3 4 5
6. 我的未来目标让我的人生更有意义。 1 2 3 4 5
7. 我认为现在学的知识对我的将来有益。 1 2 3 4 5
8. 我相信达成我的未来目标会让我很快乐。 1 2 3 4 5
9. 为了将来得到更好的成就，做决定前我都会考虑很多。 1 2 3 4 5
10. 我的未来目标可以指引我的方向，所以它很有价值。 1 2 3 4 5
11. 好好研读学校的课业有助于我达成未来目标。 1 2 3 4 5
12. 我对我的未来感到很乐观。 1 2 3 4 5
13. 当我做决定时，我会先考虑到它对我未来的影响。 1 2 3 4 5
14. 我很重视我的未来目标。 1 2 3 4 5
15. 把学校课业学好有益于我未来的发展。 1 2 3 4 5
16. 我对我的未来目标充满了期待。 1 2 3 4 5
17. 我认为达成我的未来目标比即刻的快乐更重要。 1 2 3 4 5
18. 学好课堂上的知识，可以让我达成未来的目标。 1 2 3 4 5
19. 我相信我的未来充满了希望。 1 2 3 4 5
20. 我认为所学的课程对我的未来目标有助益。 1 2 3 4 5
21. 实践我的未来目标会令我很开心。 1 2 3 4 5

【评价与分析】

在1、5、9、13、19题上总分越高，说明你越关注自己的未来；

在2、6、10、14题上总分越高，说明你的未来目标对你越重要；

在3、7、11、15、18、20题上总分越高，说明你越肯定当前所做的事情对自己的未来是非常有帮助的；

在4、8、12、16、17、21题上总分越高，说明你对自己的未来越乐观。

综上，在问卷上的得分越高，越说明你是一个具有未来取向的学生。

观点意识

未来时间观在学校教育中的价值

大量的实证研究也已证明了未来时间观在青少年的学校教育历程中发挥着重要的影响作用。

在与学习动机的关系上，波兰心理学家扎尔斯基（Z. Zaleski）于1987年研究发现，有较强未来时间观的人较能坚持在对目标的追求上，也较能满足于追求目标的行为，他们不但对长期目标有动机，对近期的次目标亦是如此。美国心理学家范·卡斯特（K. Van Calster）等人于1991年研究还发现人们对未来的情感态度会影响个人理解现在学校课业对未来的重要性。工具性知觉对具有未来正向积极态度的学生而言，能增加动机与成就表现，而对未来有消极态度的学生则在动机及成就表现上有相反的效果。这一结论也告诉我们，对于学校课业的工具性知觉，其具体好处只存在于对自己未来有希望感和对未来乐观的人身上。总而言之，未来时间观是影响个人动机信念的指标之一。

在与学校投入行为的关系上，美国心理学家米勒（R. B. Miller）等人于2004年从社会认知的观点指出，未来时间观是运作于社会文化脉络中的一种价值信念，其重要性与价值在于能形成未来目标，引导学习者以未来目标为诱因价值进行自我调整。换言之，未来时间观是未来目标的形成信念，当个人有较强的未来观时，就能对个人的任务行为赋予未来价值感，并能发展出个别化的内在未来目标，进而全面地影响学习投入行为，这样学习会变得富有意义性，相对地也提升了学习意愿。因此，未来时间观跟学生的学习投入行为息息相关。

操作训练

【训练策略一】强化自己的未来时间观

如何强化自己的未来时间观呢？其实很简单，就是将你目前的学习活动导向未来，将学习目标建立在长远的未来成就上；多预想一下自己的未来目标；重视你的未来目标；对未来有较高的期望和自信。如果你做到上述几点，相信你就是一个有较强未来时间观的人。

下面的故事或许会给你更多的启示。

◎读一读◎

未来我是谁？

有个叫布罗迪的英国老师，在整理阁楼上的旧物时，发现了一叠练习册，它们是50年前皮特金幼儿园B（2）班31位孩子的春季作文，题目叫："未来我是——"

布罗迪顺便翻了几本，很快被孩子们千奇百怪的自我设计迷住了。比如：有个叫彼得的小家伙说，未来的他是海军大臣，因为有一次他在海中游泳，喝了3升水，都没有被淹死；还有一个说，自己将来必定是法国总统，因为他能背出25个法国城市的名字，而其他同学最多的只能背出7个；最让人称奇的，是一个叫戴维的小盲童，他认为，将来他必定是英国的一个内阁大臣，因为在英国还没有一个盲人进入过内阁。总之，31个孩子都在作文中描述了自己的未来。有当驯狗师的，有当领航员的，有做王妃的，五花八门，应有尽有。

布罗迪读着这些作文，突然有一种冲动——何不把这些本子重新发到同学们手中，让他们看看现在的自己是否实现了50年前的梦想。

当地一家报纸得知他这一想法后，为他发了一则启事。没几天，书信向布罗迪飞来。他们中间有商人、学者及政府官员，更多的是没有身份的人，他们表示，很想知道儿时的梦想，并且很想得到那本作文簿，布罗迪按地址一一给他们寄去。

一年后，布罗迪身边仅剩下一个作文本没有索要。他想，这个叫戴维的人也许死了。毕竟50年了，50年间是什么事也会发生的。就在布罗迪准备把这个本子送给一家私人收藏馆时，他收到内阁教育大臣布伦克特的一封信。他在信中说："那个叫戴维的就是我，感谢您还保存着我们儿时的梦想。不过我已经不需要那个本子了，因为从那时起，我的梦想就一直在我的脑子里，我没有一天放弃过。50年过去了，可以说我已经实现了那个梦想。今天，我还想通过这封信告诉我其他的30位同学，只要不让年轻时的梦想随岁月飘逝，成功总有一天会出现在你的面前。"

布伦克特的这封信后来被发表在《太阳报》上，因为他作为英国第一位盲人大臣，用自己的行动证明了一个真理：假如谁能把3岁时想当总统的梦想保持50年，那么他现在一定已经是总统了。

◎做一做◎

请以《我的梦想》为题，在班上，与同学互相交流一下，说说自己的梦想以及你准备怎样去实现自己的梦想。

【训练策略二】对自己的未来进行探索，并设定个人珍视的未来目标

2008年，一份由上海市教科院普教所与天山中学共同完成的《高中生涯发展及其辅导的实证研究》报告引起关注。报告针对本市1300多名学生进行的高中生生涯辅导抽样调查结果显示，高中生职业认知水平和职业抉择能力一般，不太了解社会对人才的要求和标准、职业种

类和紧缺人才等，不能很好地确定自己未来要从事的职业。

调查还显示，由于文理分科成为高二学生的一道分水岭，该阶段学生的职业抉择更迷惘，他们不了解社会职业种类，并对自己今后要从事的职业把握性不大。在性别方面，女生对自我和社会上的人才标准、职业种类和有关职业信息的了解不如男生，而男生在确定择业标准、了解自己喜欢的职业及确定学习目的上不如女生。

可见，当代高中生普遍不知未来做什么。要改变这种状况最好的方法就是在课业学习之余，多参与和未来目标有关的活动、与目标领域的专业人士会谈或是进行目标领域资料的收集等，借此找寻未来的方向，进而设定个人珍视的未来目标，并强化自己达成的主动意愿。

【小组讨论】

在一次“谈理想”的主题班会课上，老师向同学们提出这样的一个问题：请说说你未来所期望的职业是什么？请阐述你的理由？

A 同学说：“我将来想成为一名教师，因为教师这个职业是崇高的，可以实现我的人生价值。”

B 同学说：“我也喜欢做教师，因为教师这个职业比较稳定，而且每年有两个很长的假期。”

C 同学说：“我不知道将来做什么，我会听从父母的安排，父母期望我有个稳定的职业，比如教师、公务员都可以。”

……

问题讨论：

请思考以上诸位同学的未来目标是一种类型的吗？你还能列举出多少种类型？你又是哪一种类型呢？

观点意识

未来目标的类型

由于个体的未来需求不同、未来时间观信念的差异以及所在社会文化价值观等影响，个体对未来目标的选择也是不同的。综合前人的相关研究，个体未来目标的选择类型大致有以下几种。

(1)个人取向的内在未来目标：是指个人基于自我决定而设定与内在需求相连接的未来目标，其形成与选择主要决定于自己，且是个人基于发展能力、兴趣或自我满足等内在需求而设定的未来目标。例如，我希望未来的工作能让我不断地自我挑战。

(2)个人取向的外在未来目标：是指基于自我决定而设定与外在需求相连接的未来目标，其形成与选择主要决定于自己，且是个人基于能力比较、外在酬赏或他人赞赏等外在需求而设定的未来目标。例如，我希望将来有较舒适的生活。

(3)社会取向的内在未来目标：是指个人为符合社会期望而设定与内在需求相连接的未来目标，其形成与选择，主要由重要他人或个人所属的团体、社会所决定，且是基于发展个人能力、兴趣或自我满足等内在需求而设定的未来目标。例如，父母希望我能持续学习新知识，我会依照他们的期望作决定。

(4)社会取向的外在未来目标：是指个人为符合社会期望而设定与外在需求相连接的未来目标，其形成与选择主要是由重要他人或所属团体、社会所决定，且是基于能力比较、外在酬赏或他人赞赏等外在需求而设定的未来目标。例如，家中长辈希望我将来有较高的名誉声望，我会顺从他们的期望去做。

测一测

本测验共有24道题，每道题都有5个备选答案，请根据自己的实际情况，在题目后圈出相应数字（每题只能选择一个答案）。这5个数字所代表的意思是，5——很符合自己的情况，4——比较符合自己的情况，3——很少符合自己情况，2——不符合自己的情况，1——很不符合自己的情况。

1. 我会依据我的兴趣选择未来的职业。 1 2 3 4 5

2. 我希望将来赚很多钱。 1 2 3 4 5

3. 父母希望我能继续深造，我会依照他们的期望作决定。 1 2 3 4 5

4. 家中长辈希望我将来赚很多钱，我会依照他们的期望去做。 1 2 3 4 5

5. 我希望将来能不断地学习，充实自己。 1 2 3 4 5

6. 我的未来目标之一是要证明自己比别人强。 1 2 3 4 5

7. 师长希望我将来能够发展自己的能力，我会朝这个方向前进。 1 2 3 4 5

8. 父母希望我将来有较好的物质生活，我会朝这个方向努力。 1 2 3 4 5

9. 我希望未来的职业能让我获得自我实现。 1 2 3 4 5

10. 我渴望未来的工作让我有较高的名誉声望。 1 2 3 4 5

11. 父母希望我能从未来的工作中获得自我实现，我会依照他们的期望去做。 1 2 3 4 5

12. 家中长辈希望我将来有较高的名誉声望，我会顺从他们的期望去做。 1 2 3 4 5

13. 我希望能在未来的工作中肯定自己。 1 2 3 4 5

14. 我希望将来有较舒适的物质生活。 1 2 3 4 5

15. 朋友们认为我将来应该继续自我挑战，我会朝这个方向前进。
1 2 3 4 5

16. 父母希望我能证明自己比别人强，我会依照他们的期望去做。
1 2 3 4 5

17. 我希望将来能充分发挥我的才能。 1 2 3 4 5

18. 我的未来目标之一是要获得他人的赞赏。 1 2 3 4 5

19. 父母希望我将来能实现自己的志向，我会依据这样的期望去做。
1 2 3 4 5

20. 父母希望我未来的成就能获得大家的赞赏，我会依照他们的期望去做。 1 2 3 4 5

21. 我希望未来的工作能让我不断地自我挑战。 1 2 3 4 5

22. 我希望将来的职业能提高我的社会地位。 1 2 3 4 5

23. 家中长辈希望我将来的职业能提高我的社会地位，我会依照这样的想法去做。 1 2 3 4 5

【评价与分析】

在 1、5、9、13、17、21 题上总分越高，越说明你的未来目标是个人取向的未来内在目标；

在 2、6、10、14、18、22 题上总分越高，越说明你的未来目标是个人取向的未来外在目标；

在 3、7、11、15、19 题上总分越高，越说明你的未来目标是社会取向的未来内在目标；

在 4、8、12、16、20、24 题上总分越高，越说明你的未来目标是社会取向的未来外在目标。

◎想一想◎

请思考一下，以上同学的未来目标哪个更能实现？哪位同学的未来目标更能带来积极的效果？

观点意识

未来目标功能发挥的作用条件

心理学研究者曾指出，并不是所有的未来目标都能对个体的发展产生积极影响。换言之，要想所设定的未来目标对个体的学习以及身心发展产生积极影响是有条件限制的。那么，满足什么样的条件，未来目标的功能才能得到有效发挥？

(1)对当前任务的工具性知觉。工具性知觉是指个人知觉当前任务对达成未来目标有所助益，因而引发的价值性动机，也是一种未来取向的动机。众多研究表明，学生对当前任务达成未来目标的工具性知觉会提高他们的学习动机、坚持性以及学业成就。

(2)对未来目标的重视程度(价值)。当个人有较强的未来时间观时，他就会去评估达成成果以及未来目标的重要性，且会对未来目标赋予较高的价值。因为他们知道为了达成未来目标而牺牲一些当下的满足是必须且值得的。这种评价代表着个人对未来目标的重视程度，它在未来时间观的动机概念中扮演着重要的角色。

(3)对未来目标的情感态度。未来目标具有“吸引”和“厌恶”的特质，当未来目标对个人而言具有吸引力时，趋向成功的动机便会增加；当对未来目标具有厌恶感时，逃避失败的动机便会增强。因此，青少年对未来的积极态度，更可能使青少年在将来有效地解决问题，在学业和工作上获得成功；而对未来的消极态度则与抑郁、失败等联系在一起。

【操作训练三】把握现在，成就未来

值得注意的是，我们这里谈“未来导向”，不是让你只关注未来而

忽略现在。现在是连接着过去和未来的，如果你为现在后悔，那么你既失去了未来，又连不上过去，所以你能够把握的只有现在。

◎读一读◎

如果你不活在当下，就会失去当下

有一个乡下姑娘挤了一罐牛奶，把它顶在头上，然后就开始胡思乱想了：这罐牛奶可以卖几块钱，这几块钱可以买几只小鸡，小鸡长大了可以下很多的鸡蛋，鸡蛋又可以孵出很多小鸡，小鸡长大又可以下很多鸡蛋，这些鸡蛋卖的钱就够我买一条漂亮的裙子了，我穿上到王宫跳舞，我的舞姿吸引了王子，王子邀请我跳舞，我要摆摆矜持……她一歪脑袋，牛奶罐掉地上摔碎了。

“把握现在，成就未来”，这八个字是不能分开的。活在当下不等于今朝有酒今朝醉，而是今朝有酒不大醉，不使明朝有忧愁，以未来为导向活在当下。就好比是你开着一个吉普车在原野上狂奔，在享受回归自然的野性所带来的快乐的同时，必须知道前面不是万丈深渊。

◎想一想◎

我们如何活在当下？

禅师回答，吃饭就是吃饭，睡觉就是睡觉，这就叫活在当下。

此外，重要的事情就是现在你做的事情，最重要的人就是现在和你一起做事情的人，最重要的时间就是现在，这种观点就叫活在当下。

◎用一用◎

请具体列出你“活在当下”的几种做法。

1. ______________________________

2. ______________________________

3. ______________________________

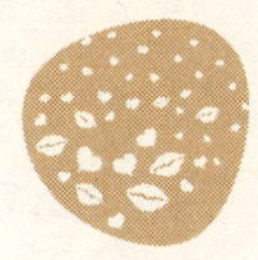

家教警语

孩子的人生设计,家长的正确引导是关键!

青少年阶段是人生的黄金阶段,一方面,对未来人生发展满怀憧憬与希望的年轻人来说,人生是一块最佳的画布,可以五彩缤纷尽情挥洒。另一方面,由于青少年时期常被描述为一个由童年转变而来的狂飙时期和学业繁重的时期,如果出现问题和偏差将贻误终生。家庭是孩子生涯教育的重要场所,家长可以充分发挥家庭教育在青少年成长过程中的重要作用。关键是家长应率先示范、做好自身的生涯规划,努力工作,不断学习,热爱生活,同时树立正确的生涯教育观念,掌握科学的生涯教育方法,尊重子女的健康情趣,加强与学校的合作,关心社会教育,帮助子女养成良好习惯,学会运用生涯规划的方法,和孩子一起制订培养方案,进行人生设计。实践证明,这将不仅能够激发孩子学习动机,促进成绩提高,更能促进人格健康发展。因此,可以说,孩子的人生设计,父母是关键!

判断鉴别

心理多棱镜:你为孩子的未来发展点灯了吗?

请仔细阅读以下题项,用“是”与“否”作出回答。

1. 您是否了解孩子的特点?
2. 您是否经常陪伴孩子?
3. 您是否有每天与孩子沟通的习惯?
4. 您是否经常与孩子的老师联络?
5. 您是否了解孩子的交友情况?
6. 您是否经常阅读亲子教育的资料?
7. 您是否有自己的生涯规划?

8. 您是否了解孩子的想法?

9. 您是否协助孩子进行生涯规划?

10. 孩子有困难时是否告诉您?

【评价与分析】

在以上题项中,您选择"是"的项目越多,越说明您对孩子的未来发展比较关注,能为孩子的未来发展"点灯";反之,越说明您对孩子的未来发展不够关注,不能很好地给予指导,在这方面您还需要加强学习。

启示录

生涯规划何时启航

在作职业咨询时发现:咨询对象多在20~40岁之间,他们今天之所以在职业发展、个人成长方面仍有很多的困惑和迷茫,一个很重要的原因是全民教育无职业意识,他们在童年、少年阶段没有生涯规划。在竞争激烈且日益规范的社会里,从小培养孩子的生涯规划能力,引导孩子规划自己的未来,是孩子幸福人生的保证!

(1)为什么要从小开始?

让孩子长大才知道自己适合做什么就容易使其在那个领域的发展手忙脚乱、不知所措、屡屡受挫、身心俱损。

(2)怎样避免影响孩子的个性发展?

生涯规划是在尊重孩子的身心发展规律和个性差异的前提下引导孩子认识社会,了解自己的兴趣爱好、能力,在职业探索和体验过程中,逐步确立自己未来的职业目标,让他们心情愉快地沿着自己精心设计的人生道路去拼搏、去奋斗,享受成功、幸福的人生。

(3)是否在给孩子增加负担?

家长是指导而不是强迫,孩子一旦有了明确而有兴趣的职业目标，学习的主动性会更强，效果也会更好。

(4)规划如何适应变化？

家长在一定的范围内有效帮助孩子能够有弹性地、有准备地、勇敢乐观地面对未来可能的一切变化，并在此基础上作出必要的调整。

小朋友玩“盖房子”的游戏。一旦确定了要“盖房子”的目标，他们就会开始留意收集砖头、瓦块等所有和盖房子相关的材料。走在路上，他们会看到砖头搬砖头，看见瓦块捡瓦块，用不了多长时间，他们就会把材料准备好，把小房子盖起来。而对于没有盖房子目标的人来讲，根本不会注意砖头和瓦块。这就充分说明：走在同一条路上的人，有生涯规划和没有生涯规划的人收获肯定是不一样的。

培养生涯规划能力的五个途径。

(1)通过亲子活动，培养孩子的自我觉察和生涯觉察能力。

如举行以“大家眼中的我”为主题的亲子活动，访问老师、家长、同学、朋友，请他们谈谈对“我”的看法，从而发现自己的兴趣、爱好、优点和特长。认识自己的不足和缺点，培养孩子的自我觉察能力。举行“你做我猜聊职业”为主题的亲子活动，引起孩子对职业的兴趣，让孩子认识不同类型职业及其特点，培养孩子的生涯觉察能力。

(2)培养孩子生涯发展意识。

家长可以为孩子建立生涯发展档案，收集并分析孩子的成长历程、生涯规划、学习成果、心理发展等。通过对孩子生涯发展进行观察和记录，有利于孩子了解自己、肯定自己、完善自己，有助于家长对孩子的了解和认识，把握孩子发展现状，及时鼓励孩子健康成长，培养孩子的生涯发展意识。

(3)为孩子进行心理测验，有助于孩子正确认识自我。

家长可以综合运用各种心理测验量表，对孩子进行全面的心理测验。通过测验可以协助孩子了解自己在兴趣、价值观等方面的特质。正确认识自己的优缺点、长短处。

(4)家长以身作则培养孩子正确的职业态度。

家长的职业态度，对孩子未来的职业选择影响很大。家长以身作则，保持乐观、积极和敬业的职业态度，有利于孩子养成良好、健康的职业态度。家长可以鼓励孩子参加一些具有职业试探功能的课程和活动，如艺术类课程、体育类竞赛、社会实践活动等，让孩子深入了解自己的能力和兴趣，有利于孩子未来做出正确的职业选择。

(5)培养孩子自主的生涯规划能力。

家长指导孩子，让孩子自己设计成长手册。通过这种方式，可以将家长、老师等外在的抽象的评价转变成孩子对自己的全面素质的评价，有利于孩子产生自主规划、自我管理的需要，可以引导孩子自己设定生涯目标、自己分析成长环境、自己寻找成长动力、自己评价成长状况，使孩子的成长过程变成一个主动的、积极的自我规划和自我管理的过程。

第三节 学会设置恰当的学习目标

1953 年，美国耶鲁大学对应届毕业生进行了一项有关目标的调查，被调查的学生中 10%的学生确认有目标，只有 4%的学生清楚地把目标写下来。20 年后，耶鲁大学的研究人员追访当年参与调查的学生，结果显示，当年写下目标的那些学生，无论是事业发展还是生活水平，都远远超过那些没有写下目标的。那

么，同学们，你的人生目标有哪些呢？你在学习上有没有明确而恰当的学习目标呢？

诊断评价

我的未来不是梦

宋晨最喜欢"我的未来不是梦"这首歌，每天都要哼哼几遍。可是，他发觉现实的自己却生活在"梦"中。每天除了完成老师明令要求的任务之外，他都不知道干什么，看到其他同学忙忙碌碌，他却好像没事干，真像"梦游"啊。他不断地问自己："为什么要学习？学习好有什么用？我的未来到底是不是梦？"最要紧的是，他连近期的学习目标都没有，难道只是应对期末考试吗？

◎想一想◎

在学习和生活中，你是否也经常"梦游"呢？是否隐隐约约感到自己的未来不是梦，却又生活在梦中呢？而你也会像案例中的宋晨一样检视自己吗？

◎问题探析◎

人生没有目标，就会迷失自我！学习没有目标，就会丧失动力！

其实，我们的学习生活像"梦游"的主要原因是自己在学习和生活中没有一个明确的目标。当一个人没有明确的目标和方向的时候，自己就不知道做什么，该怎么做。人没有目标，生活就会像出行一样没有方向，迷失在十字路口。在平时的生活和学习中，有些人对自己的未来有清醒的认识，能够结合自己的能力，确定自己的人生和学习的基本目标，并且能够付诸实际行动去实现那些理想，他们的人生就是有价值的人生。相反，有些人则做一天和尚撞一天钟，得过且过，悠哉闲哉，无所事事，终其一生。

于是，我们不得不说，学习目标对于学生而言，那就是辨向的指南针，就是航海中的灯塔。

当然，大家仅仅意识到学习目标的重要性还不够，还需要我们的行动。我们要根据自己的知识、能力、性格、气质等因素，确定出清晰的、恰当的学习目标，真正地让学习目标为我们辨向，为我们领航。

心理学研究表明，目标的设定与调整也是人的一种基本能力，那些成功人士之所以成功，原因很多，最重要一方面就是能够因时因地确定和调整自己的学习、工作和生活的目标。善于设置目标的人，往往具有以下特点：(1)能够对事情作长远的思考和判断，不急功近利；(2)善于明辨是非，善于把握事情的轻重缓急；(3)善于听取良师益友的意见和建议；(4)善于进行自我反思；(5)情绪比较稳定，能够适度调节自己的情绪；(6)具有较强的成就动机；(7)意志力比较坚强，能够克服困难，完成计划；(8)态度端正，积极进取，认真负责。

测一测

你有明确的学习目标吗？

本问卷可用来检测你的学习目标如何，共由 15 个题目构成，每题有 3 个备选答案。请根据自己的实际情况，在题目后面圈出相应的字母，每题只能选择一个答案。

1. 我通常能够专心致志地看书。

A. 总是这样　　B. 有时这样　　C. 从不这样

2. 我会充分利用时间来完成学习任务。

A. 总是这样　　B. 有时这样　　C. 从不这样

3. 在学习时，我经常能按时完成计划要做的事。

A. 总是这样　　B. 有时这样　　C. 从不这样

4. 我经常会提出几个问题来引导自己的听课、读书、自学。

A. 总是这样　　　B. 有时这样　　　C. 从不这样

5. 在学习时，即使我不喜欢的知识，也会努力把它学好。

A. 总是这样　　　B. 有时这样　　　C. 从不这样

6. 我会调整自己的学习安排，以便更接近我的学习目标。

A. 总是这样　　　B. 有时这样　　　C. 从不这样

7. 我很清楚所学东西对我未来有什么价值。

A. 总是这样　　　B. 有时这样　　　C. 从不这样

8. 我通常会先略读新的学习内容，并看看这些内容是如何组织的。

A. 总是这样　　　B. 有时这样　　　C. 从不这样

9. 我能分清哪些活动不利于我完成学习计划。

A. 总是这样　　　B. 有时这样　　　C. 从不这样

10. 我常常记住重要的几个字词，来提醒我正在学习的知识。

A. 总是这样　　　B. 有时这样　　　C. 从不这样

11. 我会尝试着围绕一个主题进行深入思考，而不是听完讲解就算了。

A. 总是这样　　　B. 有时这样　　　C. 从不这样

12. 在学习新内容时，我试着和我过去已经知道的联结起来。

A. 总是这样　　　B. 有时这样　　　C. 从不这样

13. 我会把课本及课堂笔记的重点作个简明的摘要。

A. 总是这样　　　B. 有时这样　　　C. 从不这样

14. 我觉得自己的学习思路很清晰，不会为学什么而烦恼。

A. 总是这样　　　B. 有时这样　　　C. 从不这样

15. 在学习一门课程时，我会为自己定目标来引导我每个学习阶段的活动。

A. 总是这样　　　B. 有时这样　　　C. 从不这样

【评价与分析】

选“A”记 2 分，选“B”记 1 分，选“C”记 0 分。

0～10 分：说明你的学习目标很不明确，需要根据自己的实际情况，来制订比较明确的学习目标，从而制订为达到目标的学习计划。

11～20分：说明你在学习过程中有一些目标，但是，这些目标有待于继续明确，以便更好地指引你的学习。

21～30分：说明你拥有比较明确的学习目标，只要结合自己合理的学习计划，并坚持下去，就一定会收到良好的效果。

观点意识

什么样的学习目标才是比较合适的呢？

当然，因人而异。但是，学习目标的设定一般要遵循以下基本原则：

1. 目标的表述要明确——具体性原则

我们在设定目标时，尽力使目标具体，具有可操作性，不能泛泛而谈。比如，班上有60名同学，我现在学习成绩是第20名，我想进步，现在制订目标，表述之一是“在下学期，我要取得很大的进步”，表述之二是“在下学期，我要考到第15名”。哪个目标更明确呢？毫无疑问，是第二个。

2. 目标的难度要有一定挑战性——合适性原则

陶行知先生说过，要“跳一跳，摘桃子”。目标如果过低，轻易就能取得成功，那样的目标并不是真正的目标，它也不会给我们带来强劲的动力。相反，目标若过高，没有从自身实际出发，也就成了无稽之谈。比如，还拿上面刚刚提到那个例子来说明。我想进步，现在制订两个目标，其一是“在下学期，我要考到第15名”，其二是“在下学期，我要考到第3名”，哪个目标更合适呢？显然是第一个。

3. 目标可实现——可行性原则

设定的学习目标，要能够在现实条件或创造一定的条件的前提下，加以达成，否则目标便是“镜中花”“水中月”。合适性原则是从难度的角度说明，目标要不过高、不过低；而可行性原则从实现目

标的条件的角度说明，目标要切实可行。

4. 目标的成果可衡量——可评价原则

达到某个目标，我们要对此目标进行评价，为我们提供反馈，有始有终，以便于后续目标的制订和学习的进步。因此，在设定目标时，就要考虑到目标是要能被比较客观地评价的。否则，无法判断我们的行动是否成功，我们的计划是否有效。就像具体性原则中的那个例子一样，其实，第一个目标是难以评判的，而第二个则容易加以衡量和评价。

操作训练

【训练策略一】加强认识——客观地分析自我，合理地定位自我

我们已经充分地认识到合理的目标对学习和生活的重要性，人人都想有适合自己的学习和工作的目标。可是，确定一个比较恰当的学习目标，并不是空想能够实现的。要设定适合自己的学习和人生目标，前提就是要对自己进行一系列客观分析，并对自己在学校、家庭、社会中的位置或角色进行合理的定位。只有这样，才能树立起明确、具体、可行的目标。

◎做一做◎

发展心理学研究表明，青少年的自我意识在逐步发展，相对于年幼儿童，已经接近成人的自我意识水平。我们已经具备要对自己进行分析判断的基本能力。

●1. 与其他同学相比，我的学习能力如何？

____

____

____

●2. 与其他同学相比，我的学习品行如何？

●3. 在学习上，我的优势与劣势各有哪些？

●4. 未来的我在学习上会怎样？

心理学研究表明，自我特点其实由四个方面构成，即自身特点可以分为四块：自己知晓—他人也知晓的部分、自己知晓—他人不知晓的部分、自己不知晓—他人知晓的部分、自己不知晓—他人也不知晓的部分。针对自我知晓—他人也知晓、自我知晓—他人不知晓的两个部分，我们主要靠自我分析来确认自我。

而对于自己不知晓—他人知晓的部分则难以靠自我分析形成，需要通过他人帮助来了解自己，特别是良师益友及家长，做到"以人为镜"。而第四部分自己不知晓—他人也不知晓的特点，则往往体现在无意识之中。可见，要形成对自我的认识，还是需要虚心请教他人，通过有效沟通，以梳理出自己的特点。

◎做一做◎

任务一：结合学习和生活的实际，以"我是这样的一个人"为主题写一篇自我分析的报告，并请家长、良师、益友谈谈对自己的认识和评价。

任务二：对未来的自己作出一个展望，写一篇文章，并请家长、良师、益友提出建议和意见。

【训练策略二】付诸行动——制订系统的学习目标

在对自己及学习情况形成全面认识的基础之上，我们就要开始制订系统的学习目标的实际行动。所谓系统的学习目标是指结合家庭、学校、社会的实际情况，在人生志向的引导下，确定出的长期、中期、短期等的学习目标。

目标及完成时间	目标的价值	实现目标的条件		成果的评价方法
		已具备的	未具备的	

根据上表，分别制作长期、中期、短期等的学习目标分析表。制作思路可为分解法，即把长期目标分解为中期目标，中期目标再分解为短期目标，乃至每天的目标。

◎读一读◎

1984 年，在东京国际马拉松邀请赛中，名不见经传的日本选手山田本一出人意料地夺得了世界冠军。当记者采访他时，他告诉了众人这样一个成功的秘诀："我刚开始参加比赛时，总是把我的目标定在四十多公里外终点线上的那面旗帜上，结果我跑到十几公里时就疲惫不堪了，我被前面那段遥远的路程给吓倒了。后来，我改变了做法。每次比赛之前，我都要乘车把比赛的路线仔细地看一遍，并把沿线比较醒目的标志画下来，比如第一个标志是银行，第二个标志是一棵大树，第三个标志是一座红房子……这样一直画到赛程的终点。比赛开始后，我就以百米的速度奋力向第一个目标冲去，等到达一个目标后，我又以同样的速度向第二个目标冲去。四十多公里的赛程就这样被我分解成这么几个小目标，轻松地就跑完了。"

山田本一的话令人深思。看来，辉煌的人生不会一蹴而成，它是由一个个并不起眼的小目标的实现堆砌起来的。让我们把目标化整为零，用一个个小的胜利赢得最后的大胜利。

【专家建议】

目标设定要花心思

除了前面提到的目标设置的基本原则之外，我们在设定目标时，还要注意以下事项：

1. 目标要有所选择

为了使学习能做到有的放矢，目标的设置要精益求精。目标不一定要全，如果囊括学习生活的方方面面，反而就没有目标可言了。另外，即使是被选择的目标，也要分个主次。

2. 明确目标的价值

如果达到相应的目标，对我们掌握知识、提高能力、发展自我有什么价值，最好心中要有数，只有这样才能有利于我们人生的成长，否则目标的设定会是一本“糊涂账”。

3. 分析目标的实现条件

分析实现目标的条件很重要，它决定目标最终能否达成。即使再美好的目标，若没有实现的条件，都是美梦一场。我们要客观地把握已经具备了哪些条件，还差哪些条件，通过努力能否创造一定条件，最终找到问题的解决办法。

4. 成果评价要质量结合

当完成任务、实现目标时，我们要对目标的完成情况有一个评估，这样我们才能从中吸取经验教训，为以后的学习活动提供“前车之鉴”。我们的活动要能够成为“后车之师”，就要对活动有一个评判的标准，而这个标准在设定目标时就要初步确定下来。评价标准的确定要定性分析与定量分析相结合。所谓定性标准是对成果的一个质性的评价，定量标准是支持质性评价的数据资料。

◎做一做◎

要求：根据上述建议，结合自己实际，重新修正和完善自己的学习目标，并就中长期学习目标与小组同学交流分享。

●1. 我这三年(或四年)的学习目标是什么?

●2. 我这一年的学习目标是什么?

●3. 要实现上述目标,必须具备哪些条件?

●4. 如何评价我的目标的实现?

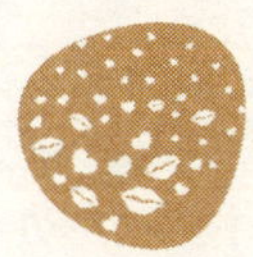

家教警语

孩子的学习目标,你清楚吗?

孩子树立明确而恰当的学习目标,是每个家长的殷切期望。当孩子有所成就时,我们会为之骄傲。可并不是每位家长都清楚自己孩子的所思所想,可能他们也没有真正去关心过孩子的学习目标。也许,作为家长,看重的只是孩子学习带来的成绩,而忽视了早期的目标,殊不知成绩只不过是目标的一个结果而已。

判断鉴别

心理多棱镜:你参与过孩子的目标设置吗?

请仔细阅读以下题项,在符合你实际情况的题项后的括号内打"√"。

1. 经常与孩子谈谈长期的打算。（　　）
2. 时常与孩子聊聊近期的安排。（　　）
3. 对孩子的学习目标常常有一些良好的建议。（　　）
4. 很清楚孩子在学习上的所作所为。（　　）
5. 会把自己的经历与孩子共享，让孩子少走些弯路。（　　）
6. 会通过一些名言警句、经典故事启发孩子设置自己的目标。（　　）
7. 当孩子的学习目标明显脱离实际时，会与之协商，调整目标。（　　）
8. 会与孩子一起考虑解决问题的方法。（　　）
9. 时常关心孩子的未来。（　　）
10. 会与老师沟通，探讨孩子的发展。（　　）

【评价与分析】

在以上测验题中，你选择的项目越多，越能说明你参与到了孩子学习目标的设定中。否则，就需要提高参与孩子学习目标设定活动的积极性。

观点意识

多元化的智能，多元化的目标

美国著名心理学家加德纳教授早在20世纪80年代就提出了智能的多元化理论。

加德纳的智能多元理论的基本观点是能力的内涵不是单一的，而是多元的。能力由七种相对独立的成分构成，每种成分又互相作用，构成整合的能力。

1. 语言能力——听、说、读、写的能力。表现为个人能够顺利而高效地利用语言描述事件，表达思想并与人交流的能力。

2. 逻辑—数学能力——推理和运算的能力。表现为对事物间各种关系的敏感，以及通过逻辑推理和数理运算进行思维的能力。

3. 空间能力——感受、辨别、记忆和改变物体的空间关系并借此表达思想和感情的能力。表现为对形状、结构、色彩和空间关系的敏感，以及通过平面或立体图形将它们表现出来的能力。

4. 音乐能力——感受、辨别、记忆、改变和表达音乐的能力。表现为个人对音乐包括节奏、音调、音色和旋律的敏感，以及通过作曲、演奏和歌唱等表达音乐的能力。

5. 运动能力——运用四肢和躯干的能力。表现为能够较好地控制自己的身体、对事件能够作出恰当的身体反应，以及善于利用身体语言来表达自己的思想和情感的能力。

6. 交往能力——与人相处和交往的能力。表现为觉察与体验他人情绪、情感和意图，并据此做出适宜反应的能力。

7. 自知能力——认识、洞察和反省自身的能力。表现为能够正确地意识和评价自身的情绪、动机、欲望、个性、意志，并在正确的自我意识和自我评价的基础上形成自尊、自律和自制的能力。

【专家点评】

在学习或教育目标上，多元智能理论主张因材施教，根据学生的个体差异来确定每个学生最适合的发展道路。家长与老师在考虑学生学习目标时，是否仅仅定位在掌握知识的多少呢？按照多元智能理论的观点，在设定目标时，我们的视角也要广阔些，根据学生的实际情况，形成多元化的目标，而不是“期末考到 90 分”那么简单。

启示录

家长可以帮孩子制订适宜的学习目标

没有目的地的行走，既不能使行路人感到愉快，也不能激发行路人的动力，这样的行走没有意义。学习也如此，没有目标的学习就像在黑夜中摸索，没有终点和目的地，学习者也不会积极、主动地去寻找最适合的学习途径。

兴趣是学生最好的老师，而目标是学习最强大的动力。明确、适宜的学习目标可以极大地激发孩子的学习兴趣，时时激励他们去努力追求知识，主动地学习。教育学家指出，人只要还在成长着，他就必须从一个目标走向下一个目标，没有了明确的目标，他的学习和成长便会停滞。而此时身边的每个人都在奋斗，都在进步，因此没有目标的孩子最终便会落后于他人，无论他曾经多么辉煌。

作为家长，在孩子学习目标的确立上可做好以下几点：

1. 让孩子了解设立学习目标的意义

现在许多孩子学习时没有明确的目标，他们只知道一味做题，完成老师布置的作业，从来没想过自己要达到一个什么样的目标。这样毫无目标的学习是没有意义的。因此，父母需要让孩子了解设立学习目标的意义，指导孩子正确地制订适合自己实际的学习目标。

2. 和孩子一起制订合理的学习目标

父母应该启发孩子自己确立学习目标，而不能越俎代庖地给孩子制订一个学习目标，这样既不尊重孩子，也难以激发孩子的自觉性、主动性。因此，父母应该与孩子一起商量，根据实际情况帮孩子确立一个切实可行的学习目标，切忌不顾孩子的实际情况，不问孩子的想法，主观地给孩子制订学习目标。

3. 帮孩子把大目标分解成小目标

没有小目标的实现，大目标就失去了支撑。父母在帮助孩子确立远大的理想后应该指导他们从小目标开始做起，让孩子感受实现小目标是通往远大理想的必由之路，每实现一个小目标就是在通往成功的阶梯上又上了一级，能激发起他们学习的强大动力。

4. 让孩子学会修正学习目标

父母是孩子人生中的第一任导师，应该时刻准备好指导孩子走出学习或者生活的误区。孩子的学习经验有限，制订出来的学习目标肯定有许多实践起来会有困难或者明显存在很大不足的地方。此时，父母就可以利用自己的经验，告诉孩子适时适当地修正自己的学习目标。

5. 鼓励孩子把目标坚持到底

如果学习目标与实际情况符合，父母就应该鼓励孩子把学习目标坚持到底。如果孩子缺乏坚韧的意志力，那么再好的学习目标也不过是镜花水月。

人格篇

现实是此岸，理想是彼岸，中间隔着湍急的河流，行动则是架在川上的桥梁。

——克雷洛夫

第一节　学习贵在自觉

学习是艰苦的事，是个连续的事，是一项循序渐进的事。每走一步都要付出代价，最需要的品质就是勤奋、主动。学习主动性具有潜在性，一旦被调动起来，就会对学习活动产生巨大的推动作用。但现实生活中，我们会发现，很多学生是被动地、艰难地在学习。你也是这样的状态吗？

诊断评价

一位家长的烦恼

我的孩子自从上初中以来变化特别大，你说你的他做他的，他可以答应你说的事情，可就不去努力做，做不到的时候你问他，他就会告诉你他就是做不到，我也没办法。而且，他从来也不知道改过，周而复始，作为家长，我真的感觉束手无策，下面我从几方面说说孩子的问题：

1. 早上起床得叫很多遍，告诉他晚了，也不着急起；起床后上卫生间的时间特别长，不叫不知道起来；上学要迟到了也不着急走。

2. 老师说在学校上课的状态还可以，但是作业在学校很少写，放学回家后从来不着急写作业，你不叫从来不知道去写作业，总认为自己能做完，尤其作业一多没等写就先困了，反倒一点儿也写不了了，做作业不认真，作业质量特别差。

3. 自己一天倒挺开心的，测验、考试成绩好坏没什么反应，当时说成绩不好，但也没看到努力，从来不知道把不会的题学会，作业糊弄完就算完事，也不知道去复习，从来都是休息够了才去学习。

4. 他的老师特别好，找他谈话，鼓励他，教他学习方法和控制学习时间的方法，可他只做两天就不做了。前段时间数学成绩在班级的前十名，可有一次考试成绩下来了，就再也没上去，当时他特别火，可回家后也没看到他努力。老师总是说习惯得慢慢养成，可他不去做怎么能养成好习惯呢！

5. 他总是说要好好学，可是就是不努力，知道这个年龄的孩子自制力差，我和他爸爸经常督促他，可就是没用，他还觉得特别烦，说我们对他的态度不好，不尊重他。

◎想一想◎

生活中的你在父母眼里是不是也这样？你让父母这样“操心”过你的学习吗？

◎问题探析◎

主动让我进步，主动让我成功，主动学习就是快乐学习。

在现实教育实践中，我们相信有很多学生都可能存在着案例中

所描述的行为表现，这其中的原因是多样的，既有来自外部的影响，也有个体内部自身的因素。若从个体自身的角度上看，缺乏主动性是必不可少的一个因素。

所谓主动性是个体按照自己规定或设置的目标行动，而不依赖外力推动的行为品质，它由个人的需要、动机、理想、抱负和价值观等推动，因此具有一定的稳定性，类似于人格特质。事实上，近年来，主动性人格(Proactive Personality)的概念已开始走进人们的视野，并成为研究热点。所谓主动性人格是指个体采取主动行为影响周围环境的一种稳定的倾向。有研究者指出主动性个体与非主动性个体的区别就在于：主动性个体较少受环境的约束，而是主动改变环境，他们能识别有利机会，并采取一系列主动行为，直到他们能带来有意义的改变。而不主动的个体却表现了相反的特征：他们被动地对环境作出反应，消极适应环境，甚至为环境所塑造；他们无法识别机会，更不用说抓住机会来做出改变。

若将这种人格特质应用于学习中，对有主动性的学生来说，就表示他们会自发地采取积极的方式，通过克服各种障碍和困难，去完成工作学习任务并实现目标。其行为特征主要表现为自发、率先行动和克服困难三个方面。主动学习的个体会从中获得诸多好处，比如，会成为学习的主人，学习就变成了他自己的事，学习也是高效的；会利于开发他的潜能，养成良好的学习态度和学习习惯；能从生活和社会中获得更多的信息、知识和营养，成为一个富有创造性的人才等等。

测一测

本测试共32道题目，请在与自己情况相符的题目选项（“是”与“否”）上打“√”。

1. 上课老师提问时，我喜欢听同学回答问题和老师的总结。
（是　否）
2. 我的学习成绩比别人差时，就会感到难过。（是　否）
3. 做功课和接待朋友这两件事，我更喜欢后者。（是　否）
4. 每天晚上和星期日的学习时间，我都安排得井井有条。
（是　否）
5. 我觉得学习真是一件苦差事。（是　否）
6. 作业中遇上难题，我喜欢自己动脑筋思考去解决。（是　否）
7. 我很少预习。（是　否）
8. 假期里我也是每天学习，从不赶作业。（是　否）
9. 不感兴趣的课程，我就不愿花很大的精力去学。（是　否）
10. 我喜欢和别人讨论学习中的问题。（是　否）
11. 学习成绩好不好，我不在乎。（是　否）
12. 我听课时从不走神，总是尽量领会老师讲的内容和讲课的意图。
（是　否）
13. 我总是在考试前临阵磨枪。（是　否）
14. 即便是我特别想看的电视节目，在没做完功课前也不看。
（是　否）
15. 老师留的选做题太难了，我一般都不做。（是　否）
16. 就是想多学一点知识，考试不考试无关紧要。（是　否）
17. 我在学习上有忽冷忽热的毛病。（是　否）
18. 我喜欢琢磨习题的多种解法。（是　否）
19. 上课没听明白的问题，也不愿意问老师或同学。（是　否）
20. 我不埋怨老师讲得好不好，主要靠自己努力。（是　否）
21. 我喜欢解答能从教材中找到答案的问题。（是　否）
22. 偶尔一次考不好，我也不气馁，相信自己总会赶上的。
（是　否）
23. 我在学习时，有点噪音就学不下去了。（是　否）

24. 不管老师布置不布置作业,我都有自己的学习内容。（是　否）

25. 现在学习的东西,将来用不上,不是白学了吗?（是　否）

26. 平时有个小病小灾的,我从不耽误学习。（是　否）

27. 每次发下试卷,只要听明白老师的试卷分析就不再改正自己试卷中的错误。（是　否）

28. 当天的功课当天完成,我从不拖拉。（是　否）

29. 我不喜欢看课外参考书。（是　否）

30. 有问题时非弄个水落石出不可。（是　否）

31. 每天课后写完作业,我就觉得踏实了。（是　否）

32. 每次考试后,分析自己的试卷,找到知识中的缺陷。（是　否）

【评价与分析】

奇数项的题项回答“是”的记 0 分,回答“否”的记 1 分;偶数项的题项则是回答“是”的记 1 分,回答“否”的记 0 分;最后计算总得分,得分越高说明你的学习积极性与主动性越高,反之学习积极性与主动性越低。

资料卡

不愿主动学习是中国教育的大问题

两年前,上海 5000 多名 15 岁的学生参加了国际学生评估项目(以下简称 PISA)的测试,并取得了第一的成绩。近日,在北京大学附中的一场小规模交流会上,PISA 的创始人安德烈亚斯·施莱克尔(A. Schleicher)博士回应记者的提问时说,这个第一并不表示上海拥有全世界最好的教育体系。他肯定了上海教育的特色和优点,比如那里的学生很能学习,“但在学习动力方面存在不足，他们在空闲时间里往往不愿意主动去学习。”

从16年前开始，施莱克尔每年都会来中国。他看到很多中国学生都在高考的压力之下努力学习，但双眼所见没有影响他的判断。“如果没有高考的压力，他们还会愿意学吗？”他说，“怎么能够从向学生施加压力变成让他们愿意去学，这是中国教育面临的很大的问题。”他警告说，很多研究表明，如果学生在15岁时还没有培养起学习的兴趣和动力，他们以后就很难成功了。

观点意识

“学习主动性”应具备的主要特征

1. 自觉性与积极性。这是学生在一定内力驱动下的外显特征。自觉性是指无需外力强制而自愿的学习，这是学生自己觉悟到学习的意义而产生内驱力才能达到的；积极性是指在主体意识的驱动下，热心、进取地学习。前者主要是指一种意识、觉悟，后者是一种热烈的态度。要实现这一点主要是让学生觉悟到学习的意义和乐趣。

2. 自主性。这是指学生自己主宰自己的学习，“我的学习我做主”，这是主动性的核心特征。你教什么我学什么、你教多少我学多少、你问什么我答什么、你怎样教我就怎样学、你要我怎样学我就怎样学……这些都是教师根据自己的经验对学生学习过程与状况的预想和设计并通过外力强制而造成的，可能其中不乏教师很精妙引人的设计或讲解等，但本质上主要是“以教师为中心”的教学。在这种情况下，教学任务和目标更多的是依靠外力强制来执行的，现在中小学生的课业负担过重，主要是在教师为确保考试成绩的功利心理作用下，采取强制的大量机械重复练习所致。长此以往，学生离开了老师便不会学习，依靠着老师便没有了自己的思维、没了自己的个性、更没了创新，渐渐地失去了自我。

当然，自主学习并不等于自学，它需要教师有效地组织，也需要教师耐心精细地在自主学习意识、方向、方法及学科理论等方面的指导，即便如此也只能是指导而非指令。总的指导思想是教会学生学会自主规划、自主实践自己的学习。

3. 内化性。即心智活动的实践对象向头脑内部转化，由物质的、外显的、展开的形式变成观念的、内潜的过程。这是主动性的内在本质特征。放手让小孩自己学走路可能要走不少弯路甚至摔跤，但比总由大人搀扶要学得快些。我们自己的学习经历也证明，在主体通过想象等形成对客体基本面貌、特征等方面的认知基础上进而产生的理解、感受、思考、领悟是刻骨铭心的，其掌握和理解的效果要比外在的强制好得多，通过主体参与并内化才是主体自己的。

4. 生成性和创新性。生成性是指在内化的过程中或基础上，主体会在认知客体本身之外，衍生多少内容不一、程度不同的新认知、新解读、新发现、新目标、新疑问……但这更多的可能是孤立零散的生成，如果进而联想推理、探索求证，就可能形成有异于一般的完整性认知成果，这便是创新。当然，学生的生成和创新可能并不一定成熟，但我们更应做的是，使学生尽量不受教师和其他思维方式、固有结论的束缚，鼓励学生根据自己的理解思考去解读、评价，才可能更大限度地激发学生探究创新。当然教师对学生的认知作一般性的评价或必要的修正是必要的，但不要强制，应以平等的身份参与，这更利于学生的创新。

5. 独特性。既指学生学习过程、学习方法方式的独特，也指学习过程中得到的认识、形成的学习品质能力的独特，还指学生发展趋势的独特……因为每个学生都是独立的人，有独特的个性品质，是发展的人。这就要求教师必须充分尊重学生的个体差异，有宽容心，这也是人本主义的要求。

6. 实践性。既指学生积极地从社会实践中得到知识、能力、综合素质的培养，也指学生将课堂所学应用于、求证于、丰富完善于社会实践，还指学生的学习思考必须自己亲历亲为、不能被越俎代庖。陶行知先生说“生活即教育”，杜威说“由做事而学习”。

7. 持续性。保持学习注意力集中的一定持久性，持续的学习兴奋才能实现学习探究的丰富、深入和系统化，这是学生学习主动性的另一重要的外在特征。事实上，教学过程中急于赶进度的做法是"欲速则不达"的行为。

8. 有效性。这不仅是指在学生主动学习过程中，形成的学习品质、思维探究能力、科学民主意识与精神、道德品质、审美品质、价值观、世界观等等，也指学生学习的成绩反应。真正主动学习的学生，其考试成绩也不会差。更重要的是，主动学习过程中形成的学习品质和综合素质是终身受益的。

操作训练

【训练策略一】养成主动学习的心态

虽然有了积极的态度，也未必能保证每件事都心想事成、事事成功，但积极的态度肯定会改变一个人的生活方式，而坚持消极的态度则必败无疑。因此，对青少年来讲，要想在学习中做到积极主动，首要的任务就是必须养成主动学习的心态，即为了责任而学习，不为功利而学习，热爱学习，心存感激地学习。

1. 为了责任而学习

"积极主动"的含义不仅限于主动决定并推动事情的进展，还意味着必须对自己负责。责任感是一个很重要的观念，积极主动的人不会把自己的行为归咎于环境或他人。对自己负责的人会勇敢地面对人生，进取心也会很强。

◎读一读◎

学习优秀是我的责任

责任，一种担在身上无形的东西，它是命运之神牵系在每一个人身上的，逃也逃不掉，甩也甩不掉，只有勇敢去承担。

大千社会，每个人扮演着不同的角色，也承担着不同的责任。医生救死扶伤是他的责任，老师教书育人是他的责任，警察维护秩序是他的责任……而学习好便是我的责任。

学习好是我的责任。这责任是父母的望子成龙加注的吗？是。这责任是老师的赞扬肯定担上的吗？是。但这份责任更是自己内心带来的。它加大了心的重量、身体的重量，让我脚踏实地地踩着人生的道路，不要飘飘然，迷失自我。

这责任是逃不掉的。小时候，我曾一度很想逃，可它是逃不掉的。它如影子一般地跟着你。遇到一道难题，耳鼓里回荡着钟表滴滴嗒嗒的声音，它不紧不慢地走着。我不是不想停，可是大脑还是那样兴奋地处在思考中，手中的笔依旧在草稿纸上飞舞。霎时间，我猛然醒悟：这是责任，当你想回避的时候，心就会顽固地和你作对。

要担起学习的责任。说责任是不可摆脱的，那为什么不努力担起这个责任呢？古语云："有其言，无其行，君子耻之。"所以我们要言出必行，不枉青春的誓言，不枉老师的栽培，不枉父母的心血，担起学习的责任。

担起学习的责任是快乐的。当受到老师的热情表扬，同学们的真诚认可，家长的亲切赞许，就可以发自内心地体会到担起学习责任的快乐。那种快乐是无法用言语形容的，是心抹上了蜜糖般的甜蜜。体会到这种快乐不是尽了责任，而是责任的担子更加沉重，更需要持之以恒、锲而不舍地求知并努力担起它。

学习好是学生的责任，更是我的责任。我正在努力担起它。

2. 不为功利而学习

你学习的目的可能是为了考大学、找个好工作等等，但是比上大学、找个好工作更可贵的，是在学习中获得的珍贵的知识经验、良好的人际关系、才能的充分表现和人品的普遍认同等。这些东西与金钱相比，其价值要高出千万倍。但是，遗憾的是，当下越来越多的在校学生的学习趋向功利化，而功利化的学习会导致人的求知欲下降，是造成"厌学"的重要原因之一。

◎读一读◎

1998 年，由中国青少年研究中心、北京师范大学等方面的专家组成的"中小学生学习与发展"课题组，对 10 个省市 7474 名 10～18 周岁的中小学生及其父母进行了问卷调查。调查结果全面揭示了我国中小学生在求知、做事、交往和做人四个方面的进步和不足。这里我们选择摘录了部分调查结果,以飨读者。

只有4.3%的高中生因"喜欢读书"而上学。据这项研究发现:多数学生上学是为了"学本领",其次是为了将来"找个好工作",再次是为了"考大学"。因为"学校好玩"和"喜欢读书"而上学的比例都很低,在被调查的高中学生中,只有4.3%是因为"喜欢读书"而上学的。

本次调查设计了一道相关的题目"你为什么上学",据此来了解中小学生的学习动机。调查结果显示:多数学生上学是为了"学本领",但是选择这一答案的学生比例随年级增高而减少,从小学、初中到高中,依次为54.0%、44.2%和41.6%。这个结果一方面表明学生对学习价值的认识越来越突破家长或学校教育的影响,个性化的内容不断增强,但同时也反映了学生在学习过程中有可能过分关注知识的功利价值。相当多的学生选择了"为了找个好工作"而上学读书,其比例从小学13.4%,逐渐增加到初中的23.2%和高中的33.0%,这意味着随着年龄增长,学生对学习价值的认识越来越现实。

小学生以"为了考大学"为学习目的的人数比例超过了中学生,从小学、初中到高中,其比例依次为14.0%、8.2%、11.1%。由此可见,升学压力对小学生的冲击不可忽视。相比之下,更多的初中生是因为"我喜欢读书"而上学(10.7%),高中生在此项目上的比例只有4.3%。

在对家长进行的相关调查中,研究人员发现,49.2%的小学生家长、33.8%初中生家长和38.3%的高中生家长,希望孩子通过上学读书学习文化和生活技能,这一比例及变化的趋势与学生的选择基本相同。这表明两代人就此达成了共识。

此外,与学生的选择同样具有相似性的是:不到3%的中小学生家长表示因孩子"喜欢读书"而送孩子上学。这说明被调查的亲子两代人对教育与学习的关注,不是直接源于对知识的渴求,而是均带有某种功利性的认识。这实际上反映了"认知需要"缺乏的问题。学生无法从读书本身找到求知的乐趣,而是迫于某种压力去学习,学习过程就有可能使他们苦不堪言,学生们不选择因"喜欢读书"而上学也就不足为奇。

3. 热爱学习

要想在学习中做到积极主动，对学习投入积极的情感是必不可少的。因为只有热爱学习，才会有主动的学习行为。那么为什么生活中我们会发现身边好多同学、朋友好像都不喜欢学习呢？这其中的原因是多方面的，从个体自身的角度上看，对学习没有一个正确的认知是一个非常重要的原因。

学习是我们青少年的主要活动，通过学习可以将人类长期积累起来的丰富的社会历史经验和先进的科学文化知识转变为个体的精神财富；学习能够促进我们个体的智力、能力、道德品质、身体素质的发展。财富有两种，一种是物质财富，一种是精神财富。我们现在处在人生的准备阶段，我们要不断地丰富自己的精神财富，让我们变得有知识、有文化、有能力、有修养，等我们的精神财富积累到了一定的程度，我们就可以进入社会，就能够去创造丰富的物质财富。在创造物质财富的过程中又能不断地丰富自己的精神财富，实现人生的辉煌。从这个意义上讲，我们就应该热爱学习，因为学习会带给我们诸多好处。

◎读一读◎

1938 年诺贝尔物理学奖者费米（E. Fermi）小时候特别爱读书，接受能力很强，学校所开设的课程怎么也“喂不饱”他。他就去找“零食”——课外书来读。著名的露天市场每逢星期三就在百花广场开市，收藏家们常常会在这里发现古书、印刷品、艺术品以及各种各样的古物。费米也加入了收藏家们的行列，矮矮的个头每逢星期三就在百花广场上穿梭。他在这里收集到不少“宝物”，买到了很多物理学方面的书。

有一天，费米从百花广场带回论数学物理的两本著作，他告诉姐姐，他要马上读这两本书。当读到兴奋之处，他自语道：“这本书是多么有意思，你们一点儿也想象不出来。我正在学习各种波的传播！”“妙极了，它解释了行星的运动！”读到论海洋潮汐的循环一章时，他的情绪达到了顶峰。

当他读完全书，再次走到姐姐面前时，像发现“新大陆”似地说：“姐姐，你知道吗，这本书是用拉丁文写的，我还没有注意到呢！”姐姐摇摇头笑了。

费米的勤奋、好学和上进精神，深深地感动了邻居阿米迪教授。教授很快看出这孩子是块好“料子”，非常喜欢费米。

有一回教授半开玩笑地说：“费米，我给你出几道题做好吗？”

“太好了，您快出吧！”费米跃跃欲试。

教授自知题目显然高出费米的水平，并不期望他全部解答出来。可是令教授吃惊的是，一会儿费米就全部解答出来了。他缠着教授出一些更难的题目“过过瘾”，教授出了一些他自己还未解出来的题目给费米。奇迹出现了，费米居然又全部解答出来了！教授连连点头，赞赏不已，慨叹后生可畏。教授把自己所有的有关物理和数学方面的书，按合理的顺序一本一本地送给费米学习。费米如鱼得水，尽情地在物理和数学构成的知识的海洋里遨游。

老教授阿米迪的精心培养和帮助，给费米提供了在学术界初试锋芒的机会。中学结业时，他写了论文《论弦的振动》。这篇论文令主考的罗马工程学院的教授们都困惑不解，无法解释如此年幼的费米何以会有如此广博的知识和深刻的见解。

4. 心存感激地学习

在我们国家，学习有时候并不是你一个人的事情，它承载了太多的东西。从你出生起，父母就为你的教育而忙碌了。他们在你的学习上投入了过多的时间与精力，在你身上给予了较高的期望。除了父母之外，你的老师为你成长与发展也倾注了较多的心力；学校与社会为你健康的成长也提供了较好的学习环境……

我们不要把父母的养育视为理所当然，不要把老师的培养看做是应该的，不要把朋友的帮助看成是应当的，也不要把社会的关心当做是自然而然的。我们应该怀有感恩的心，怀有感激之情。

懂得感恩的人才会懂得珍惜。所以，有感恩的学生自然也就会努力学习,用优异的学习成绩报答父母的恩德,报答老师的培育,报答所有关心自己的人和社会。

【训练策略二】远离被动的习惯,养成主动习惯

被动学习的最大危害是让大脑分泌的肾上腺素下降,这导致大脑不能有效促进各种学习信息的吸收,进而导致学习效率低下。被动式学习的学生充其量也就只能成为一名普通学生,绝对无法成为一名优等生。因此,消极被动的习惯是积极主动的最大障碍。

1. 远离消极被动的方法:

(1)不要盲目听信人言,应冷静辨析、积极求证。

(2)不要让事情找上你,应主动对事情施加影响。

(3)不要习惯性地同意或追随别人,应当学会"有主见"。

(4)不要说"我办不到",要积极去尝试。

(5)用语言有意识地训练自己,要多学习积极主动者的讲话方式,在说话时多用"我……"的句式,多给自己决定的权力,少推卸责任,少埋怨。

2. 养成主动习惯的方法:

(1)立下好规矩。不以规矩,难成方圆。先立下一些好规矩,比如,上课不随便说话,放学后先做作业,每周只看 2 次电视等等。如果觉得自己实在管不住自己,最开始的时候,可以让爸爸妈妈监督你,时间长了,就会形成习惯。

(2)强迫自己完成学习任务。当该做的事没有做完,而你又想去玩的时候,不妨强迫自己坐下来,完成学习任务。这时你会发现,少玩一会儿并没有什么损失,而履行了自己的诺言,却能使你发现自己的"伟大",从而使心情愉快。

(3)逐步提高成绩,不断增强动力。一分耕耘,一分收获,你在学习中的努力一定能得到回报。优异的成绩是主动学习的动力,能让你尝到学习的乐趣。

当学习成为一种习惯时，主动性就形成了。问一问自己，对你来说，学习是否像吃饭、睡觉一样必不可少？如果答案是肯定的，说明你已经是个主动学习的好学生了。

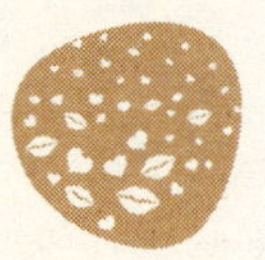

家教警语

营造积极氛围，没有孩子天生懒散

很多孩子在学习上都有犯懒的坏习惯，比如，作业马虎、赖床、不按照约好的时间看书、一回家就看电视等等，这是让很多家长为难的一个问题。难道孩子天生就是懒散的吗？答案是否定的，孩子的懒散是后天形成的，其中家长的助推作用不容忽视。作为家长，请您回想一下，您平时的所作所为，是否给孩子一个好的影响呢？你是否偷懒提前下班？你是否懒于运动？孩子要养成主动学习的习惯，作为家长来说，需要用自己的点滴行动，给孩子创造一个积极的环境，让孩子在日常生活中就有典范、模范可以模仿。

判断鉴别

心理多棱镜：在子女的学习上，你有过如下态度与行为吗？

请仔细阅读下面的描述，根据你的实际，在以下三个选项中作出选择。

1. 对孩子的家庭作业，您都要亲自检查，并进行帮助吗？

A. 从不　　B. 有时　　C. 经常

2. 您对孩子说“考试成绩排在班级前 10 名，我奖你一个玩具车”吗？

A. 从不　　B. 有时　　C. 经常

3. 您注意督促孩子的学习吗？

A. 从不　　B. 有时　　C. 经常

4. 在和孩子的交流中，您和孩子谈论学习问题吗？

A. 从不　　B. 有时　　C. 经常

5. 在学习上,你会给孩子制订学习计划吗?

A. 从不　　B. 有时　　C. 经常

【评价与分析】

在以上的描述中,你选择"C"的项目越多,越说明你在孩子的学习上过于关注、过于使孩子被动。孩子不主动学习的原因很多,重要原因之一就是家长太主动,以至于剥夺了孩子的主动权,使孩子失去了主动性。孩子习惯了一切由父母包办,再加之为了不引发冲突就听从家长摆布。其实,孩子这种被动实在是"无奈之举",他怎么会主动呢?他已经被剥夺了主动的权利。这样的孩子,恐怕不只是学习不主动,生活中的一切都是被动的,因为他已经不属于自己了。这种情况下,家长苦口婆心的开导已经失去效用了。但是,年长的孩子,很少有不明白学习的重要性,他不再需要家长的唠叨了。

启示录

让你孩子主动性增强的方法

1. 给孩子空间,让他自己往前走

婴儿当然喜欢生活在母亲的怀抱里,但是他不能永远这样生活。有这样一位母亲,孩子已经上小学二年级了,送他上学还要费力地背着他走,直到离学校几十米远的地方,因为怕老师看见,才不情愿地把孩子放下来……如此被母亲呵护长大的孩子,他的自主性从何谈起呢?做家长的,应根据孩子自身的特点和能力,扩大孩子自由活动的空间,如鼓励他自己找朋友玩,让他在这个空间里自己做主人。

2. 给孩子时间,让他自己去安排

不少家长以为,孩子还小,不懂得安排自己的活动。但如果成人完全包办了孩子的时间安排，孩子只是去执行，那么孩子的自主性就永远培养不出来了。

有一位父亲，他在孩子3岁多的时候，就每天给孩子一段他可以自由支配的时间，只要不出危险，孩子可以自己安排做他愿意做的事：玩，看电视，画画，拼图，或者什么也不干……无聊了，他最终还是会主动来找父母，父母就给孩子一些指导性的建议。长此以往，孩子便逐渐懂得了珍惜时间，学会了安排时间。

3.给孩子条件，让他自己去锻炼

培养孩子用拔苗助长这种违反客观规律的做法，肯定是要失败的，但采取消极的完全“顺其自然”的态度，也不利于孩子的成长。遵照客观规律，积极创造条件，让孩子去锻炼，这才是我们应该采取的正确做法。

有一位母亲看到5岁的孩子对洗碗感兴趣，就为孩子准备了一个小板凳，对孩子说：“我知道你特别爱干活，想自己洗碗，可是水龙头太高，你够不到，妈妈给你准备了小板凳……”孩子兴奋地喊着：“谢谢妈妈！”马上就登上小板凳高兴地学着大人的样子去洗碗了。

4.给孩子问题，让他自己找答案

孩子提出问题，成人通常的做法是立刻告诉他答案。这样看起来简单又省事，但这样的孩子长大以后，就不会想问题，总希望别人能提供现成答案。这直接妨碍了孩子在智力劳动上的自主性。

有一位家长的成功经验是：孩子问我字，虽然我认识，但我不告诉他，而是让他去查字典，以后，再有不认识的字，他也不来问我了，而是自己去查字典。

5.给孩子困难，让他自己去解决

俗话说：“穷人的孩子早当家。”生活在穷困家庭的孩子，恶劣的生存环境自然就为他准备了艰苦锻炼的条件。现在生活水平普遍提高了，家长应多想办法给孩子设置一些困难，让孩子去解决。孩子在生活中碰到困难，也要求他自己去解决，从而培养孩子应对未来的能力和意志。

6. 给孩子机遇，让他自己去抓住

人的一生会遇到不少机遇，但如果不善于把握，机遇就会和你擦肩而过。家长的任务应该是提供或指出各种机遇，启发孩子自己去抓住，培养孩子善于抓住机遇、参与公平竞争的能力。

一位小学生偶然同妈妈讲起学校要进行英语选拔赛的事情，妈妈就鼓励英语成绩不错的孩子争取参加，并告诉她，这是一个难得的机会，把握住一个机会就意味着在成功的道路上迈进了一步。在小学升初中时，这次比赛的成绩被作为一个重要的参考因素。孩子非常感激妈妈的提醒，以后很主动地在各种机会中表现自己。

7. 给孩子冲突，让他自己去解决

和成年人一样，孩子在一起也难免有冲突。解决冲突的过程，正是孩子健康成长、走向成熟的过程。当孩子向家长诉说自己遇到的诸如人际交往之间的矛盾时，家长应鼓励孩子去面对它，指导孩子自己去解决，而不是回避它，更不宜动辄由家长代替孩子解决问题。

8. 给孩子对手，让他自己去竞争

为了让孩子提高适应社会的能力，必须让孩子从小既学会合作，又学会竞争。有效的办法就是经常在他的身边树立一个友好的竞争对手。

有一个学生学习差，某阶段在班上竟成了倒数第一名。父母一再鼓励孩子不要灰心，要敢于和别人竞争，首先是和比自己稍好一点儿的孩子比，只要努力，赶上他没问题。在孩子取得胜利之后，父母又启发他寻找新的竞争对手，开始新一轮暗中的较量……

9. 给孩子权力，让他自己去选择

孩子的自主性在他的自主选择上表现得最为明显。但不少家长怕孩子选择错误，从来不给孩子选择的权力。这样的孩子长大后就不可能适应竞争激烈的社会生活。家长应主动给孩子选择的权力，并告诉孩子要对自己的选择负责。

有一位家长带孩子去少年宫报名，家长本来的意愿是让孩子学钢琴，可是却发现她在舞蹈组门口看得出了神，于是，家长尊重了孩子的选择，同时也提出要求：她对自己的选择要负责，一定要坚持一个阶段，把舞蹈学好。

10. 给孩子题目，让他自己去创造

创造是自主性的最高层次的表现。孩子的创造性不是自然而然产生的，同样需要家长的积极引导和巧妙激发。有一个孩子特别爱玩泥，而且能捏出一些花样来。于是家长主动给孩子买了各种各样的泥塑和橡皮泥，对孩子说："你要玩就好好学、好好捏、好好练，要有新点子。"在家长的鼓励下，孩子充分发挥自己的才智，初中毕业时，已经能轻松捏出栩栩如生各具特色的人物形象，并以此特长考上了工艺美术学校。

上述这些条件的创造，只是有利于发展孩子的自主性，在具体实践的过程中，家长还要不断和孩子进行良好、有益的交流，鼓励孩子，评价他的成果，提出新任务，使他的进步永不停止。

第二节　学习也需要质疑

学习的过程是由一个"无疑→有疑→解疑→无疑"不断循环往复的过程。学须善思，思后存疑，疑后问，问后知。所以，我们在日常生活和学习过程中，要善于思考，培养凡事问一个"为什么"的习惯。古人云："疑者，觉悟之机也。"一番觉悟，一番进步。小疑则小进，大疑则大进，无疑则不进。如果把书比作含金的矿石，要想提炼出黄金，创造出新的知识财富，就必须掌握善于思考的"炼金术"。一边读书一边思考，可以养成随时思考的习惯。学思结合，可以避免漏掉重要的知识，收到循序渐进、步步深入的效果。

诊断评价

吴航的好奇心强，喜欢探索，喜欢提问题，入学后更是有提不完的问题。上小学二年级时，他就提出课本中有两个字的用法不对，经老师核实查证确实需要更正。他爱读书但不畏书，即使是名家名著，他也敢提出自己的看法，并指出书中的不足。上中学后，面对数、理、化等学科，他的问题更是层出不穷，对于所遇到的问题，他直到通过查书、找材料、请教老师得到满意的答复才肯罢休。他的挎包里常放着一个问题册，遇到问题就一而再、再而三地查询，或通过实验验证，直到问题解决。对当今科学涉及的一些问题，他也敢于涉足，提出的观点虽十分幼稚，但有些见解还真有点儿耐人寻味。

◎想一想◎

与吴航对比一下，学习中的你是否也喜欢质疑？

◎问题探析◎

质疑不仅是思维的开始，正确的质疑往往还是成功的开始

质疑是经过较充分的分析后提出的疑问。善于发现问题，提出质疑，进行释疑是思维的批判性高的重要表现。质疑不仅是思维的

开始，正确的质疑往往还是成功的开始，纵观物理学史，每一个阶段的进展几乎都是从质疑开始的，例如古希腊的亚里士多德认为力是维持物体运动的原因，伽利略对此提出质疑，指出物体在没有受到外力时可保持匀速直线运动状态，后经牛顿进一步研究，总结出了牛顿运动定律，从而奠定了经典力学的基础。又如当爱因斯坦看到洛仑兹等人依据牛顿的时空观研究电动力学遇到了极大的困难后，对牛顿的时空观大胆质疑并提出了相对论时空观，从而建立了狭义相对论。再如爱因斯坦和玻尔领导的哥本哈根学派间相互质疑，引发了当时世界上大批物理学家、数学家、哲学家参与的科学史上有名的“大论战”，从而有力地推动了物理学、数学甚至哲学的发展。从以上事例可以看出质疑能力是多么重要，难怪爱因斯坦指出：“提出一个问题，往往比解决一个问题更重要。因为解决一个问题也许仅仅是一个数学或实验上的技能而已，而提出新的问题，却需要创造性的想象力，而且标志着科学的真正进步。”

测一测

本测验共有 7 道题，每道题都有 3 个备选选项，请根据自己的实际情况，在题目后选择一个选项。

1. 你学习中提问的频率如何？

A. 经常　　B. 很少　　C. 从不

2. 对所学的知识有过质疑吗？

A. 经常　　B. 很少　　C. 从不

3. 你希望老师经常给你提出质疑的机会吗？

A. 很想　　B. 不想　　C. 无所谓

4. 如果课堂上老师让你就某些观点或问题提出质疑，你一般会怎么做？

A. 主动举手提问，争做第一个提问的人

B. 等别人提问后再举手

C. 不举手提问

5. 在课堂上对于老师的提问,你属于以下哪种情形的较多?

A. 有欲望并主动提出问题

B. 有欲望,但不敢提问

C. 不愿意回答

6. 课堂上遇到某个同学不同意老师的观点时与老师发生争论,你的反应如何?

A. 被他敢于挑战老师的勇气感动

B. 也想参与其中,表达自己的观点

C. 觉得其行为很可笑,应该相信老师

7. 你认为向老师提问有必要吗?

A. 非常有必要　　　　B. 有必要　　　　C. 可有可无

【评价与分析】

选 A 的越多,说明学习中你有越好的质疑能力,选择 C 的越多,说明学习中你越少质疑.

资料卡

中国青少年的质疑能力现状

由中国青少年研究中心、北京师范大学等方面专家组成的“中国中小学生学习与发展”课题组的最新研究发现,从小学到高中,学生在课堂上主动答问题的积极性越来越低。调查结果显示:在上课遇到问题当场主动提问的学生中,小学生占 13.8%,初中生占 5.7%,高中生占 2.9%。

为什么课堂中质疑现象这么少?

为什么中学比小学差?而高中更差?

为什么中国的中学生年年能击败众多对手,但自从诺贝尔奖设立以来,没有任何一个中国高校的专家教授能获诺贝尔奖?成年人为什么不如中学生？

关键在从小对学生质疑的培养这个问题上！

观点意识

为什么中国青少年在学习中不喜欢质疑？

学生在学习中遇到困难、疑惑是一件极平常的事，但是很多学生在学习过程中对课本过于崇拜，对老师的话盲目接受，提不出疑问，即使有疑问，也不愿意去思考，不敢去质疑。是什么原因造成了这种教育现状，下面从三方面来简单分析一下。

1.中国的传统教育扼杀了学生质疑发问的激情。

在中国，学校的纪律历来是很严格的。上课的时候，老师就是权威，学生不允许插话，课堂死气沉沉，都是老师一个人在唱独角戏，偶尔的提问，还要采用统一规范的手势进行，不举手回答就属于违反课堂纪律。学校本身只注重文化课程的教授，而缺乏培养学生质疑、创新精神的课程。学生只钻在课本里面，很少去关心书本以外的世界，觉得书本以外的都没有用，这种重理论轻实践的学习方法会导致学生提不出问题，另外中国传统的教育，是以分数为核心的，恢复高考后，又以升学为目的，带有很强的功利性，忽视对学生综合素质的培养。这种教育培养出来的学生很多是高分低能，导致学习后劲不足，致使中国高等教育质量低劣。总之，中国传统教育，就像长在中国教育体制上的一个毒瘤，严格的纪律、古板的教学方式、畸形的教学内容等等，扼杀了中学生质疑发问的激情，使他们的学习变得被动，变得不会质疑、不敢质疑。

2.对家长的过分依赖限制了学生质疑能力的发展。

很多学生由于家长的过度溺爱，对家长的依赖性很强。家长

长期做替代角色，不让孩子自己动手，什么事情都由家长包办，在这些学生的心里，家长就是权威，不容半点怀疑，同学、朋友都比自己高明，对自己缺乏信心，不自信。这些学生在遇到问题的时候，只会逃避，即使有时候意识到了，也不敢去大胆质疑，他们的性格往往又比较内向，不善于与人沟通。在学习过程中又过于迷信书本，认为书本以外的都是错误的，书本怎么说就怎么做，自己根本不会去想为什么，也不去探讨这么说到底对不对，缺乏对问题的质疑，还有就是害怕提问，害怕自己说错了，老师和同学会嘲笑，这种过分依赖的心理限制了中学生质疑能力的发展。

3. 传统的“师道尊严”抑制了学生质疑精神的发挥。

在中国，传统观念就是“一日为师，终身为父”。师道尊严，就像绊脚石，抑制了学生求知、探知和主动质疑。在课堂上，老师始终把学生和自己定位为师徒关系，这种关系导致老师和学生之间存在很大的隔膜，学生不敢提问、质疑，学生绝对不能指出老师的错误。这种过于古板的关系，严重阻碍了老师和学生之间的沟通交流，使得学生不敢亲近老师，见面也是避而远之，严重违反了“教学相长”的规律，忽视了学生对于教学的促进作用。一些老师为了维护自己的角色尊严，不愿意承认错误，有时候上课出现的错误，也不愿意学生提起，反而去责怪学生，这样很容易伤害学生的自尊，使学生上课不愿意、也不敢发言；一些老师上课的强制性措施过多，对学生的要求过于严格，并且在教学中忽视对学生智力与非智力因素的培养，没有为学生创设深入思考、主动探索、大胆质疑的空间，使学生失去了学习积极性；一些老师为了完成自己预先设计的教学目标和任务，上课时不愿意学生打乱自己的教学计划。

操作训练

【训练策略一】甩掉“心理包袱”，培养敢问精神

“敢问”是一种良好的心理行为。古人云：“不愤不启，不悱不发。”我们在课堂上之所以不敢提问，可能会有诸多的顾虑，常见的顾虑就是“我提的问题恰当吗？”“我的问题太肤浅，同学会讥笑我吗？老师会批评吗？”等等。事实上，你细心地观察就会发现，这些顾虑完全是多余的。首先，老师根本不会批评你，反而会鼓励你。现实中，我相信多数老师向你们说过多问、敢问的好处，也表扬过那些敢于提问的学生，鼓励学生多问，所以担心老师会批评是多余的。其次，作为学生知识储备不够这是客观现象，既然知识储备不足，提出不恰当的问题也是正常的。最后，换位思考一下，如果你班里的某位同学经常向老师提问，与老师沟通，你会讥笑他吗？认真学习，不耻下问有错吗？可见，你心中的那些顾虑完全是自己臆想的。因此，我们要勇于摔掉这些“心理包袱”，培养自己的敢问精神。

◎读一读◎

质疑铺垫成长

某一天，一个十一岁的小女孩来到养蜂场玩，发现许多蜜蜂聚集在蜂箱上，翅膀没有扇动，却仍然嗡嗡地叫个不停。想起教科书和《十万个为什么》上关于蜜蜂等昆虫发声的原理，她不由得产生了怀疑书上说蜜蜂的嗡嗡声来自翅膀的振动，每秒达200次，如果翅膀停止振动，声音也就停止了。可现在蜜蜂的翅膀已经停止振动却仍然嗡嗡叫个不停，这声音到底是哪里来的呢？她问老师，老师说书上说的怎么会错呢？于是她把蜜蜂的双翅用胶水粘在木板上，蜜蜂仍然发出声音。她干脆用剪刀剪去它的双翅，蜜蜂仍然嗡嗡直叫。两种方法交替进行了42次，每次用去48只蜜蜂，结果和教科书的结论大相径庭。为了探求蜜蜂发声的秘密，她把蜜蜂粘在木板上，用放大镜仔细查找，观察了一个月，终于在蜜蜂的双翅的根部发现了两粒比油菜籽还小的小黑点，蜜蜂鸣叫时，小黑点上下鼓动。她用大头针捅破小黑点，蜜蜂就不发声了。她又找来一些蜜蜂，不损伤双翅，只刺破小黑点，结果蜜蜂飞来飞去，居然没有一点声音……一年以后，这个12岁的小女孩撰写了一篇科学论文《蜜蜂不是靠翅膀振动发声》，并在第十八届全国青少年科技创新大赛上荣获“优秀科技项目银奖”和“高士奇科普专项奖”。她，就是湖北省监利县黄歇口镇中心小学6年级的学生聂利。这就是我们同龄人向权威挑战的最好例子。

质疑激励进取

西方有一个古老的故事。国王添了一个可爱的王子，在给孩子洗礼的那一天，有12个仙女受上帝派遣前来祝贺，每一个仙女都带来了珍贵的礼物。第一个仙女带来的礼物是智慧，国王很高兴地收下了。第二个仙女带来的是珍贵，国王同样高兴地收下了。第三个带来的是力量，第四个带来的是财富，第五个带来的是英俊，第六个带来的是情感，第七个带来的是健康，第八个带来的是朋友，第九个带来的是爱情，第十个带来的是知识，第十一个带来的是关怀，国王都十分高兴地一一收下了。但是到了第十二个的时候国王愣住了，因为她带来的礼物是质疑。国王认为，我的儿子什么都不少，要什么有什么，怎么可能需要质疑呢？他毫不犹豫地拒绝了第十二个仙女的礼物，国王甚至对这个仙女有些不客气。随着岁月的流逝，王子渐渐长大了，继承了王位的他英俊潇洒、性格温和、身体健康，但是在他的心灵里，却少了由质疑带来的追求未来的雄心大志，没有因质疑而产生的要建功立业的抱负。对已经拥有的什么都不去质疑，从来都不想着改革创新，从来都不想着励精图治。久而久之，因为他每一天都处在知足满意的状态中，大臣们也都变得不思进取，他的国家变得越来越保守、僵化，不久就被邻国吞并了。这个故事告诉我们：只有当一个人的心灵里时刻存在着质疑精神，才会不断激励自己，超越自己。

质疑成就辉煌

享誉世界的日本指挥家小泽征尔，曾去欧洲参加一次指挥家大赛，决赛时，他被安排在最后。评委交给他一张乐谱，小泽征尔稍做准备就全神贯注地指挥起来。突然，他发现乐曲中出现了一点不和谐，开始以为主奏错了，就指挥乐队停下来重奏，但仍觉得不自然，他感到乐谱确实有问题。可是，现场的作曲家和评委会权威人士都声明乐谱不会有问题，是他的错觉。面对几百名国际音乐界权威，他不免对自己的判断产生了动摇。但是，他考虑再三，坚持自己的判断是正确的。于是，他大声说："不！一定是乐谱错了！"他的声音刚落，评委们立即站起来，向他报以热烈的掌声，祝贺他大赛夺魁。原来这是评委们精心设计的一个"圈套"，以试探指挥家们在发现错误而权威人士不承认的情况下，是否能够坚持自己的判断，因为，只有具备这种素质的人，才称得上是世界一流的音乐指挥家。在三名选手中，只有小泽征尔相信自己而不附和权威们的意见，从而获得了这次世界音乐指挥家大赛的桂冠。

通过这个故事，我们应该明白在日常的生活和学习中，要学会质疑，敢于质疑。面对自己熟悉或不熟悉的事物，都要善于去发现问题，思考问题并尽力去解决问题。尤其是在我们的学习中，我们对所学的知识要彻底弄个明白，对或者不对，都要能说出其中的理由，对别人的判断要去质疑，敢于阐述自己的见解和观点，而不能人云亦云，惯于附和。特别是对于自己不懂的知识更要多问几个"为什么"，不能似懂非懂，不懂装懂。

◎做一做◎

坚持"每日一问"

要求：在课外学习时，坚持每天提一个有思考价值的问题，写在自己的"每日一问"笔记本上，并请老师或同学答疑。

经过二十一天的训练后，看看自己是否有变化？

【训练策略二】制作问题卡，渐趋精品化

在课堂学习中，在教师的引导下，我们会产生许多大大小小的问题，纵观我们所提的问题，基本上可分两大类，第一类是能自行解决的，第二类是需要老师点拨才能解决的。课前，我们需要充分预习后记下这些问题，制作成"问题卡"，再给自己的问题进行归类，然后用相应的方法解决。每节课前，我们可在同学小组范围内展开"小问号在行动"的活动，即小组内进行质疑、思考、交流，思维碰撞后先自行解决一些问题，再整理问题卡上需要帮助的问题，准备课上交流。这样做的目的就是在我们的质疑—解疑—质疑的过程中，让我们提出的问题逐渐呈精

品化发展，自然而然地我们质疑探究能力也会螺旋上升。

【小组活动】

开展质疑比赛

活动要求：成员在 3 人以上；由老师或小组自定一篇文章，让大家读后质疑；在相同的时间里，比比谁提的问题多，谁的问题切中了要害，并要求大家自问自答，说出思考过程；活动可请老师或同学及时进行评议。

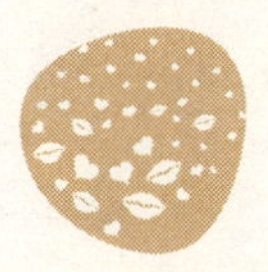

家教警语

孩子的质疑精神不要轻易扼杀

怀疑是一个新发现的开始，处在教育黄金期的孩子，心理上的发育还没有达到成熟的状态，但是他们在对外界进行怀疑和求证的过程中，将会获得宝贵的经验，哪怕是定论、权威，在孩子的眼中也是可以提出质疑的。这个过程，其实也是孩子进行求知和探索的过程，孩子将会在这个过程中一步步向真理逼近。因此，孩子这种质疑精神不要轻易扼杀。

判断鉴别

心理多棱镜：对待孩子的质疑，你是怎么做的？

请仔细阅读下面的描述，根据你的实际情况作出解答。

1. 你是否知道质疑对孩子发展的好处？

2. 如果你的孩子就某个学科知识点向你提出质疑时，你会不会与他进行耐心的交流？

3. 如果你的孩子每天都向你问一大堆“乱七八糟”的问题，你会不会感到厌烦？

4. 生活中，你鼓励过孩子在课堂上要经常向老师提问题吗？

5. 若你的孩子对你的建议或解答提出质疑，你会发火吗？

6. 生活中，你经常给孩子提供质疑的机会吗？

7. 对于孩子的质疑，如你无法回答，你会不会随便说些什么来敷衍他？

8. 对于孩子的某项质疑，你是否鼓励过他自我探索？

【评价与分析】

在以上的描述中，若在 1、2、4、6、8 项目上你回答的是“是”或“有”，在 3、5、7 项目上回答的是“否”，就说明你很注重培养和保护孩子的质疑精神，反之就是在扼杀孩子的质疑精神。

启示录

培养孩子质疑的习惯

古人云：“学贵多疑。”不疑不进，小疑小进，大疑大进，多疑好问，通过思考解决了问题就获得了知识，就长进了学问。

儿童其实生性是多疑的。因为他们对现实世界的认知有限，对什么都感到好奇，求知欲强，总爱问这问那，家长应针对孩子的这种好奇心，因势利导、不失时机地给予正确的引导和培养。

为了培养孩子的质疑习惯，家长要有意识地鼓励孩子多思多问。当孩子向我们提出问题时，应尽量给孩子以较圆满、正确的答案，并不失时机地肯定、表扬孩子爱动脑筋。答案和表扬一方面满足了孩子的求知欲，另一方面更激发了孩子的好奇心。如果孩子提出的问题较深奥，家长自己也不明白，或者有些问题的答案可能不健康，或不便于直接告诉孩子，遇到这种情况，也要正确处理，而不能打击孩子质疑的积极性。例如，对孩子提出的问题，如果家长一时给不出正确、合理的解答，切忌敷衍孩子而给他（她）一个模糊的甚至是错误的答案，这将严重贻误孩子。正确的做法应该是，谦虚地告诉孩子："你提的问题真好，但这个问题我也不懂，等我查完书再回答你，或者你自己查书找答案，好吗？"同时家长一定要把孩子的问题当回事，答应了帮孩子查找答案，就一定要尽快兑现承诺，这对孩子来说很重要。

我们除了尽量满足孩子的各种提问外，还应主动地、经常地向孩子提一些问题，引导孩子观察事物，发现问题，激发孩子的质疑兴趣和欲望。我们在向孩子提出问题时，要符合孩子的年龄和知识范围，问题不能提得过难或过易，不然都会挫伤孩子思考的积极性。在孩子靠自己不能得出结论时，家长可给予一定的暗示或提示。当孩子圆满地回答了家长提出的一个个问题时，他（她）会感受到成功的喜悦，并进一步激发求知欲。

对孩子的问题，家长应注意区别对待，不一定要一一作答。有的问题只要孩子自己动脑或查阅书籍就可以解答的，家长应鼓励孩子自己解决，并教给他（她）解疑的方法。例如，当孩子写作文或看书时，遇到不会写或不认识的字或不理解的词语，而向家长请教时，最好的办法是鼓励孩子去请教不说话的老师——字典，并让孩子明白一个道理：自己动脑筋解决的问题，比简单地获得一个答案更有意义。养成了习惯，既教给了孩子解疑的方法，又提高了孩子质疑的能力。

第三节　众人拾柴火焰高

智者千虑，必有一失；愚者千虑，必有一得。这个道理非常适合我们的学习生活。同学，乃共同学习之意。当我们要完成一项学习任务时，当我们要解决学习中的难题时，大家齐心协力，共同出谋划策，就能高效地解决问题，也能共享其中协作的欢乐。众人拾柴火焰高，要养成协作的学习方式，就要树立协作学习的意识，提高协作学习的能力，并付诸于实际的学习行为中。

诊断评价

大宝的小天地

大宝是一名中学生，在学习上，很努力、认真，成绩在班上算是中上等。大宝觉得自己是学习的主人，当在学习上有困难时，从来不找同学商量，也很少请教老师。当同学们一块解决问题时，很少能参与其中，他觉得那样会耽误他的时间。时间久了，大宝觉得学习就得靠自己，自己的付出才是学习好的根本。

可在同学的眼里，大宝却是一个不太爱说话、不与大家交流的人，整天在自己的小天地里学啊学。老师也已经找过他几次了，开导他要与同学一块学习，共同解决难题，进步也会更快些。可是大宝并不情愿接受老师的建议，他想不通，一块学习、共同解决问题，效率那么低，为什么要多协商呢？

◎想一想◎

在学习和生活中，你是否像这个故事中的主人公大宝那样生活在自己的小天地中呢？

◎问题探析◎

协作是一种态度，是一种能力，我们要学会如何与人协作。

可以说，故事中主人公大宝疑惑的本质在于他还没有树立协作学习的意识，更没有付诸协作的行动。不错，自己的努力奋斗，是学习成绩的根本保障。但是，学习靠自己，并不是把自己封闭在一个“小天地”中，而不与其他同学交流了。这样知识面难以拓宽，而且人际交往能力也得不到锻炼。何况大家协作完成学习任务，未必就耽误或浪费自己的时间。

在日常的学习和生活中，有些人具备良好的团队协作意识，也具有较高的协作能力，他们能够很好地融合到集体的活动中，在其中扮演一个符合自己特点的角色。而有些人则不善于和别人协作，需要共同完成任务时，常常与别人发生矛盾，不能合理接受别人的意见和建议，因而，有一种被“孤立”的感觉。

协作能力与态度不是天生的，而是在后天的环境中逐渐学习和提高的。当今，是知识爆炸的时代，一个人想学会或掌握所有知识，几乎是不可能的。因此，每个人都可能对某领域的知识比较擅长。只有通过协作，大家才能完成复杂的任务。所以，学会协作或合作，是当今社会的一项基本素质。

测一测

测试说明：在符合自己实际情况的选项上打“√”。

1. 我能与同学交流学习心得。

A. 从不这样　　　B. 有时这样　　　C. 总是这样

2. 我能融入课堂的小组讨论中。

A. 从不这样　　B. 有时这样　　C. 总是这样

3. 我能帮助其他同学解决问题。

A. 从不这样　　B. 有时这样　　C. 总是这样

4. 当我有困难而自己也确实解决不了的时候，会向其他同学“求援”。

A. 从不这样　　B. 有时这样　　C. 总是这样

8. 在共同的学习活动中，我能与大家共享信息和思想。

A. 从不这样　　B. 有时这样　　C. 总是这样

5. 其他同学乐意与我谈论学习问题。

A. 从不这样　　B. 有时这样　　C. 总是这样

6. 我知道每个人都有自己的长处和短处。

A. 从不这样　　B. 有时这样　　C. 总是这样

7. 对于别人的问题和求助，我不厌其烦。

A. 从不这样　　B. 有时这样　　C. 总是这样

9. 在共同的学习活动中，我能与大家共享欢乐和忧愁。

A. 从不这样　　B. 有时这样　　C. 总是这样

10. 在协作中，我能尽力发挥自己的长处，为大家作出贡献。

A. 从不这样　　B. 有时这样　　C. 总是这样

【评价与分析】

选 A 记 2 分，选 B 记 1 分，选 C 记 0 分。

0～12 分：说明你需要端正协作态度，有意识地去提高协作的能力；

13～16 分：说明你具备较好的协作态度和能力，但仍然需要继续努力，争取获得更大的进步；

17～20 分：说明你具备端正的协作态度和较强的协作能力，只要坚持下去一定会收到良好的效果。

资料卡

初中生合作精神的现状调查

为探究初中生的合作精神，华东师范大学的张玉梅于2007年采用自编的《合作精神问卷》对江阴某初中部的初一、初二、初三年级的学生进行调查，共发放问卷310份，收回308份。问卷调查结束后，研究者对部分老师和学生进行了访谈，调查结果如下。

从问卷调查的情况看，初中生的合作精神在总体上是好的，但也不可避免地存在着一些问题，突出地表现在以下两个方面：

1. 相当部分的学生合作精神不足。

问卷调查的结果显示，对于“自己的合作意识强不强”“自己是否善于与人合作”这两个问题，分别有57.8%、63.6%的学生对自己是肯定的，说明多数学生对自己的合作精神比较自信，但同时也要看到分别还有四成以上和近四成的学生对自己的合作意识和合作能力评价不高。

这点，在对教师和学生的访谈中都反映出来了。下面整理与一位班主任(胡老师)的访谈和与一位初二学生(曹同学)的访谈。

问：对目前学生合作精神的现状，你怎么看？

胡老师：总体来说，我对目前学生的合作精神不是很满意。在我的班级里，的确有部分学生有比较强的合作意识，能够关心班级，帮助同学，对班级事务也很热心，很负责任。但是也有相当部分的学生，我感觉比较自私，没什么集体荣誉感。比如说，教室地上有张纸，很多同学可以视而不见，无动于衷。有的学生让他捡一下，他甚至说：“又不是我的，凭什么让我捡。”在课堂上，有时我们也会进行合作学习，可我发现，很大一部分同学比较被动，不参与活动，不发表见解，完全和自己没关系。

问：曹XX，你认为你们班同学的合作精神怎么样？比如说同学们是不是能关心爱护班集体？同学关系怎样？有没有小帮派？同学之间能不能互相帮助？在课堂上进行小组合作式学习时是不是都能参与，协助完成学习任务？

曹同学：我认为我们班同学的合作精神还可以，大多数同学都挺关心集体。不过，也有一些同学喜欢打打闹闹，破坏班级纪律。同学关系在我看来还可以，听说有些同学会在背后说别人坏话，主要是女同学。小帮派有一些，主要是个别成绩不是太好的男同学，他们不大和班级其他同学打交道，他们喜欢玩游戏。同学之间大部分能相互帮助，有几个同学成绩好，但不肯帮助成绩差的同学。在课堂上，我们讨论或做实验的时候，总是有些同学不参加，在一边看着，甚至捣乱。

2. 合作意愿较强但合作交往能力较差。

在调查中发现，超过98%的学生认同合作的重要性，绝大部分学生具有较强的合作意愿，但在合作交往能力方面却是不容乐观的。很大一部分学生不善于与人交流，不能很好参与合作活动，包括文体活动、学习活动，有的学生是不知道怎样与别人合作。以下是两位科任老师对学生合作能力的评价。

问：在课堂上，当你要求学生进行小组合作学习时，学生表现如何？

潘老师：有时为提高合作的效率，我会鼓励学生自由寻求合作伙伴，共同完成任务。这时候要换座位，有的人兴高采烈，有的则不想“迁就”。几分钟过去了，往往只有一半的同学形成了组合，时间都被耽误了。要求他们合作、讨论，有的小组相对无言，有的刁、组成了“一言堂”，有的小组说起了“题外话”。最后，请学生发言，汇报讨论结果，几乎每节课发言的都是那几名学生，而且代表的都是自己的意见，并不是小组的共同意见。很多学生已经习惯于交出发言权。如果请学生对前面发言学生的观点作出评价，后面的学生很少有对他人意见的理解、分析。不光在行动上

缺少合作，在思想、见解上也难以达成合作。

孙老师：现在有许多孩子不是有些自卑，而是有些自大了，也就是那种自我感觉良好、自身估价不足的类型。他们会盲目的自信，认为自己什么都比别人强；什么事都能做好；无论在哪里，都以自己为中心。比如在实验课上进行小组合作性的学习，每个学生都抢着做操作的部分，而计时、统计等枯燥的工作却很少有人愿意去做。很多同学要求表现自己，却不知道要根据个人的特点、个人的长处来分工，争吵不休，往往导致实验难以进行。

观点意识

什么是协作学习

协作学习，也可称为合作学习，它是一种通过团队或小组的形式来解决问题、完成任务的一种学习方式。团队成员的协同工作是实现学习目标与完成学习任务的基本要素。团队中的成员为了达到协作的目的，要与其他成员，甚至其他团队的成员共享信息。在共享信息与协同工作的过程中，团队为了达到预期的学习目标，成员之间可以采用讨论、协商、争论等形式对问题进行充分论证，以期获得解决问题与达到学习目标的最佳方法。

学习中的协作活动有助于发展我们换位思考的能力、多角度分析问题的能力，也有助于提高我们的沟通能力以及人际交往能力，并有利于发展出良好的同学关系。另外，协作实质上是一种人际互动，其中表达了个人的情绪情感，也对成员情绪智力的改善有一定作用。可见，协作学习共享的不仅是解决问题的信息，还有解决问题的努力与完成任务的欢乐和愉快。

教育心理学研究表明，协作学习的方式有如下基本特征：

(1)小组有共同的学习目标。小组成员围绕特定的目标，展开合作。

(2)小组成员需要分工合作。为了达成目标，成员之间有比较明确的分工，同时又有比较良好的合作。

(3)小组成员共享信息。为了能实现分工合作，成员之间的信息共享是一个基本保障。

(4)小组成员进行积极有效的互动。在解决问题的过程中，成员有广泛的交流和沟通，不仅是知识和信息的沟通，也有情感的交流，例如，对其他成员的尊重与支持等。

(5)承认并尊重个体之间的差异。成员有差异，也就能互相取长补短。在协作学习小组，成员之间互相尊重，正视自己与其他成员的长处与短处。

(6)小组有教师进行指导。教师对小组进行合理的有效的指导，是协作学习的又一个基本特征。

操作训练

【训练策略一】要合作与共享，不要自我中心

合作与共享是协作学习的突出特色，是协作学习的灵魂。在协作的过程中，个人不能以自我为中心。可以说，自我中心与协作学习的理念背道而驰。知人者智，自知者明。在参与协作活动之前，或者在平时的学习与生活中，我们都要对自己的人格特点形成合理而客观的认识。自己是否是一个自我中心的人，是每一个成员应该反思的。

我们时常会发现有这样一些人，他们要求所有的人都以他为中心，恨不得让地球都围着他转，凡事都以自己的兴趣和需要为中心，要求人人为己，却不顾别人的处境和情绪。自我中心主义者很少能考虑和关心别人的感受，而且往往固执己见，唯我独尊。

按照瑞士著名的儿童心理学家皮亚杰(J. Piaget)说法，6～7 岁以前的儿童处于自我中心阶段，自我中心是这个阶段儿童思维的典型特点。一般而言，每个人都要经历自我中心的阶段，这是正常的发展过程。可见，儿童期的自我中心可视为儿童正常发展的表现。

但 7 岁以后，儿童就逐渐地摆脱自我中心思维阶段。青少年甚至成人的自我中心是一种不成熟的人格表现，或者说是一种人格缺陷。青少年的自我中心是个人在不良家庭环境中养成的。父母对子女的溺爱和绝对顺从，是一些青少年形成自我中心不良品质的直接原因。

青少年在人际交往中，如果为了满足自己的利益，处处维护自己的自尊，与其他人造成对立，最终只能将自己封闭起来，将自己与外界隔离开来，处于自我封闭和自我隔绝的状态。人都要加强自我修养，学会礼尚往来，学会控制自我的欲望与言行。在人际交往的过程中，必要时要作出点儿让步，退一步海阔天空。学会尊重、关心、帮助别人，别人也才有可能尊重、关心和帮助你，因为人际交往是双向互动的。

【训练策略二】树立全局观念，提高团队意识

协作学习要取得理想效果的前提是大家是一个团队，大家拧成一股绳，同心协力去完成任务。因此，协作学习的目标与评价首先是针对大家的，即这个团队或小组的。这就要求团队中的每个成员具有全局观念或整体意识，个人利益服从于整体利益，大家积极主动为总体目标贡献自己的一份力量。

◎问一问◎

1. 回顾与分析自己在学习小组中的表现，问自己：是否具有比较强烈的全局观念和团队意识？是否为小组目标的实现尽力而为？

2. 结合自己的回顾与分析，询问家长、老师、同学，倾听他们对自己在全局观念和团队意识方面的认识和评价。

【小组训练】通过小组讨论，更加明确团队精神的重要性。（4～6人为一组较适宜）

要求：查询各种资料和案例，就下面三个问题展开讨论，并写出小组讨论后的答案，然后与其他各小组交流分享。

●1. 哪些典型案例反映了团队精神的重要性？

______

______

●2. 在自己平时的学习和生活中如何发扬团队精神？

______

______

●3. 失去团队精神，我们会怎么样？

______

______

【训练策略三】学会分工合作，提高协作能力

为了完成团队的目标，成员之间无疑是要分工合作的。为了能实现良性的合作，我们每一个人都有很多事情值得去做。

第一，扮演好自己的角色。

人生就是一个大舞台，每个人都在舞台上表演，而且这种表演还是“直播”的，人生如戏啊！每个人都扮演着不同的角色。每个人在一个小组或团队中，根据自己的人格和能力特点，也会扮演着各种角色。为了表演能够继续，角色之间不能冲突，做到有条不紊的合作。同理，为了协作学习的进行，小组成员之间也必须分工合作，不能发生无谓的冲突和矛盾。

◎想一想◎

1. 在我该当主角的活动中，我是否扮演好了主角的角色？还有哪些值得改进的地方？

______

______

______

2. 在我该当配角的活动中，我是否扮演好了配角的角色？还有哪些值得改进的地方？

____

____

____

第二，有意识地培养协作的基本品质。

协作的基本品质对协作学习至关重要，其中宽容他人与换位思考是协作学习必须要具有的。协作的过程中，同学与同学之间不可避免地会发生一些矛盾或者摩擦，有思想火花的碰撞本身是好事，但是在这个过程中，我们心理上一时半会儿会难以接受对方的观点，甚至会觉得对方“不顺眼”。此时，就需要我们平时多加“修炼”，对别人的思想，甚至是错误的，也能宽容。在宽容的基础上，再想如何纠正同学的不正确的观点。我们与别人的矛盾往往是双方不能从对方的角度思考问题而造成的。此时，就需要换位思考。如果每个人都能认真地换位思考，很多不必要的麻烦会迎刃而解。己所不欲，勿施于人，希望每个同学能够做到这点。

3. 对别人的某项突出成绩，我是否真诚地赞扬过？

____

4. 对别人的某项缺点或失误，我是否真诚地包容过？

____

5. 自己是否经常从别人的角度思考他的所作所为？

____

【专家建议】

从小事做起，日积月累，养成协作的精神。

1. 对别人多赞赏，少挑刺。

2. 谦虚，不自吹自擂。

3. 认真、负责，不轻浮，不逃避责任。

4. 宽容大度，不嫉贤妒能，不嘲笑别人缺陷，不为小事而烦恼。

5. 培养兴趣与爱好，寻找共同话题，避免与人无话可谈。

6. 冤家宜解不宜结。

7. 常反省自身，知人知己，克服自我中心。

8. 自信，克服畏缩退却的习惯。

9. 有事好商量，反对独断专行。

10. 知错能改，不一错再错。

◎做一做◎

要求：结合自己实际，讨论以下四个问题，然后与小组同学交流分享。

●1. 搜集有关协作或者合作的名言警句，谈谈对它们的认识？

____

____

●2. 我是否主动参与到某个协作活动中去？

____

____

●3. 我是否就一直不能很好地融入到协作活动中，原因有哪些？

____

____

●4. 在以后的学习和生活中，为了能与别人协作，我打算怎么办？

____

____

【训练策略四】加强沟通，改善人际关系

协作的实质是一种人际互动，体现在人际关系中。因此，在协作团队之中，成员之间加强沟通，改善成员之间的关系，是我们要加强训练的重点之一。人际关系是指人与人之间在交往活动过程中直接

的心理上的关系或心理上的距离，它反映了个体或群体寻求满足其社会需要的心理状态。改善人际关系，可从以下几个方面入手。

第一，认清人际关系的阶段，合情合理进行交往。

美国心理学家奥尔特曼(L. Altman)和泰勒(D. A. Tay lor)根据交往双方的情感卷入水平、自我暴露水平的不同，描述了人际关系的建立与发展。他们将人际关系分为四个阶段：定向阶段，即对交往对象注意、选择、初步沟通；情感探索阶段，即自我暴露有所增加，而未涉及私密空间，遵守规则；感情交流阶段，即中度情感卷入，关系稳定，真诚评价；稳定交往阶段，即自我暴露广泛深刻，高度展开私密空间。

一般的人际交往常常经历从初级到深入的几个阶段，也有可能就停留在某个阶段，而不会深入发展。人际关系的阶段论告诉我们，在发展人际关系的过程中，在每个阶段就要表现出相应的行为，否则，会影响正常的交往。该自我暴露，该加大投入，而不这样做，关系难以深入；而过早自我暴露，提早加深投入，超越发展阶段，往往欲速不达。

◎想一想◎

1. 我与团队成员的关系大致处于哪个阶段？

____

2. 我现在的人际关系表现得如何？

____

3. 我打算如何根据人际交往的阶段论，改善人际关系？

____

第二，了解人际交往中的心理效应，知己知彼。

人际交往的过程中存在许多心理效应，常见的有以下五种：

1. 首因效应。人际交往活动中，我们会很重视开始接触到的信息(包括容貌、语言、神态等)。

2. 近因效应。最近一次交往的印象对我们的认识所产生的影响。

3. 光环效应（晕轮效应）。在交往的过程中，我们往往会从对方的某个优点而泛化到其他有关的方面，由不全面的信息而形成完整的印象。

4. 投射效应。在交往的过程中，我们总是假使他人和自己有相同的倾向，即把自己的特性投射到他人身上，从而形成对他人的印象。

5. 刻板效应。在人际交往中，我们有时会把对某一类人物的整体看法强加到该类的每一个个体上而忽视了个体特征。

【小组讨论】

请与团队成员讨论，这五种心理效应分别告诉我们什么道理，在以后的人际交往中，我们应该注意什么？

____

____

____

第三，从多方面增加吸引力。

1. 仪表。俗话说，海水不可斗量，人不可貌相。但在现实生活中，又有谁能做到这点呢？仪表因素在人际交往中，尤其是在人际交往的初级阶段，起到了重要的作用。我们不能不关注仪表因素。人的身高长相是遗传的，有的人天生丽质，有的人则稍逊风骚，然而，人靠衣裳马靠鞍。我们可以通过服饰、化妆来美化自己。当然，服饰和化妆都是外在美。关键的还是要自我修炼，如多读书、多思考，来增加内在美，修炼自己的气质，腹有诗书气自华嘛！

2. 能力。我们一般都喜欢能力比较高的那些人，和他们在一起，我们有可学习的地方，当我们有困难的时候，他们也可伸出援助之手。然而，心理学研究表明，一个能力过高的人未必会受到大家的喜欢，原因可能是大家敬而远之。所以，一个能力高的人，再加上平易近人的性格就能使较多的人喜欢。

3. 品格。如果一个人仪表确实漂亮，能力也不错，但是品行很差，这给人造成的反感可能会更大，因为仪表、能力与品格的反差很大。积极的品格有善良、真诚、热情、大方等等。

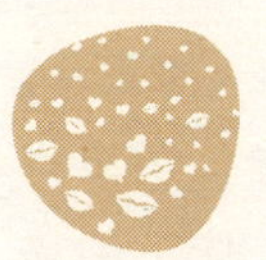

家教警语

孩子的协作精神，需要家长的引导

孩子的协作精神与协作能力是自小养成的，青少年时期同样是养成协作精神与培养协作能力的重要时期。作为家长，要有意识地引导孩子融入到其他同伴、同学的活动中。在现实生活中，有些家长对子女有过度保护的倾向，然而对子女的过度保护并不利于子女的健康成长。孩子小时候，要引导孩子与其他小朋友分享吃和玩的东西；在青少年时期，则要鼓励孩子与其他同伴合作完成某项任务。

判断鉴别

心理多棱镜：你关注孩子的协作能力了吗？

请家长朋友仔细阅读以下题项，在符合你的实际情况的题项后的括号内打“√”。

1. 常常通过生活中的小事鼓励孩子学会分享。（　　）
2. 时常鼓励孩子与其他伙伴一同玩耍。（　　）
3. 当孩子与其他伙伴发生矛盾时，能有效地调解。（　　）
4. 有意识地让孩子积极参与各种家庭活动。（　　）
5. 当孩子回避协作时，能鼓励孩子走出自己的小天地。（　　）
6. 经常会关注孩子与人相处的情况。（　　）
7. 能通过书籍、电视、网络等媒体让孩子了解合作的重要性。（　　）
8. 孩子做错事能分析其原因，避免重蹈覆辙，而不是一味谴责。（　　）

9. 常引导孩子学会宽容，并以身作则，克服斤斤计较。（ ）

10. 鼓励孩子当众说话、活动等，自己也起到带头作用。（ ）

【评价与分析】

在以上测验题中，你选择的项目越多，越说明你在引导孩子协作方面做了越多的工作。否则，就需要加强对孩子协作精神、能力的培养与引导了。

启示录

协作学习，离不开家长的引导与鼓励！

协作学习的主体是参与其中的学生。在协作学习过程中，学生的主动性、积极性更大，大家齐心协力，共享信息，共享情感，最终每个人都共享自己的力量，并学到个人单独学习所学不到的知识。但是，只有学生的参与是不够的，家长的引导和鼓励是非常必要的。

那么，作为家长，应该通过哪些手段来培养孩子的合作意识与能力呢？

1. 家长应该努力为孩子树立合作的榜样

通常，父母在孩子心目中有着很高的威信，他们的一言一行都在潜移默化之中影响着孩子。如果成人之间能分工合作、互相配合，无形之中就会为孩子提供积极的榜样。

2. 引导孩子多与善于合作的同伴学习或玩耍

家长应有意识地引导自己的孩子与那些合作能力强的孩子一起游戏或学习。

3. 应为孩子创造合作的机会

在日常生活中，家长应该想办法为孩子提供与同伴合作学习或游戏的机会，让孩子在实践中学会合作。比如，可以让他们互相帮忙，一起完成一些事情等。

4. 家长应教会孩子合作的方法

没有方法，孩子想合作也只会有心无力。比如，在孩子们开始游戏之前，可以告诉他们：大家应一起商量，分工合作，遇到矛盾协商解决问题；当玩具或游戏材料不够用时，应相互谦让、轮流或共同使用；当同伴遇到困难时，要主动用动作、语言去帮助他；当自己遇到困难无法解决时，可以主动找朋友帮忙等等。

5. 要让孩子体会到合作的积极效果

孩子之间的合作常常会给他们带来许多的愉快，比如活动成功、友谊增进等，而且这些收获对巩固、强化孩子的合作意识进而产生更多的合作行为是极为重要的。但是孩子自己却很少能明显感觉到这些，这就需要家长们在看到孩子与同伴一起友好玩耍时，注意引导他们感受合作的成果，体验合作的愉快，以激发他们进一步合作的动力，使合作行为更加稳定、自觉。

第四节　直面学业中的挫折

法国著名思想家伏尔泰说过：“人生布满了荆棘，我们想的唯一办法是从那些荆棘上迅速跨过。”通往学业成功的道路上不可能一帆风顺，挫折在所难免，而人生正是在不断认识挫折、战胜挫折的过程中成长和发展起来的。可以说，学业挫折是人生不可或缺的一部分。既然学习的过程中遇到挫折是普遍现象，那你是怎么应对的呢？

诊断评价

同桌的你

小文的学习成绩很好，不仅在同学中有威信，而且也受到老师的偏爱，时间长了，自己“只能好不能差”的心态越来越强烈。但是有一次考试失误了，她感到十分苦恼。小文的同桌小童在学习上很努力，但是成绩总是上不去，他为此心烦意乱，有时干脆泡网吧，有时甚至想退学，对学习“闻而生畏”……

失落的小洋和小强

小洋是一个13岁的漂亮女孩儿，上小学的时候有三学年都被评为三好学生，小升初的时候她在钢琴、舞蹈等方面都被给予加分奖励，现在在某市最好的中学读初一。但是现在她却总是心情沮丧、郁闷，厌学情绪凸显。在同心理辅导老师谈心时，她告知自己绝望的原因：“自从进入中学后，我就被压得踹不过起来，那么多的科目，烦死了，真的好难适应。”小强比小洋高一年级，现读初二，成绩排名班级前五，是老师和同学心中的好学生。初二新加了物理让小强倍感头疼，他对物理毫无兴趣，即使强迫自己学习还是没效果……

◎想一想◎

在学习上你是否也曾有过小文或小童一样的经历？面对学业求胜心切，对失败缺乏心理准备，一旦受挫便倍感苦恼。内心希望搞好学习，但是通过努力仍然达不到理想的成绩，屡次受挫便习以为常，听之任之，不再进取……

在学习中你是否也曾像小洋或小强一样遇到类似的困惑？升学让你无从适应，偏科让你心力交瘁，学习给你带来了失落、紧张、自卑，受挫感强烈。你是否会选择默默地独自承受学习带来的心理挫败，或者你想法设法过关斩将……

上述同学的问题到底出在什么地方呢？

◎问题探析◎

学业成功者，必然具备很强的耐挫力，不会被偶尔的失败击倒。

在面对挫折的时候，有的人会勇于接受挑战，坚忍不拔，进一步激发其心理能力；有的人则悲观失望、精神崩溃。心理学上把人能承受打击的能力称为"挫折容忍力"。挫折容忍力强的人，遇到挫折能保持心理健康，仍能发挥自己良好的适应能力。挫折容忍力是保护人的心理健康的一道防线。案例一中的主人公就是挫折容忍力比较低的人。当然有了较强的挫折容忍力并不能保证你就一定会战胜挫折，这还需要具备一定的挫折应对能力。案例二中的主人公就是挫折应对能力低的人。

学业挫折对学生的影响既有消极的一面，也有积极的一面。挫折的作用，对我们而言，是消极还是积极，关键还是看自己怎么处理。

由于知识经验的不足和抗挫折能力较弱，学业挫折带给学生的消极影响表现在：在生理上经常会产生头晕、恶心、失眠、困倦、乏力等；在心理上经常产生烦躁、沮丧、抑郁、恐惧、淡漠等；在行为上则表现为退缩、拘谨，或攻击、破坏等极端行为，这对后继的学习产生较大的影响。

然而，如果能通过自己的意志力去战胜挫折，它就成了我们通往成功的铺路石。古往今来，那些取得成就的人，大多都是在充满挫折的人生道路上奋斗不息，最终成功的。而他们的成功，离不开的就是耐挫力。

我国著名的心理学家燕国材指出，耐挫力包括两个层次：一是挫折容忍力，就是忍受挫折、不肯退让的一种心理力量。一个人若能容忍挫折，就一定会提高耐挫力的水平。二是挫折超越力，就是摆脱挫折、积极进取的一种心理力量。当一个人遭受挫折后，不要单纯容忍，还应当面对困难、保持希望、树立信心。以便化消极为积极、变被动为主动。从容忍挫折到超越挫折，体现了一个人健康、成熟的心理状态。

测一测

一、请你按“是”“不是”和“不置可否”三种答案进行回答。

1. 你是否不计较别人对你的讲话态度？
2. 你是否经常将自己的失败归罪于客观原因？
3. 你是否对别人的批评尤其是大庭广众的批评耿耿于怀？
4. 你是否乐意看到同你关系不好的人取得好成绩？
5. 你是否欢迎原先不如你的人如今超过了你？
6. 你是否妒恨成绩不如你的人得到老师提拔？
7. 你听有人讲你的坏话能否一笑了之？
8. 你和别人争吵后，是否常常越想越气？
9. 你是否原谅别人不自觉的过失？
10. 别人讲话刺伤了你，你是否一定要回敬几句？
11. 你经常在同学面前夸耀同学所取得的成绩吗？

12. 你与同事相处是否信奉“人不犯我，我不犯人；人若犯我，我必犯人”？

13. 你的学习能力不如你们班第一名吗？

14. 同学是否指责你为人过于敏感？

15. 你是否认为没有必要对伤害你的人进行报复？

16. 你想起很久以前的学习上受到过的不公平仍会忿忿不平吗？

17. 你愿意同以前和你有过矛盾的人一起讨论学习吗？

18. 你认为老实人在学习中经常吃亏吗？

19. 别人对你的亲疏，你是否看得很轻？

20. 你是否认为比你成绩差的人对你的批评是一种冒犯？

21. 你是否常认为老师对你的批评是出于成见？

22. 你是否感到你在学习上努力没有得到赏识？

23. 你主张与同学相处中宁肯自己吃亏，也要搞好关系吗？

24. 你和同学经常为了点小事而争吵不休，是不是？

25. 你是否认为互谅互让是同学相处的重要准则？

26. 同样的答题方法，老师给同桌的分数高些，你是否经常嘀咕不休？

27. 你认为考试出现失误是难免的吗？

28. 当你看到最好的朋友同别人在一起说笑，就感到不快吗？

29. 你认为任劳任怨是为人的美德吗？

30. 你是否希望对手的成绩越差越好？

【评价与分析】

凡奇数题，答“是”得 2 分，答“不是”为 0 分，答“不置可否”为 1 分。凡偶数题答“是”为 0 分，答“不是”为 2 分，答“不置可否”为 1 分。

如果总分在 50 分以上，则容忍力很大；在 40～50 分之间，容忍力可以，但在有些方面，相对脆弱些；在 30～40 分之间容忍力不大；30 分以下，容忍力很小，总是怨天尤人，而且试图还击或报复别人，情绪总感到压抑。

二、本测验共有 14 道题目，每个题目之后，附有三个选项。请你根据自己的实际情况，选择相应的选项。

1. 在过去的一年中，你自认为在学习上遭受挫折的次数(　　)。

A. 0～2 次　　B. 3～4 次　　C. 5 次及以上

2. 在学习上，你每次遇到挫折时(　　)。

A. 大部分能自己解决

B. 有一部分能解决

C. 大部分解决不了

3. 你对自己才华和能力的自信程度是(　　)。

A. 十分自信　　B. 比较自信　　C. 不太自信

4. 你对学习方面的问题，经常采用的态度是(　　)。

A. 知难而进　　B. 找人帮助　　C. 放弃目标

5. 有非常令人担心的事时，你会(　　)。

A. 无法学习　　B. 学习照样不误　　C. 介于 A 与 B 之间

6. 碰到学习的竞争对手时，你会(　　)。

A. 放弃竞争　　B. 积极进取、赶超　　C. 介于 A 与 B 之间

7. 面临学业失败时，你会(　　)。

A. 破罐破摔　　B. 使失败转化为成功　C. 介于 A 与 B 之间

8. 学习进展不快时，你会(　　)。

A. 焦躁万分　　B. 冷静地想办法　　C. 介于 A 与 B 之间

9. 碰到学习困难时，你会(　　)。

A. 失去自信

B. 为解决问题而动脑筋

C. 介于 A 与 B 之间

10. 学习中感到疲劳时会(　　)。

A. 总是想着疲劳，脑子不好使了

B. 休息一段时间，就忘了疲劳

C. 介于 A 与 B 之间

11. 学习条件恶劣时，你会(　　)。

A. 无法学习

B. 能克服困难继续学习

C. 介于 A 与 B 之间

12. 学习受挫、产生自卑感时，你会（　　）。

A. 不想再学习

B. 立即振奋精神去学习

C. 介于 A 与 B 之间

13. 老师给了你很难完成的任务时，你会（　　）。

A. 敷衍了事　　B. 千方百计干好　　C. 介于 A 与 B 之间

14. 在学习上，有困难落到自己头上时，你会（　　）。

A. 厌恶之极　　B. 认为是个锻炼　　C. 介于 A 与 B 之间

【评价与分析】

1～4 题中选择 A、B、C 分别得 2、1、0 分；5～14 题中选择 A、B、C 分别得 0、2、1 分。将各题得分相加，算出总分。

若得分在 19 分以上，说明你是一个足够坚强的人，对于挫折打击有很强的承受能力。若得分在 9～18 分之间，说明你对某些挫折打击有一定的承受能力，但是你在遇到某些挫折的时候仍然会表现出脆弱。若得 8 分以下，说明你需要加油了，你的抗挫折能力较弱。经受过挫折，才会前进，蜜罐里的你是长不大的！

资料卡

调查显示：初中生的心理耐挫力水平一般

学业压力是中国中学生最主要的压力源，是中学生心理健康方面存在的三个问题之一。在中小学生的日常生活压力中，至少有 50%以上来自学业方面。西南大学心理学教授陈旭于 2004 年的研究指出，中学生学业压力源主要来自任务压力、时间压力、他人要求压力、挫折压力、竞争压力、他人期望压力、成绩目标压力、环境压力、自我发展压力等九大方面。那么，在这些学业压力面前，当代青少年的表现如何呢？

江西理工大学的肖海彦于2009年针对赣州和开封两地共6所初中学校，共511名初中生心理耐挫力状况的调查发现，占一半以上(56.6%)的初中生心理耐挫力处于一般水平，有4.1%的初中生心理耐挫力较差，心理耐挫力强的初中生也仅占39.3%。总体而言，我国初中生的心理耐挫力水平还是不错的，大多数初中学生能够经受生活的挫折，及时调整自己的情绪，正常的生活和学习，能够较好地面对和处理生活和学习中的矛盾，但是还存在一些不容忽视的问题。

第一，意志力薄弱。意志力是与克服困难相联系的，克服困难是意志力的最重要特征，人只有在实现预定目的的过程中，遇到困难能坚定、深思熟虑地以行动加以克服，才显示出意志力的作用。调查中有10.6%的初中生经常采取“试图休息或休假，暂时把问题(烦恼)抛开”；有6.1%“试图忘记整个事情”；有18.6%“依靠别人解决问题”。这说明有的初中生在遇到挫折时，意志力薄弱，不敢面对现实，消极躲避，不敢正视挫折。

第二，接受不了师长的批评指导，很难自我调适。在学习和生活中，老师的教导和家长的批评是关心和爱的表现，但有的初中生自尊心强，不能理解，接受不了批评的打击，产生挫折感，便出现诸如：失眠、焦虑不安、逃学、离家出走，有的甚至自杀(伤)或杀(伤)人等心理失常现象。这些现象说明有的初中生在遇到挫折时不能自我调适情感。

第三，面对挫折时倾向于消极应对。调查中有14.9%的初中生在遇到挫折时采取“认为时间会改变现状，唯一要做的便是等待”；有16.8%采取“接受现实，因为没有其他办法”；有4.5%的初中生经常采取“通过吸烟、喝酒、服药和吃东西来解除烦恼”；另

有25.2%的初中生经常采取"幻想可能会发生某种奇迹改变现状"。

观点意识

学业挫折的原因及表现形式

（一）学业挫折的原因

在学习过程中，我们往往会遇到很多的困难和挫折，它就像小孩学走路摔跤一样，是不可避免的，不必害怕更不要逃避。从心理学的角度看，学业挫折是指学生在学习活动中遭遇挫折而产生的消极情绪体验，如在课堂中不能理解老师讲课的内容，被老师忽视，答不出老师的提问，作业出现错误，达不到预定的名次，不能考取理想的分数或学校等而产生的焦虑、沮丧、苦闷、抑郁、不安和恐惧等等。

学习中遇到挫折的原因，大致有两个方面：

第一，外部环境原因。又可分自然环境、社会环境和学习环境。(1)自然环境是指无法克服的自然现象，所谓"天灾人祸"，如地震、台风、瘟疫等。(2)社会环境是指人在社会生活中所遭受到的政治、经济、教育、道德、宗教、风俗、习惯等人为因素的限制。(3)学习环境是指学习的处所及周边影响因素，如校风校貌及学校周围环境。在现代社会，社会环境和学习环境对人所产生的阻碍，往往比自然环境多得多，其影响也更深远。

第二，内在机制原因。包括生理条件、心理状况和目标冲突。(1)生理条件是指个人的智力和生理上的某些缺陷所带来的限制。如痴呆的人学习成绩不可能比生理正常的好；聋哑的人英语听力不可能比耳朵正常的强。(2)心理状况是指个人所具有的认知、感觉和理解能力，以及其意志力程度等。理解能力好，意志力强的人，肯定较少遇到挫折。(3)目标冲突是指个人在学习过程中，经常同时产生两个或两个以上的目标，假如这些并存的学习目标无法同时得到满足，或者相互对立、排斥，其中某一个实现了，其他则受到阻碍，产生难于取舍的矛盾心理。

（二）学业挫折的表现形式

由于每个人的心理承受能力不同，自我调适能力不同，挫折后各人会有不同的行为表现，可分为理智反应和非理智反应两大类。

1. 理智性反应表现

学生在遭受挫折后，能采取积极进取的态度和妥善的处理办法，通过调整目标等来对付挫折。如一部分学生对“考试失败”能采取“寻找自己失败的原因，再作努力”的态度，一部分学生对“某种上进的愿望不能实现”采取“不气馁，以实际行动来争取”的态度。

2. 对待挫折的非理智性反应表现

(1)攻击。有些学生遭受挫折后，心理紧张，情绪激奋，一旦失去控制，很容易发生攻击性行为，这种攻击反应可以分为直接攻击和间接攻击。直接攻击是指对自己受挫的人采取嘲笑、谩骂、殴打和行凶杀人等行为。间接攻击就是指由于无法对使自己受挫的人直接加以攻击而发生变相攻击，一般是以寻找“替罪羊”的形式出现。

(2)焦虑不安。这类学生遇到挫折时，内心变得焦虑不安，困惑不已，情绪极不稳定，生理上也出现了头昏、冒冷汗、心悸脸色苍白等反应。

(3)自卑。这类学生遇到挫折就会全盘否定自己，认为自己没有用，感到心灰意冷。如有不少学生在考试失败后首先怀疑自己的能力，在受到老师批评和不被同学欢迎时也感到没有自信。

(4)逃避和推诿。这类学生以逃避的方式对待挫折。如有的学生因老师请其父母到校共同商量教育他的方法或者犯了错误害怕批评而离家出走;还有的学生感到预定目标难以实现,前途渺茫,又没有精神寄托,便逃避现实,放弃努力。

(5)吸烟酗酒或上网游戏等消极形式。有些学生在遇到挫折时约同学到无人处或酒吧吸烟酗酒来排除烦恼或发泄不满、消除郁闷,以求在精神上的慰藉。还有的学生在心里苦闷或烦恼时偷偷到网吧上网打游戏,从中得到乐趣来消除烦恼,但时间一长既影响学习,又不利于身心发展。

操作训练

【训练策略一】学会合理认知,理性应对挫折

挫折是个常见的心理现象,会带给人一种沉重的心理压力和精神负担,是不可避免的。在学习中由不同程度的挫折而造成的后果有利有弊,关键看自己如何去认识去把握。挫折与成功是相辅相成的,所谓"失败乃成功之母"是从积极方面而言的,它可以使人增强解决问题以及适应环境的能力。一帆风顺、梦想成真的事不仅过去没有、现在没有、将来也不会有。挫折可以成就你的学业人生,它一方面带来心灵的煎熬与痛苦,另一方面它又可以利用和转化。学会合理认知,理性应对学业挫折,将会成为你走向新天地进入新境界的起点。我国历史上忍辱不屈的军事大师孙膑处逆境身残志坚,而后有《孙膑兵法》一书闻名于世,越王勾践卧薪尝胆十年之后一举灭吴报仇雪恨,司马迁遭宫刑之辱发奋著《史记》而彪炳千秋……诸多史实都证明了这一点。

◎读一读◎

从前,一个老太太有俩儿子,大儿子卖草鞋,二儿子卖雨伞。天晴时，她担心二儿子的雨伞卖不掉；下雨天又担心大儿子的草鞋不好卖。总之，她每日都满面愁容！后来，有个邻居发现了这个情况。邻居告诉老太太，大可不必这样，你反过来想想，晴天时，大儿子的草鞋卖得好；下雨时，二儿子的雨伞卖得好。老太太听了邻居的话，以后天天都过得很开心。

在面对失败与挫折时，你能否像老太太的邻居那样，换个角度思考问题，多从正面来看待学习中的不如意呢？

【训练策略二】加强意志锻炼，提高耐挫力

意志是指人自觉地确定目标，并根据目标调节、支配自身的行动，克服困难，去实现预定目标的心理过程。意志力可被视为一种能量，而且根据能量的大小，还可判断出一个人的意志力是薄弱的，还是强大的；是发展良好的，还是存在障碍的。著名印度诗人泰戈尔(R. Tagore)说："在坚强的意志面前，一切都会臣服。"美国的哲学家罗伊斯(M. Reus)这样说："从某种意义上说，意志力通常是指我们全部的精神生活，而正是这种精神生活在引导着我们行为的方方面面。"可见，加强意志锻炼对提高抗挫折能力有非常重要的作用。

◎问一问◎

1. 问自己：在学习上有坚强的意志力吗？回顾你是如何通过坚强的意志力战胜学习上遇到的困难的。

2. 结合自己的回顾与分析，询问家长、老师、同学，倾听他们对自己在意志力方面的认识和评价。

◎读一读◎

锻炼意志力的九种方法

1. 每天都要做一件自己不愿意做的事。只有先做自己不愿意做的事，才有资格做自己愿意做的事。

2. 把每一件小事做好，做完美！只有这样的人才可能把大事做好，

做完美！比如说，扫地就要把桌子底下、窗底下也打扫得干干净净！

3. 刷牙一定要刷够三分钟！中国人的牙齿健康状况是世界倒数的。牙齿的疾病会导致全身的疾病！

4. 每天要坚持读一篇较难文章！读难的文章不仅对智商有很大的提高，对情商也有巨大的提升！如果青少年能做到这一点，他的英语高考成绩一定可以突破140分。

5. 每天坚持爬100级楼梯。你一定会心情好、精神爽、身体棒！马上去行动吧！

6. 饭前、饭后快速读一篇文章，可以是中文，也可以是英文！因为饥饿，因为别人都在看着你，所以你的阅读速度会非常快！用不了一年的时间，你吸收知识的速度会远远超过别人！

7. 每天坚持向十个以上的人微笑和赞扬！微笑和赞扬才是全世界最有威力的武器！

8. 每天坚持做一件不求回报的善事！如果你能坚持日行一善，那你的意志会有巨大的提升！

9. 自我肯定也非常重要。要经常对自己说："我是一个有意志力的人！我能圆满地完成自己每天的任务，获得应有的成长。我能控制我的情绪和欲望，让它们朝着积极的方向发展！"

【训练策略三】正确对待学业挫折，培养良好的应变能力

应变能力是一个人受挫后的自制力、适应性、灵敏性的综合表现。它决定着当前青少年能否客观分析受挫原因，找出合理的解决方法，转向积极有效的行动。心理学研究表明：一个人越是能够获得与挫折事件相关的信息，就越能够有效地处理它，越是参加到他害怕面对的挫折情境中去，就越能够有效地对付这种情境。

【小组训练】

加强挫折普遍存在的意识，端正对待挫折的态度，展开战胜挫折的应变能力训练。（4～6人为一组较适宜）

要求：结合自己实际，与同学分享自己在学习中遇到的挫折，选择一个进行重点讨论，端正对待挫折的态度，与大家共同探讨如何在挫折中应变自如，并写出小组讨论后的答案，然后与其他各小组交流分享。

1. 下面是一些你可能遭受过的学业挫折，看看你有没有曾经遭遇过这样的事或者现在正经历这样的事，如下面没有列出来，请你在“其他”上写出引起你挫折的事。

考试成绩屡屡不如意；家庭作业太多、不能按时完成；没有机会显示自己的才能。

其他：

____

____

2. 如何端正对待挫折的态度？

____

____

3. 如何更好地在挫折中应变自如？

____

____

◎读一读◎

驴的故事

有一天，农夫的一头驴子不小心掉进枯井里，农夫绞尽脑汁想要救出驴子，几个小时过去了，驴子还在井里哀嚎着。最后，农夫决定放弃，他想这头驴子已经老了，不值得大费周折把它救出来，但是不管如何这口井是一定要填起来的。于是农夫就找邻居帮忙，一起将井里的驴子埋了，以免除驴子的痛苦。大伙人手一把铲子，开始将泥土铲进井里。当这头驴子意识到自己的处境时，刚开始哭得很凄惨。但出人意料的是，一会儿它安静下来了。大家好奇地往井底一看，出现在眼前的情形令他们大吃一惊：当铲进的泥土落到驴子的背部时，它将泥土抖落一旁，然后站到泥土堆上面。就这样，驴子一步一步地上升到井口，然后在众人的惊讶中快步跑开了。

事实上，挫折也可以是成功的垫脚石。学习中遇到的种种困难就是加注在我们身上的“泥沙”，如果鼓足勇气，把它们抖落在脚下，使其成为一块一块的垫脚石，即使掉进最深的井里，我们也能安然脱险；但是，如果放弃，挫折就将成为生命的坟墓。而从根本上说，这都需要我们冷静面对挫折，提高自己的应对能力。

【训练策略四】善用心理防御机制，提高心理弹性

人们常说：“东方不亮西方亮。”其实这就是善用心理防御机制的表现，通过其他方面的成功，弥补某一方面的缺陷，积极有效地恢复自信心与自尊心，勇敢淡定地面对挫折，这也不失为明智之举。面对挫折，知道冷静分析产生原因，仔细审视自身的优劣，充分发挥自身的潜力，扬长避短，不断调整自己的学习目标，精心谋划，巧用方法，便能出奇制胜。

心理学研究表明：青少年学业挫折容忍力的大小与心理防御机制密切相关。心理防御机制是挫折发生后在个体内部心理活动中所具备的有意或无意识地摆脱挫折造成的心理压力、减少精神痛苦、维护正常情绪、平衡心理的各种自我保护方式。受挫后的心理防御机制很多，但有利于青少年成长的积极心理防御机制主要有以下几个：

1. 升华。指行动和欲望导向比较符合社会规范的方向，具有建设性、有利于社会和本人。即变挫折为向上的动力，在措施上加大力度，加倍努力，争取以优异的成绩来弥补精神上的创伤。弗洛伊德认为，所有文明的产生就是人遭受挫折后的升华。

2. 补偿。指个人因心身某个方面有缺陷不能达到某种目标时，有意识地采取其他能够获取成功的活动来补偿某种能力缺陷而弥补因失败造成的自卑感，是以一种活动代替另一种活动，类似“替代作用”。

3. 文用。指遇到挫折后，“自圆其说”地编造或杜撰所谓的“理由”，其目的都是要以“合理化”的动机去掩饰自己的行动，维护尊严。比如，酸葡萄式的合理化，争取不到就说它不好；甜柠檬式的合理化，摆脱不掉就说它好。

家教警语

孩子的耐挫力，家长要重视

目前，我国的独生子女家庭居多，这造成了学校教育和家庭教育中的独生子女现象。在家庭中，小孩往往处于中心的地位，从出生到上学，家长围着子女转。可怜天下父母心，我们在关爱自己孩子的同时，可不能形成对孩子的溺爱，让孩子们成为温室中的花朵，受不了一点风吹雨打。

判断鉴别

心理多棱镜：孩子的学业耐挫力，你关注了吗？

下面共有 10 道测题，每个测题后附有三个选项，请家长朋友根据自己的实际情况，在相应的选项上面打“√”。

1. 孩子的事情无论大小，我都亲自帮他做。

A. 经常　　B. 有时候　　C. 很少

2. 小孩会走路之后，如果摔倒，我会扶他起来。

A. 经常　　B. 有时候　　C. 很少

3. 如果孩子考试失败，我会责备他。

A. 经常　　B. 有时候　　C. 很少

4. 我见不得孩子受一点儿委屈。

A. 经常　　B. 有时候　　C. 很少

5. 我不会帮助孩子调节他的情绪。

A. 经常　　B. 有时候　　C. 很少

6. 我不关心孩子学习的近况。

A. 经常　　B. 有时候　　C. 很少

7. 我自己都不知道怎么面对失败。

A. 经常　　B. 有时候　　C. 很少

8. 在孩子学习不顺心时，我不进行合理的开导。

A. 经常　　B. 有时候　　C. 很少

9. 我只关心孩子的学习成绩。

A. 经常　　B. 有时候　　C. 很少

10. 听孩子说他不顺心的事情时，我会厌烦。

A. 经常　　B. 有时候　　C. 很少

【评价与分析】

选的 A 越多，越说明你没有真正关心孩子的失败或挫折，或者没有合适的教育方法。选的 C 越多，说明你越关心孩子的失败或挫折，并有自己比较好的教育方法。选 B 的情况居中。

启示录

当孩子面对失败时

——一位母亲的记录

昨晚，女儿回到家时，情绪很不高，对我说："妈妈，我生物竞赛没选上，我哭了一节课。"

其实，对于这种结果，我是早有预料的，因为女儿的生物一直学得不太好。可是女儿一直是很坚强的。

我问："那你为什么哭呢？"

“因为我已经很努力了，妈妈，你不会很失望吧？”

“不会呀，因为你还是很棒啊。你只是这一次没发挥好而已。继续努力，以后有的是机会。但是，你明白你失败的原因吗？的确，近期你很努力地复习生物了，可是你也知道当初你学的时候就很不扎实呀！好了，今天晚上你什么都别想了，好好睡一觉，明天一切都会好的。”

女儿回房休息去了。我一人静静地思索着，其实，我心里也有点难受，为女儿难受，女儿又一次面对失败了，但愿她能像以往一样很快走出失败的阴影。

通过女儿这件事，我很想对所有的家长问一声：“当你的孩子面对挫折和失败时，该如何去帮助他们正确对待呢？”

孩子在生活和学习中，难免会遭受挫折和失败。如不小心把同学的东西弄坏了、考试成绩不理想等等。有的孩子遇到挫折和失败后，会寻找不正当的理由为自己辩解，推脱自己应负的责任，甚至会产生攻击性行为。同时，挫折会使孩子产生不良的情绪反应，减少自尊心和自信心，增加失败感、愧疚感和思想负担。

那么，当你的孩子面对挫折和失败时，该如何去帮助他们正确对待呢？

1. 让孩子认识到学习和生活中难免会遇到这样或那样的挫折和失败，要敢于面对，不必感到沮丧，并帮助孩子分析产生挫折和失败的原因，找出避免的方法。

2. 鼓励孩子充满信心地战胜挫折。家长可用鼓励的话语、乐观的微笑、赞许的目光来增强孩子面对失败的勇气。同时，让孩子知道面对挫折和失败并不可怕，可怕的是失去对成功的渴求。

3. 对孩子因挫折和失败而产生的不良表现，可以适当采用限制、批评、惩罚的方法。采用以上方法时，要考虑孩子的年龄特征，并顾及孩子的自尊心，以尊重孩子的人格为前提。避免态度过硬、体罚或变相体罚，以免加重孩子对挫折和失败的恐惧，在孩子的心理上造成阴影。

4. 平时注意培养孩子调节和控制自己心理活动的能力，以提高孩子的挫折耐受力。不管孩子在成长过程中遇到的是暂时的失败还是逆境，都是再正常不过的事情。俗话说："失败乃成功之母。"没有失败，就没有从失败中总结经验和教训，也就没有成功的到来。但是，今天的父母还应该正确、客观地教育孩子，那就是："失败未必是成功之母。"失败就是失败，如果孩子在失败后很随意地摇摇头、耸耸肩，只对失败抱一种无所谓的态度，那么他的前面很可能还是失败。

所以，当孩子遇到困难不能解决或走进死胡同时，父母要与孩子一起向困难挑战。父母不仅要鼓励孩子勇敢地面对挑战，还应该提醒孩子"你错了"，并进一步启发孩子"为什么会错"，与孩子一起分析失败的原因，鼓励孩子思考怎样才能少犯相同的错误。这样，孩子才能一步步找到解决问题的答案。

智能篇

伟大的心胸，应该表现这样的气概，用笑脸迎接悲惨的厄运，用自信的勇气来应付一切的不幸。

——鲁迅

第一节　在你的大脑里种下“记忆树”

千百年来，人类依靠记忆积累经验，凭借记忆得到的能力征服了大自然，到达了理想的彼岸。若没有记忆力，人就如同行尸走肉！我们所接受并贮存于脑中的一切信息，随着时间一分一秒地流逝，都将一去不复返地消失在过去之中，智力和技能亦将荡然无存。而在现实生活中，经常听到一些学生的家长抱怨说，孩子很聪明，就是不爱学习，写几个字的作业要几个小时，一会动动这，一会动动那，上课也不注意听讲，经常把题抄错，总记不住老师留的作业，你打他骂他都不管用……在万般无奈之余，家长得出了结论：这孩子不是读书的“材料”，将来也不会有大出息。其实，这些都与孩子的记忆力有关。

诊断评价

我的孩子记忆力不好

来心理咨询室的家长中，大部分家长会说：“我儿子学习成绩老是上不去，记忆力也不好，有什么高招？”“孩子记忆力不好，学习成绩越来越不行，要怎么办呢？”“如何才能提升孩子的记忆力呢？”大部分家长只是一味地责怪孩子不听话，不爱学习，却忽略了记忆力对孩子学习的重要性。比如，面前的这位单亲母亲面容愁苦，不停地搓着双手，絮絮叨叨地说了很多话，其中说道：“老师，我儿子现在面临着高考，学习成绩不是很好，很不听话，一天都不知道他在干什么，我该怎么办呀？”母亲说着还不时擦拭着眼中的泪，我稳定了她的情绪之后，又和她孩子进行了交谈，大致了解了情况。其实不是孩子不听话，也不是不想学好，是记忆力惹的祸，孩子从没有做过记忆力训练，更没有正确的记忆方法。

◎想一想◎

你的记忆力如何？你有意识地去训练过自己的记忆力吗？知道如何去训练自己的记忆力吗？

◎问题探析◎

记忆力是学习的基本条件，好的记忆力是学习成绩好的保障。

一个人学问的高低，往往取决于他在大脑中记忆了多少知识。中小学生的成绩好坏，更与记忆的好坏有密切关系。记忆力与遗传有关，但更主要的是取决于后天的努力，在学习的环境中，在老师家长的教育下，再加上科学的记忆方法，就有可能形成牢固的记忆力。

那么，获得良好记忆力的关键在哪里？记忆力的训练有没有要领可以借鉴参考呢？下面我们就给大家介绍心理学家、教育学家归纳起来的几个要领。

1. 记忆要有明确的目的。实践证明，在其他条件相同的情况下，

若有明确的记忆目的，则记忆力持久且强劲，反之则短暂而微弱。在一个检查记忆力的实验中，把记忆力大致相同的被试分成两组，然后观看一段录像。其中A组被试事先得到明确的提示，大都能寻找出录像中的几处错误，而B组被试并没有什么明确的目的，其记忆力明显低于A组。

2. 记忆要有浓厚的兴趣。兴趣是增强记忆力的催化剂。一个人对他所感兴趣的信息和对象会产生高度集中的注意力与观察力，精神上则更加亢奋。例如，对地理感兴趣的同学，由于伊拉克战争的吸引和对战争关注，会非常熟悉伊拉克的地图以及它的地形地貌及周边环境。

3. 记忆要有集中的注意。只有专心致志、聚精会神，信息和对象才会在大脑皮层中烙上深深的印迹；反之，注意力不集中，无意注意过多，会使人记忆力下降。

4. 记忆要有高度的信心。学习中的记忆是一种复杂的活动，需要我们付出艰辛的脑力劳动。有些学生经常产生一种错误的认识，认为自己记忆能力很差，从而产生了较强的自卑感。其实，同龄的我们记忆力大致是相同的。克服自卑，相信自己的记忆力，始终相信：别人能记住的，自己也一定能记住。

测一测

本测验共有20道题目，请你根据自己的实际情况，在相应的选项上条“√”。

1. 在下面四个选项中选择一个与你相符的。

A. 你很轻易地就能把以前看到的东西清晰地回忆起来

B. 你需要一些提示，但是还能比较清晰地辨别出以前看过的东西

C. 你有一些零碎的记忆片段，但大部分东西都忘记了

D. 你经常把以前的记忆与其他记忆混淆，把东西记错

2. 平常的你用什么方式记东西？

A. 用整体来记忆，也就是把要记的东西综合归纳

B. 以部分来记忆，也就是把对象分开，然后逐一记忆

3. 在记忆一件东西后，你是否会很快再重温一遍，以便记得更牢？（是　否）

4. 你能在记忆时仔细观察对象，并考察与其相关联的事物，以便使记忆更加清楚吗？（是　否）

5. 你能不能在面对大量信息时，把最重要的部分找出来并单独记忆？（是　否）

6. 你会借助一些方式或手段，来加深你对记忆对象的认可，使你记得更牢吗？（是　否）

7. 当你所碰到的只是日常琐事或无关紧要的事时，你是否很快会忘记？（是　否）

8. 当你面对一些比较枯燥的东西时，是否能用理解或关联的方法记下来？（是　否）

9. 你平时习惯用阅读，尤其是精读的方式来搜寻并储存信息到大脑中吗？（是　否）

10. 当碰到难题时，你是否能够不求助他人，单独解决？（是　否）

11. 你在面对一件比较重要的事时，能否集中自己的注意力，告诉自己一定要记住？（是　否）

12. 你对所要记住的东西有兴趣，很想一探究竟吗？（是　否）

13. 你是否在面对众多信息时，也能把对自己有用的东西很快找到？（是　否）

14. 当你面对复杂的事物时，你能够找出其中的联系以及各个部分的异同吗？（是　否）

15. 在记忆比较疲劳的时候，你会不会把要记忆的东西拆换成另一种东西？（是　否）

16. 你是不是习惯将有关联或有相似点的事物归纳到一起记忆？
（是　否）

17. 你能否利用其他辅助的方法，如表格、图样或总结等来帮助你记忆？（是　否）

18. 你平时是否有写日记或感想的习惯？（是　否）

19. 你是不是一定要先理解了才能记住某件东西？（是　否）

20. 在记忆的过程中，你是否会用将对象与其他事物相关联的方法来更好地记忆？（是　否）

【评价与分析】

在第 1 题中，选 A 的人记忆力较强；选 B 的人记忆力一般；选 C 的人记忆力不够好；选 D 的人记忆力比较混乱、模糊。

在第 2 题中，选择整体记忆方式的人拥有较强的记忆力。

第 3～20 题中，选“是”表示你懂得记忆的正确方法，记忆力较强；选“否”的人记忆方法欠妥，记忆力需要提高。

资料卡

艾宾浩斯遗忘曲线

德国有一位著名的心理学家名叫艾宾浩斯（H. Ebbinghaus，1850～1909），他在 1885 年发表了他的实验报告后，记忆研究就成了心理学中被研究最多的领域之一，而艾宾浩斯正是发现记忆遗忘规律的第一人。

根据我们所知道的，记忆的保持在时间上是不同的，分为短时的记忆和长时的记忆两种。而我们平时记忆的过程是这样的：

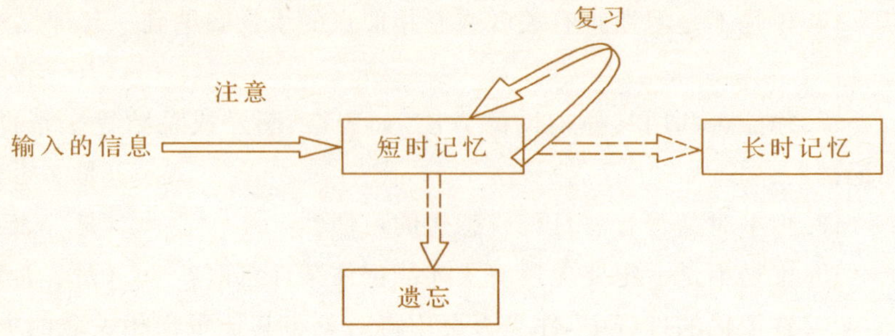

输入的信息在经过人的注意过程的学习后，便成为了人的短时的记忆，但是如果不经过及时的复习，这些记住过的东西就会遗忘，而经过了及时的复习，这些短时的记忆就会成为人的一种长时的记忆，从而在大脑中保持很长的时间。

艾宾浩斯还根据记忆特点描绘出了一条曲线，这就是非常有名的揭示遗忘规律的曲线——艾宾浩斯遗忘曲线，图中竖轴表示学习中记忆的知识数量，横轴表示时间（天数），曲线表示记忆量变化的规律。

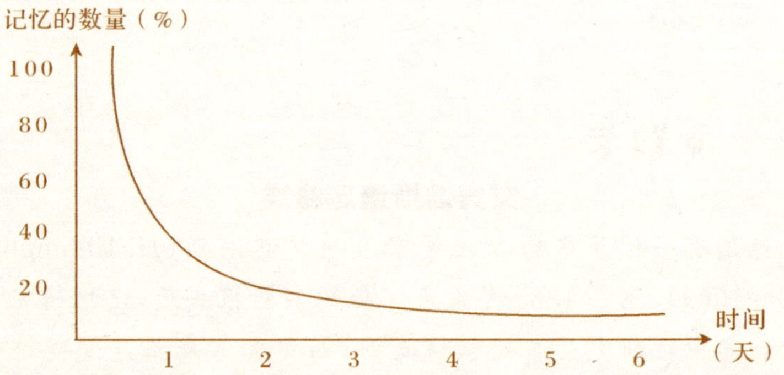

这条曲线告诉人们在学习中的遗忘是有规律的，遗忘的进程不是均衡的，不是固定的一天丢几个，转天又丢几个，而是在记忆的最初阶段遗忘的速度很快，后来就逐渐减慢了，到了相当长的时候后，几乎就不再遗忘了，这就是遗忘的发展规律，即“先快后慢”的原则。观察这条遗忘曲线，你会发现，学得的知识在一天后，如不抓紧复习，就只剩下原来的25%。随着时间的推移，遗忘的速度减慢，遗忘的数量也就慢慢减少。所以及时复习很重要！

观点意识

记忆有哪些规律呢?

1.遗忘的进程

遗忘的进程是不均衡的,有先快后慢的特点。这是由艾宾浩斯首先发现的,他用遗忘曲线来表示这种遗忘的进程。如上资料卡板块所示。

2.遗忘的机制

关于遗忘的机制,说法很多,但得到心理学实验证实的观点是干扰说。研究表明,性质上和时间上相互接近的经验,可以相互促进,也可以相互干扰。先学习的材料对识记和回忆后学习的材料的干扰作用称为前摄抑制,后学习的材料对保持或回忆先学习的材料的干扰,称为倒摄抑制。

前摄抑制和倒摄抑制受前后两种学习材料的性质、难度、学习时间的安排、学习巩固程度等种种条件的制约。首先,前后两种学习所识记相似性中等时,抑制最大,而相似性较小或完全相同时,抑制则较小。其次,如果先学习的材料或后学习的材料难度较大,抑制也较大。第三,先后两种学习的时间间隔越小,抑制就越大。第四,学习的巩固程度越高,越能抵御干扰。

前摄抑制和倒摄抑制一般是在两种学习中间产生的,但是在一种学习材料的内部,也会发生这两种抑制。如学习一个较长的字表或一篇文章时,一般总是首尾容易记住,不易遗忘;中间部分识记较难,也容易遗忘。这就是由于开始部分只受到摄抑制的影响而无前摄抑制,终末部分受前摄抑制的影响而无倒摄抑制,中间部分则受两种抑制的影响。

3.影响遗忘的因素

首先,遗忘的大小与记忆材料的性质有关,抽象的材料比形象的材料更容易遗忘;无意义的材料比有意义的材料更容易遗忘。

其次,遗忘的大小与记忆材料的长度有关,记忆材料长度越大,就越容易遗忘。

第三,遗忘的大小与个体的心理状态有关,能满足个体需要或对个体有重要意义的材料容易保持,不能满足个体需要或对个体没有意义的材料容易遗忘;能引起个体愉快的情绪体验的材料容易保持,能引起个体不愉快的情绪体验的材料容易遗忘。

第四,遗忘与个体的学习程度有关,学习重复的次数越多,就越不容易遗忘。当学习重复的次数达到能刚好完全背诵的150%时,对阻止遗忘的效果最好。超过150%的重复,其阻止遗忘的效果便不再增长。

操作训练

【训练策略一】明确记忆的规律,合理运用记忆规律

1. 合理安排学习内容与时间

为了避免前摄抑制和倒摄抑制对学习的消极作用,我们要避免先后学习的相互干扰。

首先,将不同类型的学习内容安排在邻接的学习活动中,并使中间有一定的休息时间,这样对记忆材料是有益的。

其次,复习时应注意排除记忆内容间的干扰,把相似科目的内容放在一起记容易受到干扰。对学习材料中间的部分应该采取多次复习的办法,或采用分散记忆的方法来加强对这个部分的记忆。

第三,早上与晚上的学习时间由于受到前摄抑制或倒摄抑制的影响较少,应有效利用这段时间增强记忆。

2. 选择适当的识记方法

识记方法共分为三种类型,即,整体识记、部分识记与综合识记。

所谓整体识记，即每次识记的范围包括整篇材料；所谓部分识记，即把材料分成几个部分进行识记；所谓综合识记，即先对整篇材料进行整体识记，然后再把整篇材料分成几个部分识记。

研究表明，部分识记不如整体识记，整体识记又不如综合识记。整体识记的优点是对整篇材料完整的阅读，能加强记忆的理解性；缺点是一次复习内容较多，效果不是很好。部分识记的优点是一次复习内容较少，便于记忆；缺点是把有意义联系的材料机械地分割成几个部分，无疑将妨碍对材料内容的理解，记忆的效果较差。综合识记效果最好，其原因是把两者的优点集中起来，避免了两者的缺点。先整体识记，对材料有所理解，后进行部分识记，每次复习的数量又比较少，这样记忆的效果最好。

3. 反复阅读与试图回忆相结合

先反复阅读，然后在尚未完全记住所学材料之前就尝试回忆，当回忆不起来时再阅读。研究表明，把反复阅读与试图回忆结合起来比单纯反复阅读效果好。因为阅读和回忆相结合是一个更积极的过程，有利于及时检查熟记情况，发现薄弱环节，清楚了解识记材料的重点和难点，从而使识记更有目的性。这样做的结果是容易记忆，保持时间较长，准确性也较高。

4. 及时复习

根据遗忘发生呈现出先快后慢的规律，复习要赶在遗忘大量发生之前（最好是学习之后的 24 小时之内）进行。及时复习可以避免遗忘的迅速发生。对于学习材料，长期不复习，到了期末考试才算“总账”，这样是学不好、记不牢的。当然，对学习的材料仅作一次及时复习是不够的，特别是对那些要求长期保持的基本知识，每隔一定的时间之后还必须再复习。至于复习间隔时间的长短，则应视具体情况而定。

5. 选择适当的复习方式

分为集中复习和分散复习两种方式。所谓集中复习，一般是集中地进行复习，每次复习的时间比较长，复习的材料比较多。所谓分散复习，是指每次复习时间较短，复习的材料较少。

采取分散复习的学习成绩明显优于集中复习。从材料数量和记忆效果之间的关系规律来看，分散复习比较及时，而且每次复习的数量较少。集中复习不够及时，而一次复习的数量又较多，所以效果差。当然集中复习与分散复习的效果要视材料的数量而定。

◎想一想◎

你有这些增强记忆的好习惯吗？

1. 经常背诵

你在看书或学习中甚至在休闲时，会经常背诵一些成语佳句、诗歌短文、数理公式、外文单词和技术要领知识吗？这可是锻炼记忆力的“硬功夫”呀！

2. 先理解，再记忆

死记硬背，不但不易记住，即使暂时记住了，也会很快忘记。如果能把要记忆的知识弄懂、搞通，就好记了。

3. 脑、手、耳、口并用

当你记忆时，应该用脑想，也要用口念，手写。原因是这样调动了更多的记忆“通道”，使记忆痕迹加深。

4. 记忆时专心致志

毛泽东年轻时，就十分重视“闹中取静”，目的是训练自己记忆时的注意力。只有专心致志，才能使你的记忆对象在大脑皮层中形成优势的兴奋灶，产生深刻的记忆印象。

5. 及时复习

一次记忆便能“过目不忘”是不可能的，长期记忆更是如此。我们必须对所学过的知识进行复习和记忆。但每个人的复习一定要在遗忘之前进行，待你记忆的对象忘记光了再去复习记忆，等于重新记忆。

【训练策略二】抽时间，适度地进行记忆力训练

磨刀不误砍柴工，为了促进学习成绩，为了提高记忆的效果，我们可以专门抽取一小部分时间，来进行专门的记忆力训练。

1. **数字练习**

练习去记100个甚至数百个毫无规律的数字，做到快速记忆并能倒背如流。

2. **词汇练习**

找出数十组毫无规律的中文词汇，尝试在最短时间内把它们一个不漏地记住。对于英语单词来说，则需要经常进行英语单词的记忆练习。

3. **句子练习**

练习记忆几个甚至几十个句子，需要一字不差地记住它们。

4. **文章练习**

文章练习是句子练习的延伸，经常找一些较长的文章来进行记忆，比如某篇古文等。

通过这些练习，可以对快速记忆的两种基本能力——联想能力与编码能力进行非常有效的训练，当联想能力与编码能力都得到了有效的提高后，我们的记忆力也就会产生真正的飞跃了。

记忆力训练最关键的一点是持之以恒，需要我们花费一定的时间来经常进行这些练习。只要每天稍微花一点时间来进行练习，用不了多久，就能感觉到记忆力的飞速提升。

【小组训练】

组成记忆力训练小组，定期进行记忆力训练经验的交流，并可适当进行记忆的“小比赛”(2～4人一组较适宜)。

要求：结合自己实际，与小组成员分享自己的记忆力训练经验，交流记忆的经验与技巧。选取适当的时间，比如周末某个时间，进行

记忆的“小竞赛”，从而达到交流的目的。

【训练策略三】善于运用“记忆术”

1.提纲记忆法。是把要记忆的材料列出提纲，再根据提纲进行联想和扩展。比如记一个历史事件可以列出事件发生的背景、发展的过程、结果、评价的提纲。

2.图表记忆法。是把知识整理成图表进行记忆。图表经过学习者的加工整理，加上它结构简洁、重点突出、比较形象等特点，更容易记忆。

3.比较记忆法。是通过比较两个或两个以上事物的共性和个性进行的记忆。比如比较计划经济和市场经济的特点。

4.归类记忆法。是把相同或相近的内容归为一类进行记忆，它是利用接近联想和相似联想的记忆。比如记英语单词，可以归为人体、时间、住房等类型。

5.形象联想法。是通过人为的联想，把无意义的材料和头脑中鲜明、生动、奇特的形象结合起来，达到提高记忆效果。比如，小学生记汉语拼音就常利用具体的事物，m 像两个门洞，h 像一把小椅子等。

6.谐音记忆法。是把无意义材料编成语音相近或相似的材料来进行记忆。如记 5201314 这个电话号码时，可编成：“我爱你一生一世”。

7.串字头记忆法。是把一句话压缩成一个字（一般是开头的字），再把这一个个字串起来成一句话或几句话。比如《二十四节气歌》可编记忆口诀：春雨惊春清谷天，夏满芒夏暑相连，秋处露秋寒霜降，冬雪雪冬小大寒。

8.歌诀记忆法。是把要记的材料编成歌诀来记忆。歌诀精练整齐，有节奏和韵律，因而容易记忆。比如《历史朝代名号歌》：夏后殷商西东周，春秋战国秦皇收。西汉东汉魏蜀吴，西晋东严明兼五胡。匈奴羯氐羌慕容，拓跋伐北后称雄。宋齐梁陈是南朝，北魏齐周称北朝。北周灭齐传于隋，隋又灭陈再统一。隋亡唐兴称富强，五代十国各称王。契丹兴起在北方，建号为辽入汴梁。五代梁唐晋汉周，宋朝建国陈桥头。女真建金先灭辽，打破汴京北宋消。南宋偏安在江南，蒙古兴起国号元。灭金灭宋归一统，元朝统治九十年。明代共传十六君，满洲初号为后金。后金国号改为清，入关称帝都北京。人民觉悟革命起，清帝退位民国立。

◎读一读◎

数学故事：数学家的记忆力

我们在日常生活和学习中，每天都要接触大量的事物，其中有些容易记得，有些不容易记得，这是什么原因呢？原来记忆是和注意密切相关的。有些事物虽然经常见面，但未引起思想上的注意，所以过目而忘。反之，在反复观察，研究某一事物过程中，予以高度注意，就容易记得。

我国著名数学家吴文俊教授，整天忙于研究数学，就连自己的生日都记不得。一天，一位客人来拜访他，见面就说：

“听您夫人讲，今天是您的60大寿，特来表示祝贺！”

吴教授听了，若无其事地说：

“噢，是吗？我倒忘记了！”

客人感到迷惑不解，心想：“这位数学家恐怕是老糊涂了，不然怎么连自己的生日都忘了呢？”可是，后来客人发现并非如此，当他俩谈到吴教授所研究的用机器证明几何问题时，客人指着教授所设计的一台机器问道：

“这台机器是什么时候安装好的？”

“去年12月6日。”教授不假思索地回答。

“您在研究用机器证明几何问题方面有哪些进展？”客人又问。

“大的进展谈不上。今年1月11日以前，我为计算机编了300多道‘命令’的程序，完成了第一步准备工作。”教授继续回答。

这时，客人十分惊讶地问道：

“吴教授，您自己的生日都记不住，但这几个日子却记得很清楚，这是什么原因?"

吴教授爽朗地笑了:

"我从来不记那些无意义的数字。在我看来,生日,早一天,晚一天,有什么要紧?所以,我的生日,爱人的生日,孩子们的生日,我一概不记,但是有些数字就非记不可,也很容易记。例如,年底,当然是12月;而6正好是12的一半。年初,自然是1月,而1月11日,排成阿拉伯数字是111,三个1连排,很好记。"

【反思内化】

1. 你经常借鉴别人或自己总结"记忆术"吗?

____

____

2. 请列举一些你常用的"记忆术"?

____

____

3. 从今天开始,你会有意识地提高自己的"记忆术"吗?

____

____

【训练策略四】保障记忆的用脑健康

提高记忆力是一个系统的工程,不是仅仅掌握一些记忆技巧就能保证效果的。还需要保障记忆的用脑健康。在学习过程中,注意做到劳逸结合,保持愉快的心情,适度参加体育活动,保证合适的睡眠,安排合理的作息,并且要注意营养的补给。

◎读一读◎

七个日常小动作提高记忆力

一个成人的大脑约重1500克,占其体重的2.5%左右,氧耗量占全身总耗氧量的1 4。它不能片刻缺血、缺氧,仅几秒钟的缺氧就会引起头晕，眼前发黑、冒金星，甚至晕厥，危及生命。

1. 把两腿跷在椅子或者桌子上几分钟，腿一定要高过心脏位置。当一个人的双腿跷起高过心脏之后，脚和腿部的血液会回流到肺部及心脏，不仅可以减轻脚部和腿部静脉的压力，还可使头部的供血量大大增加，使你神清气爽。

2. 没事的时候摇摇头、晃晃脑也有助于记忆力的提高。颈动脉是向脑部供血的管道，摇头晃脑可使这些组织得到活动，不但可以增加脑部的供血，还可以减少脂肪在颈动脉血管沉积的可能，也有利于高血压、颈椎病的预防。

3. 不经意间的伸懒腰对大脑也有好处。身体长时间处于一种姿势时，上肢肌肉组织的末梢血管会淤积很多血液，伸懒腰的过程，恰是肌肉收紧和放松的过程，淤积的血液被赶回心脏，心脏得到的血多了，输往全身各处的血也多了，大脑也能分得一杯羹。

4. 随身携带一把牛角梳，或者以指梳头，可改善头皮的血液循环。良好的头部血液循环功能有助于提高记忆力，延缓大脑衰老。具体做法是两手十指微张，从前到后，由上向下，梳理头发，一天做三四次，一次做三五分钟。

5. 一天叩齿 50 次，可拉动头部肌肉，促进头部血液循环，增强大脑记忆力。叩齿时，口水分泌也会增多，口水中含有腮腺素，促进头部血液循环，增强大脑记忆力。

6. 多动手指能刺激大脑。没事的时候，可伸伸手指，蜷蜷手指，二者交替进行，或者左右手交替按摩指尖，也可经常用手握握健身球，让两个健身球在手中旋转。或者把大米与黑豆掺在一起，再把它们分别拣出来，用这些动作来锻炼双手，达到强化或保持大脑记忆力的目的。

7.“迈开腿、勤喝水”。一周慢跑、快走 5 次，一次半个小时的运动虽然简单，却能提高记忆力。

【反思内化】

1.问自己:在学习中自己是否注意了记忆的用脑健康?

2.结合自己的回顾与分析,询问家长、老师、同学,倾听他们对自己在用脑健康方面的认识和评价。

3.在今后的学习中,为了保障记忆的效果,你打算如何健康地用脑?

家教警语

提高孩子成绩请先提高他们的记忆力

克服记忆力差的困难,提高识记和学习的效果,不仅是每一个学生都盼望解决的问题,更是诸多家长关心的问题。的确,学生成天学习大量没有亲身实践过的理论知识,没有一定的记忆力是不行的。记忆力强的学生能够迅速地、准确地、持久地掌握学习过的知识和技能,也能比较好理解、运用这些知识和技能。因此,家长要晓得,提高孩子的学习成绩需先提高孩子的记忆能力。另外,记忆力并非先天决定的,事实上我们的大脑就像肌肉一样,越练越发达。作为家长,你有意识地帮助孩子提高记忆力了吗?

启示录

提高记忆力吃喝有学问

营养保健专家研究发现,一些有助于补脑健智的食品并非昂贵难觅,而恰恰是廉价又普通之物,日常生活随处可见。以下几种食品就对大脑十分有益,脑力劳动者、在校学生不妨经常选食。

1.牛奶。牛奶是一种近乎完美的营养品。它富含蛋白质、钙及大脑所必需的氨基酸。牛奶中的钙最易被人吸收，是脑代谢不可缺少的重要物质。此外，它还含对神经细胞十分有益的维生素B1等元素。如果用脑过度而失眠时，睡前一杯热牛奶有助入睡。

2.鸡蛋。大脑活动功能，记忆力强弱与大脑中乙酰胆碱含量密切相关。实验证明，吃鸡蛋的妙处在于：当蛋黄中所含丰富的卵磷脂被酶分解后，能产生出丰富的乙酰胆碱，进入血液又会很快到达脑组织中，可增强记忆力。国外研究证实，每天吃1～2颗鸡蛋就可以向机体供给足够的胆碱，对保护大脑，提高记忆力大有好处。

3.鱼类。它们可以向大脑提供优质蛋白质和钙，淡水鱼所含的脂肪酸多为不饱和脂肪酸，不会引起血管硬化，对脑动脉血管无危害，相反，还能保护脑血管，对大脑细胞活动有促进作用。

4.味精。味精的主要成分是谷氨酸钠，它在胃酸的作用下可转化为谷氨酸。谷氨酸是参加人体脑代谢的唯一氨基酸，能促进智力发育，维持和改进大脑机能。常摄入一些味精，对改善智力不足及记忆力障碍有帮助。由于味精会使脑内乙酰胆碱增加，因而对神经衰弱症也有一定疗效。

5.花生。花生富含卵磷脂和脑磷脂，它是神经系统所需要的重要物质，能延缓脑功能衰退，抑制血小板凝集，防止脑血栓形成。实验证实，常食花生可改善血液循环、增强记忆、延缓衰老，是名副其实的“长生果”。

6.小米。小米中所含的维生素B1和B2分别高于大米1.5倍和1倍，其蛋白质中含较多的色氨酸和蛋氨酸。临床观察发现，吃小米有防止衰老的作用。如果平时常吃点小米粥、小米饭，将有益于脑的保健。

7.玉米。玉米胚中富含亚油酸等多种不饱和脂肪酸，有保护脑血管和降血脂作用。尤其是玉米中含水量谷氨酸较高，能帮助促进脑细胞代谢，常吃些玉米尤其是鲜玉米，具有健脑作用。

8.黄花菜。人们常说，黄花菜是“忘忧草”，能“安神解郁”。注意：黄花菜不宜生吃或单炒，以免中毒，以干品和煮熟吃为好。

9. 辣椒。辣椒维生素C含量居各蔬菜之首，胡萝卜素和维生素含量也很丰富。辣椒所含的辣椒碱能刺激味觉、增加食欲、促进大脑血液循环。近年有人发现，辣椒的“辣”味还是刺激人体内追求事业成功的激素，使人精力充沛，思维活跃。辣椒生吃效果更好。

10. 菠菜。菠菜虽廉价且不起眼，但它属健脑蔬菜。由于菠菜中含有丰富的维生素A、C、B1和B2，是脑细胞代谢的“最佳供给者”之一。此外，它还含有大量叶绿素，也具有健脑益智作用。

11. 橘子。橘子含有大量维生素A、B1和C，属典型的碱性食物，可以消除大量酸性食物对神经系统造成的危害。考试期间适量常吃些橘子，能使人精力充沛。此外，柠檬、广柑、柚子等也有类似功效，可代替橘子。

12. 菠萝。菠萝含有很多维生素C和微量元素锰，而且热量少，常吃有生津、提神的作用，有人称它是“能够提高人记忆力的水果”。

第二节　给你的眼睛戴上“望远镜”

观察力是人们认识世界的窗口，是获得一切知识的门户，是人类文化积累的一个重要途径；是人们区分事物的一般特征，发现事物的本质特征、提出新问题，进行创造性的一个重要的条件；良好的观察力是进行各种实践活动不可缺少的基本能力。

前苏联著名教育家苏霍姆林斯基(B. A. Cyxomjnhcknn)说过：“观察力对于儿童必不可少，正如阳光、空气、水分对于植物必不可少一样。在这里，观察是智慧最重要的能源。”观察使人变得聪明，使人开阔视野，是获取周围世界信息的源泉，是认识世界、增长知识的重要开端。

要想拥有一个智慧的头脑，就应该勇敢地拓宽视野，敢于观察，善于观察，为自己的智力发展开启一扇明亮的“窗户”，为自己的大脑赋予一双“明亮的眼睛”！

诊断评价

心理学家的观察力

某日，在德国哥根廷。40位心理学家正在开会，忽然，一个人冲进会场，另一个手持短枪的黑人紧追而入，两个人当场搏斗起来，一声枪响之后，两个人又一起跑了出去。这个紧张的场面仅仅持续了20秒钟。

接着，会议主持人要求在场的心理学家们立即就这次刚刚经历的惊险写下目睹记。在40篇报告中，居然有36人没有察觉到那个黑人是光头！

◎想一想◎

心理学家的观察力一般都应当是比较强甚至是比较精确的。但是，这一次，为什么有这么多人在观察时失之偏颇呢？

◎问题探析◎

观察力是一种有意识、有目的、有组织的知觉能力。它是在一般知觉能力的基础上，当个体心理活动的有意性达到一定水平时产生的高级知觉活动能力。它不只是单纯的知觉问题，更是包含着理解、思考、有目的、有计划的知觉。它是人的多种感知觉的综合。案例中的心理学家之所以没有观察到那个黑人是光头，是因为他们事先没有思想准备，事情发生得非常突然，所以他们都没有明确的观察目的，也没有任何观察计划，所以对“黑人是光头”这一重要的事实“视而不见”。这一事实说明，要进行有效的观察，必须明确观察的目的，制订相应的计划。

此外，观察力是智力系统中的一个子系统，是智力必不可少的一个因素。观察力是人类智力结构的重要基础，是思维的起点，是聪明大脑的“眼睛”。

首先，我们知道，一个正常人从外界接触到的信息有百分之八十以上都是通过视觉和听觉的通道传入大脑的。也就是说没有观察，智力发展就好像树木生长没有了土壤、江河湖海没有了水的源头一样，失去了根本。

其次，观察力的发展离不开思维的进步，而思维是智力的核心。人们认识事物，都由观察开始，继而开始注意、记忆和思维。因而观察是认识的出发点，同时又借助思维来提高发展优良的观察力。如果一个人的观察力低，他的记忆对象往往模糊而不确切、不突出，记忆效果差。

再次，从生理和心理的角度来看，一个人如果生活在单调枯燥、缺乏刺激的环境中，就会使脑细胞比较多地处于抑制状态，大脑皮层发育较缓慢，智力显得相对落后。相反，如果一个人经常生活在丰富多彩、充满刺激的环境中，大脑皮层接受丰富刺激，经常处于兴奋活动状态，其大脑的发育就相对较好，智力也较发达。

测一测

本测验共有15道题目，每个题目之后附有三个选项。请你根据自己的实际情况，选择相应的选项。

1. 进入某个房子的时候，你(　　)。

A. 注意桌椅的摆放

B. 注意用具的准确位置

C. 观察墙壁上挂着什么

2. 与人相遇的时候，你(　　)。

A. 只看他的脸

B. 悄悄从头到脚打量一番

C. 只注意他脸上的个别部位

3. 你从看过的风景中记忆了(　　)。

A. 色调

B. 天空

C. 当时浮现在心里的感受

4. 你早晨起床后(　　)。

A. 马上就想应该做什么

B. 想起梦见了什么

C. 思考昨天都发生了什么事情

5. 当你坐上公共汽车，你(　　)。

A. 谁也不看

B. 看看谁站在旁边

C. 与距离你最近的人搭话

6. 在大街上，你(　　)。

A. 观察来往的车辆

B. 观察房子的正面

C. 观察行人

7. 当你看橱窗的时候,你(　　)。

A. 只关心可能对自己有用的东西

B. 看看此时不需要的东西

C. 注意观察每样东西

8. 如果在家需要找什么东西,你(　　)。

A. 把注意力集中在这些东西可能放的地方

B. 到处寻找

C. 请别人帮忙找

9. 看亲戚和朋友过去的照片,你(　　)。

A. 激动

B. 觉得可爱

C. 尽量了解照片上都是谁

10. 假如友人建议你去参加你不会的赌博,你(　　)。

A. 试图学会玩,并想赢钱

B. 借口学一段时间再玩而给予拒绝

C. 直言说不会玩

11. 在公园里面等人,你(　　)。

A. 仔细观察旁边的人

B. 看报纸

C. 想某件事情

12. 在满天繁星的夜晚,你(　　)。

A. 努力观察星座

B. 只是一味地看天空

C. 什么也不看

13. 你放下正在读的书,总是(　　)。

A. 用铅笔标记读到什么地方

B. 放个书签

C. 相信自己的注意力

14. 你记住你邻居的(　　)。

A. 姓名

B. 外貌

C. 什么也没有记住

15. 你在摆好的餐桌前(　　)。

A. 赞扬它的精美之处

B. 看看人们是否都到齐了

C. 看看椅子是否放在合适的位置

【评价与分析】

答题 ABC 三项得分如下表所示：

题目	1	2	3	4	5	6	7	8	9	10	11	12	13	14	15
A	3	5	10	10	3	5	3	10	5	10	10	10	10	10	3
B	10	10	5	3	5	3	5	5	3	5	5	5	5	3	10
C	5	3	3	5	10	10	10	3	10	3	3	3	3	5	5

得 120～150 分，说明你具有很好的观察习惯，而且反应敏锐、思维活跃，是一个具有很强观察能力的人。你不但能正确分析自己的行为，也能够极其准确地评价别人……

得 95～120 分，说明你有相当敏锐的观察能力，思想深刻而且犀利，做事目的性比较强。但是对别人的评价有时候带有偏见，特别在处理人际关系的方式和方法上有待改善……

得 70～95 分，说明你对别人隐藏在外貌、行为背后的思想和企图漠不关心，对生活中的变化置若罔闻，尽管你在人际交往中不会产生严重的心理障碍，但是在机遇和变故面前常常麻木不仁，得过且过……

得 45～70 分，说明你不关心周围的人和事，你甚至连分析自己的时间都没有，更不会观察事物、理解别人。因此，你是一个自我中心倾向很严重的人，这可能会成为你社会交往的极大障碍……

观点意识

有效观察的基本特征

著名气象科学学家竺可桢先生在北京几十年如一日，对气候变化，进行长期观察，从不间断。他每天都坚持测量气温、风向、温度等气象数据，为编写《中国物候学》积累了丰富的资料。我们学习中的观察也要向科学家们学习，做到有效的观察。观察不是随便乱看乱听，怎样才算是真正有效的观察呢？

1. 观察要有目的

一个人在进行感知时，如果没有明确的目的，那只能算是一般感知，不能称作观察。只有当那种感知活动具有明确的目的时，它才能算是观察。因此可以说，目的性是区分一般感知和观察力的重要特点之一。

作为观察的目的性，至少应当包括：明确的观察对象、观察要求、观察步骤和方法。而这些内容，可以在观察前的观察计划中以书面的形式写下来。一般来说，不论是长期、系统的观察，还是短期的、零星的观察，都需制订观察计划。

2. 观察要有条理

观察是一种复杂而细致的艺术，不是随随便便、漫无条理地进行就能奏效的。观察必须全面系统，有条不紊地进行。长期的观察要如此，短期的观察也要如此。观察的条理性，具体而言，要遵循一定的规范和一定的顺序。根据具体情况，可以按照事物出现的时间，由前到后进行观察；按事物所处的空间，由远及近或由近及远进行观察；按事物本身的结构，由外到内、由内到外，或者由上到下、由左到右进行观察；按事物外部特征，由大到小或者由小到大进行观察。

3. 观察需要理解

理解可以使我们及时地把握和观察到客体的意义，从而提高我们对客体观察的迅速性、完整性、真实性和深刻性。在观察过程中，运用基本的思维方法，对事物进行有效的比较、分类、分析、综合，找出它们之间的不同点和相同点，这样，就易于把握事物的特点。

4. 观察需要敏锐

观察力的敏锐性指迅速而善于发现易被忽略的信息。科学家和发明家的可贵之处就在于此。牛顿根据苹果坠地发现了万有引力规律，瓦特根据水蒸气冲动壶盖发明了蒸汽机。在学习活动中，同学之间的观察力千差万别，同是一个问题，有的同学一眼就看出问题的要害和内在联系，有的同学则相反。敏锐性的高低是观察力高低的一个重要指标。

5. 观察需要客观准确

正确地获得与观察对象有关的信息。在观察过程中，不只是注意搜寻那些预期的事物，而且还要注意那些意外的情况，注意观察对象的细节，做到观察的客观。

操作训练

【训练策略一】明确培养观察力的步骤

1. 确立观察目的

对一个事物进行观察时，要明确观察什么，达到什么目的，做到有的放矢，这样才能把观察的注意力集中到事物的主要方面，以抓住其本质特征。

2. 制订观察计划

在观察前，对观察的内容作出安排，制订周密的计划。先观察什么，后观察什么，按部就班，系统进行。

3. 培养浓厚的观察兴趣

这是培养观察能力的重要前提条件。有了兴趣，就会全神贯注地对某一领域进行深入的观察。

4. 观察现象，探寻本质

观察力是思维的触角，要善于把观察的任务具体化，从现象乃至隐蔽的细节中探索事物的本质。

5. 培养良好的观察方法

学会观察方法并巧用它，能起到事半功倍的效果。

◎做一做◎

1. 如果你想要观察某一个学生是怎样进行人际交往的，请你拟订一个观察计划。

____

2. 每个人由于观察敏锐性的差异，在同一件事物的观察上会出现不同的兴趣，注意到不同事物或同一事物的不同特点。那么，怎样才能激发自己的观察兴趣呢？

____

【训练策略二】巧用各种观察法

人类历史上，尤其是科学发展史上的成功人物大都具备优良的观察力，无一例外都巧用了一定的观察法。

1. 顺序转换法：就是学会有计划、有次序的查看，从不同角度、不同顺序上去观察同一事物或用同一顺序观察不同事物，从而把握观察对象的整体和实质。

2. 求同找异法：就是认真观察和研究观察对象，找出其同类事物之间的异同，并分析其间的关系。

3. 追踪法：即在不同时间、不同条件下对同一事物进行间断的、反复的追踪观察，以了解事物的发展变化过程，掌握规律，而对类似情况作出准确分析和判断。比如，用一个月的时间观察月亮阴晴圆缺的情况。

4. 破案法：就是从某一观察的现象、线索中的疑问之处入手，进行探索性的观察，分析找出问题的原因，发现解决问题的办法。比如英国著名发明家(J. Watt)有一次看到暖瓶塞被顶开掉到地上了，他想，暖瓶塞子为什么会被冲开？是什么把它冲开的？它究竟有多大的冲力？带着这些问题，进一步观察，分析和实验，终于受此启发，他发明了世界上第一台蒸汽机。

5. 随感法：是最简单，也最基本的观察积累手段。它的形式为随看随记，随想随记。它可长可短，字数不定，形式自由。例如，观察养蚕，随看随记，某年某月蛾卵由黄变黑。

6. 观察日记法：随着观察材料的不断积累和丰富，简单的随感式摘记显得过于简单，这时就需要写观察日记了。

7. 任务法：在观察活动之前，应适时地给自己或训练对象提出一些要求，下达一定的任务，确立一定的观察目的，使观察有计划地进行。如观察对象有什么特征，周围的环境怎么样，有什么变化等等。

8. 列项划勾法：在明确观察任务和目的后，给自己列出一个转绕观察任务的项目表，恰似上街购物前的“购物提示”，它能够促进使训练者有计划、有目的地观察相关内容。

9. 主要特征法：就是观察事物时，认准被观察对象的主要现象和特点。如我们观察一只公鸡，观察重点是什么呢？应该是重点观察鸡冠和羽毛颜色、大小，因为这是与母鸡相区别的特征。

10. 个体差异法：要使观察进一步深入、细致、具体事物具体分析，必然要抓住事物的个体差异。就是在对同类事物进行观察时，抓住其个体特征。例如，同样是军官，同样是被逼上梁山，林冲和杨志却是截然不同的两种心态和两种性格，这就是他们的个体差异。

11. 中心单元法：即围绕某一观察对象或内容开展一系列观察活动，以求完整、准确地把握和理解事物的现象和本质。

【小组训练】

根据相应的观察法完成下列操作任务(3～5 人为一组较适宜)。

1. 顺序转换法

操作任务：观察一尾金鱼或者观察某一公园，制订合理的观察顺序。

____

2. 求同找异法

操作任务：对蚊子与苍蝇进行对比观察。

____

3. 中心单元法（小组为单位）

操作任务：围绕种子是怎样发芽的这一中心，设计出一系列的观察活动。比如什么时间种子长出根？什么时候张开瓣？什么时候长叶子？颜色怎么样？每天需浇多少次水？

____

【训练策略三】“五视”训练法

1. **静视——一目了然**

(1)在房间里或屋外找一样东西，比如表、自来水笔、台灯或一棵花草，距离约 60 厘米，平视前方，自然眨眼，集中注意力注视这一件物体。闭上眼睛，努力在脑海中勾勒出该物体的形象，应尽可能地加以详细描述，最好用文字将其特征描述出来。然后重复细看一遍，如果有错，加以补充。

(2)熟练后，逐渐转到更复杂的物体上，观察周围事物的特征，然后闭眼回想。重复几次，直到每个细节都看到。观察的要点是，不断改变目光的焦点，尽可能多地记住完整物体不同部分的特征，记得越多越好。

(3)然后再去观察名画。必须把自己的描述与原物加以对照，力求做到描写精微、细致。在用名画做练习时，应通过形象思维激发自己的感情，由感受产生兴致，由兴致上升到心情。这样，不仅可以改善观察力、注意力，而且还可以提高记忆力和创造力。

2. 行视——边走边看

以中等速度穿过你的房间、教室、办公室，或者绕着房间走一圈，尽可能迅速留意多的物体。回想，把你所看到的尽可能详细地说出来，最好写出来，然后对照补充。

3. 抛视——天女散花

取 25 块到 30 块大小适中的彩色圆球或积木、跳棋子，其中红色、黄色、白色或其他颜色的各占三分之一。将它们完全混合在一起，放在盆里。用两手迅速抓起两把，然后放手，让它们同时从手中滚落到沙发上，或床上等地方。当它们全部落下后，迅速看一眼这些落下的物体，然后转过身去，将每种颜色的数目凭记忆而不是猜测写下来。检查是否正确。坚持重复这一练习 10 天，在第 10 天看看你的进步。

4. 速视——疏而不漏

取 50 张 7 厘米见方的纸片，每一张纸片上面都写上一个汉字或字母，字迹应清晰、工整，将有字的一面朝下。也可用扑克牌。取出 10 张，闭着眼使它们面朝上，尽量分散放在桌面上。现在睁眼，用极短的时间仔细看它们一眼。然后转过身，凭着你的记忆把所看到的字写下来。紧接着，用另 10 张纸片重复这一练习。每天这样练习三次，重复 10 天。在第 10 天注意一下你取得了多大进步。

5. 统视——尽收眼底

睁大你的眼睛，但不要过分以至于让你觉得不适。注意力完全集中，注视正前方，观察你视野中的所有物体，但眼珠不可以有一点转动。坚持 10 秒钟后，回想所看到的东西，凭借你的记忆，将所能想起来的物体的名字写下来，不要凭借你已有的信息和猜测来做记录。重复 10 天，每天变换观察的位置和视野。在第 10 天看看你的进步。

家教警语

孩子的观察力不可被忽略

现代科学研究表明：人脑获得信息的 90％以上是从视听觉提取的。古今中外许多成就卓著的人，都以超人的观察力而闻名于世，并以其独特、精细的观察方法取得成功。我国著名地质学家李四光指出："观察是取得知识的重要步骤。"俄国生理学家巴甫洛夫经过多年对大脑条件反射研究得出一条至理名言："观察，观察，再观察！"观察是人获取信息的源泉。英国著名的细菌学家弗莱明（A. Fleming）在谈到青霉素的发现过程时说："这是从一个偶然的观察中产生的，我唯一的功劳是没有忽视观察。"然而，在一些家庭里，并没有把观察看作是一种积极的智力活动，一种培养兴趣、发展智力的途径，这实在是家庭教育的一种不幸。因此，家长要特别注意孩子观察力的培养。

判断鉴别

心理多棱镜：在日常生活中，你训练孩子的观察力了吗？

请父母根据自己的实际情况，在"是"或"否"上打"√"。

1. 经常有意识地引导孩子去观察生活中的事物。 （是　否）
2. 经常注意保护孩子的视力。 （是　否）
3. 经常激发孩子观察万事万物的兴趣。 （是　否）
4. 常常告知孩子观察的一些基本注意事项。 （是　否）

5. 曾引导孩子系统地观察过某类现象。（是　否）

6. 常常引导孩子分析事物现象之间的联系。（是　否）

7. 常常引导孩子理解事物现象背后的本质。（是　否）

8. 孩子提出观察方法方面的问题时，能耐心地加以指导。（是　否）

9. 父母自己的观察力就很强。（是　否）

10. 父母有训练孩子感知能力的意识。（是　否）

【评价与分析】

如果你选择"是"较多，说明你注意培训孩子的观察力，否则，就需要去多多关注孩子观察力的培养了。

启示录

家长应该怎样培养孩子的观察力？

观察是人们认识事物的重要途径，它不是一般地看，而是一种有目的，有计划，比较持久的感知活动。观察能力的强弱对孩子的智力有着重要意义。观察力强的孩子往往能发现别人未能发现的问题。而观察力不是与生俱来的，需要在生活中不断培养，那么家长如何在日常生活中培养孩子的观察力呢？

首先，要激发孩子观察事物的兴趣。

兴趣是孩子观察的动力，只有对事物产生浓厚的兴趣，他才会积极主动地去观察。年龄较小的孩子对周围世界有着强烈的好奇心，这种好奇心容易使他们对周围事物产生兴趣，特别是符合孩子需求的东西更能吸引他们的注意。家长要根据孩子的这一特点，激发孩子观察事物的兴趣并养成他们喜欢观察、勤于观察的良好习惯，所以家长可以经常向孩子提出一些问题，以引起孩子去观察的兴趣。

其次，提出观察要求，指导观察方法。

当孩子表现出对事物的观察兴趣后，父母应教会孩子如何观察。不论孩子观察什么，父母都应提出一定的观察要求。例如：带孩子上动物园，应该告诉孩子要观察的内容和要求，使孩子有目的、有意识地观察，而不是眉毛胡子一把抓。同时，要教给孩子观察的方法。在指导孩子具体观察某一事物时，应教会孩子有顺序地从上到下、从里到外、从主要的明显特征到次要特征进行观察。孩子观察结束后，可以让他说说观察到的现象，这样既加深了孩子的认识，同时又锻炼了孩子有条理地叙述事情的表达能力。

再次，为孩子创设观察的条件。

日常生活中可提供孩子观察的东西是很多的，日月星辰、风雪雷电、花草树木、鸟兽鱼虫等都可称为训练观察的对象。家长应注意选择孩子能理解的事物，引导孩子进行观察、思考，培养孩子的观察力。另外，在家里要为孩子创设一些观察的条件，例如：种一些花草树木、养一些金鱼、鸟、蚕之类的小动物，也给孩子带来了观察的兴趣。只有经常性地对孩子进行训练，他的观察能力才会不断得到发展。

在日常生活中通过一点一滴的积累，一定会使孩子的观察力有明显的提高。

第三节　给你的学习插上想象的翅膀

创新思维的火花，是被人类的“想象”所触发而迸溅产生的。想象，是人脑对已有表象进行的加工改造，是发展学生智力必不可少的一个重要因素，是智力活动富有创造性的条件，学生的想象力水平直接影响整个智力水平。因此，开发学生的想象力是学生学习的必要条件。正如《哈利·波特》的作者罗琳（J. K. Rowling）在哈佛大学的演讲中谈到想象力的重要性时说：“想象力是一种能促使人类预想不存在事物的独特能力，是所有发明和创新的源泉。”可见，想象力的培养，会给你的学习插上有力的翅膀。

诊断评价

我的内心很“黑白”

小华是高一(3)班的一名女生，作文一直不好，她也经常向老师请教如何写作文，那些作文的技巧和策略她也比较清楚，可作文成绩就是一直不理想。她还特地向心理辅导老师“诉苦”，求教如何办。在心理辅导老师的引导下，小华说出了自己的难处。小华在作文技巧和方法方面的知识并不缺乏，缺乏的是丰富的想象力，用她自己的话说，就是“很难在脑中构建完整的故事，就感觉作文时的大脑是黑白的”。后来，在心理辅导老师的帮助下，小华系统地训练了自己的想象力。后来，作文成绩上去了，想象力也变得多彩了。

◎想一想◎

你是否也像小华那样，想象力有待提高？你是否也想让自己的想象插上一对翅膀，给学习带来无穷的力量？

◎问题探析◎

想象力为学习插上一对翅膀，让你在知识的天空翱翔。

想象是人在头脑里对已储存的表象进行加工改造、形成新形象的心理过程。它是一种特殊的思维形式。想象与思维有着密切的联系，都属于高级的认知过程，它们都产生于问题的情境，由个体的需要推动，并能预见未来。一般来讲，想象力的功能主要体现在以下三个方面：

1. 预见功能。想象具有预见功能。心理学的研究表明，人从事任何活动（包括学习活动）之前，都必须首先在头脑中确立定向目标，即能够想象出活动过程及其结果，一旦活动过程结束，将是头脑中预定观念的实现，于是人的活动就有了主动性、预见性和计划性，这有助于活动的顺利完成。学生的学习也是一样，一个想象力贫乏的学生，他考虑问题的思路必然狭窄，也不可能有很高的分析问题和解决问题的能力，其智力发展也是不充分的。

2. 补充功能。想象具有补充功能。在现实生活中，有许多事物是人们不可能直接感知到的。如由于时间、空间的限制，我们要直接感知原始人生活的情景、千百万年前发生的地壳变动和历史变迁、远方的风云变幻、各种宏观世界与微观世界的结构与运动状况等，是很困难的，有的甚至是不可能的。在这种情况下，我们可以借助想象，弥补人类认识活动的时空局限和不足，超越个体狭隘的经验范围，扩大人的视野，对客观世界产生更充分、更全面、更深刻的认识。

3. 替代功能。想象具有代替功能。在现实生活中，当人们的某种需要不能实际得到满足时，可以利用想象从心理上得到一定的补偿和满足。例如，儿童想当一名飞行员，但由于他的能力所限而不能实现，于是就在游戏中，手拿一架玩具飞机在空中舞起来，满足了自己当飞行员的愿望。在日常生活中，人们也常常从想象中得到某种寄托和满足。所以，生活因梦想而升华，因梦想而完美。

测一测

本测验共有 25 道题目，每个题目之后都有“是”与“否”两个选项。请你根据自己的实际情况，在“是”或“否”上打“√”。

1.你是否经常幻想自己想知道的事情？（是　否）

2.你是否经常想象自己的未来？（是　否）

3.当你与别人争执的时候，你常想象对方是怎样思考的？（是　否）

4.当看到新事物时，你是否会觉得它与你熟悉的东西有相似的地方？（是　否）

5.当来到一个新地方，你是否会想象自己居住在这里的情景？（是　否）

6.当要与父母讨论事情的时候，你是否会预想好父母可能的想法？（是　否）

7.你是否经常会有好的想法得到老师父母的夸奖？（是　否）

8.你是否经常会做出一些新颖的举动吸引同学们的眼光？（是　否）

9.每次出去玩的时候，你是否更喜欢选择不同的地方？（是　否）

10.你看电视或电影的时候会哭吗？（是　否）

11.听恐怖故事的时候，你会不会毛骨悚然？（是　否）

12.当你受到批评时，你是不是觉得自己做事总是不对的？（是　否）

13.看小说的时候，你是不是会把自己想象成故事中的某个人？（是　否）

14.和同学一起出去玩的时候，你是不是经常会有好主意？（是　否）

15.你幻想的时候是不是经常有故事情节？（是　否）

16. 当你向别人讲自己的经历时，会不会故意夸大其词，以吸引别人注意？（是 否）

17. 看《卖火柴的小女孩》时，你是否觉得小女孩应该有更好的结局？（是 否）

18. 在与陌生人交谈之前，你能想象自己可能会怎样与他交谈吗？（是 否）

19. 当老师沉着脸走进课堂时，你能想象到老师为什么会这样吗？（是 否）

20. 爸爸很晚还没回家，你是否会想象爸爸可能在做什么？（是 否）

21. 你喜欢玩拼图吗？（是 否）

22. 你喜欢想一些不会在自己身上发生的事情吗？（是 否）

23. 你喜欢想象自己有一天会成为自己心目中的人物吗？（是 否）

24. 你会自己把歌词改成自己喜欢的词吗？（是 否）

25. 你是不是经常会回想别人与你聊过的事情？（是 否）

【评价与分析】

答“是”记1分，答“否”不记分。如果你的得分在0～8分，这说明你的想象力不太好，你似乎一点也不能进入想象的世界，是一个比较实际的人；如果你的得分在9～17分，说明你有一定的想象力，你能够站在别人的立场上去思考问题，但是你却经常把想象认为是一种空想，尽力想要避免想象；如果你的得分在18分以上，说明你的想象力非常出色，具有一定的艺术天赋，但是，有时候容易想象过于丰富，从而导致对外界事物过于敏感。

资料卡

2009年，教育进展国际评估组织对全球21个国家进行的调查显示，中国孩子的计算能力排名世界第一，想象力却排名倒数第一，创造力排名倒数第五。在中小学生中，认为自己有好奇心和想象力的只占4.7%，而希望培养想象力和创造力的只占14.9%。

美国几个专业学会共同评出的影响人类20世纪生活的20项重大发明中，没有一项由中国人发明；中国学子每年在美国拿博士学位的有2000人之多，为非美裔学生之冠，比排第二的印度多出1倍。美国专家评论，虽然中国学子成绩突出，想象力却极其缺乏。

“计算力第一”和“想象力倒数第一”何以落差那么大？

看法一：标准答案是对学生想象力的扼杀。

学生时代的中心思想、社会上的种种窠臼、“标准答案”模式嵌入骨髓，压缩和扼杀着人们的想象空间，从而制造了想象力危机。

看法二：应试教育严重束缚了学生。

著名教育家、武汉大学前校长刘道玉认为，中国“一考定终身”的应试教育，严重束缚了学生，埋没了学生的潜力和创造性。如果现阶段无法取消高考，至少可以采取“一年多考”的形式，只有高考“指挥棒”变了，孩子的好奇心才能回来。

看法三：“成材”而非“成人”的教育观念的阻碍。

中国孩子之所以缺乏想象力、创造力，更深层的原因还在于我们“成材”而不是“成人”的教育观念，以及在这种教育观念影响下产生或选择的的教育体制、教育方式和教育内容。

看法四：中国家长夺走孩子想象力。

我们的中国家长很少有根据孩子个性让孩子茁壮成长的，大多是把孩子成长当作一种虚荣，当作一种攀比资本，这样的家庭教育必然把孩子的个性压抑，必然让孩子与家长形成对立。

◎读一读◎

想象力比知识更重要

爱因斯坦被评为影响新中国的60个外国人之一，他的事迹广为人知，他的一句话家喻户晓："想象力比知识更重要，因为知识是有限的，而想象力概括世界的一切，并且是知识进化的源泉，严格地说想象力是科学研究中的实在因素。"爱因斯坦本人就是实践这一句话的典范。他的广义相对论就是在头脑里做思想实验发现的，而后才被科学实验证实的。

对于想象力的重要性，科学巨匠们有着强烈的共鸣。当今一位著名的科学家、诺贝尔物理学奖获得者杨振宁认为，从事文艺创作需要丰富的想象力，从事科技工作同样需要丰富的想象力。他以他的老师，被誉为"美国氢弹之父"的物理学家泰勒为例，说泰勒的头脑中每天都会产生很多古怪的念头，无论碰到什么人，他都跟人家谈，希望能讨论。正是这种"胡思乱想"使他对20世纪的物理学作出了不可磨灭的贡献。

你如何理解"想象力比知识更重要"这句话？

观点意识

培养自己想象力应遵循的六个原则

一个人想象力丰富，应该说是生活环境的影响和个人意识培养的结果。有人抱怨自己天生就不是有丰富想象力的人，其实每一个人天生都具有一定的想象力，但要使之丰富，就需随时注意培养。在培养想象力的过程中，应遵循这样六个原则。

第一个原则：要学会模仿

想象力的培养，模仿往往是第一步，正如我们先一笔一画地临摹一本钢笔字帖，天长日久就可以写出同样漂亮的钢笔字一样。其实，模仿本身就是一种"再造想象"，你模仿得越像，越说明你的再造想象能力强。模仿的过程就是你抓住事物之间的外部

和内部特点的联系的过程。通过这种联系，你就能逐渐认识事物之间的某些必然的联系特征。掌握了这种方法，你就会自觉地把一种事物和与之有联系特征的另一种事物加以对比，这就是你在想象了。所以，模仿决不同于抄袭，而是把过去经历的东西通过自己的头脑再现出来，这种再现过程就是想象。古今中外，许多有成就的人物在开始时都是从模仿中得到收益的，然后再在前人的基础上加以创新，走出自己的路来。这就是从模仿到创新的想象力发展的结果。

第二个原则：尽可能地博览群书

纵观科学发展史，任何一位科学家的成就，都与他们勤奋学习从而积累下丰富的知识有关。马克思为写《资本论》花了40年的时间阅读了大卫·李嘉图、亚当·斯密等几乎所有古典经济家的著作，还翻阅了大量的资料。伟大的发明家爱迪生，从小勤奋好学，11岁时就阅读了科学百科全书，以后又大量阅读了牛顿、法拉第等人的许多著作，积累了丰富的科学知识，为以后的科学发明打下了坚实的基础。

一个人所掌握的知识，有助于他的想象力的展开。随着现代科学的发展，社会各部门的分工越来越细致，社会各知识领域广泛紧密的联系和交流，为人类的想象力打开了前所未有的广阔天地。例如，现代经济学家丁柏根，正是将高深的数学和物理学同经济学加以联系，才创立了计量经济学这门边缘学科。

第三个原则：注意提高自己的文学艺术修养

诗人和画家常被认为是最富有想象力的人。不错，正是他们通过丰富的想象力，才为我们描绘了一幅幅形象生动的生活场景。所以向文学艺术学习想象力是非常有益的。几乎所有的心理学家都强调文学艺术修养对培养提高想象力的重要价值。苏联心理学家捷普洛夫说："阅读文艺作品——这是想象的最好学校，这是培养想象的最有力的手段。"我们知道，文学艺术是人类社会实际生活的最形象生动的再现，它大量使用的形象思维，比起抽象的逻辑公式，显得更生动、更具体。加上它所具有的浓郁的感情色彩，所以更容易被接受，有更强的感染力。但必须注意，那种走马观花式的涉猎作品和只追求一个“知道”或“看热闹”式的阅读方法，并不能丰富你的想象力。我们提倡积极的想象，要在头脑里“看见”和“听见”作品描述的一切，这种“身临其境”就是京都的一种“再造想象”，这是“创造想象”不可缺少的基本能力。

第四个原则：要勤于观察、善于观察

一个人的观察能力的强弱直接影响到他的想象力。观察力是指捕捉事物和现象的属性和特征的能力。我们想象某事物时，就是捕捉该事物和头脑中经历的事物发生联系的外部或内部的属性和特征，而观察是第一步，即首先认识某事物有什么样的特征和属性，第二步才是想象，即把事物之间的属性和特征加以比较和联系。俄国著名生理学家巴甫洛夫就曾在他实验室的墙壁上题道：“观察，观察，再观察。”那些伟大的文学家和发明就是在不懈的观察中悟出事物的特性和本质联系，从而“想象”出一个又一个艺术形象或科学新知的。巴甫洛夫本人为了研究动物的生理活动，连续30多年进行细致的观察，提出了条件反射概念和高级神经活动学说，从而荣获了诺贝尔奖金。英国地质学家赖尔（C. Lyeil），一生都是在仔细观察中度过的。他游历了几乎大半个地球，在观察中积累了丰富的经验，终于写成了《地质原理》等伟大著作。这里所说的观察绝不仅仅是观察本身，在观察的过程中还要勤于思考，并进行尽可能多的实践活动。在实践中观察，在观察中求得科学新知，这就是每个科学家走过的路。正如培根所说：“我们这些具有人的精神的科学家们应当实验、实验、永远实验下去。”科学家们就是这样在不断的观察探索中造就丰富的科学想象力。为了观察，他们甚

至不惜一切。可见，人类丰富的创造想象是靠不断的观察、积累，靠那种对事物执著的探究精神才培养起来的。

第五个原则：注意培养多方面的爱好

广泛的爱好和多方面的兴趣可以使人思路开阔，想象也就有了广阔的天地。世界是复杂多样且彼此相关的。多方面的爱好与各种知识可以互相补充、互相启发、取长补短。我们在生活中常会遇到这样的情况：当你思考一个问题，从一方面百思不得其解，换一个角度，也许马上会豁然开朗。多方面的爱好对想象力的作用，道理也是一样的。

第六个原则：对事业保持饱满的热情

热情是进行想象活动的直接动力。捷普洛夫说：“一个人的想象活动与其情绪生活是紧密联系着的。……创造想象的重大创造，永远产生于丰富的感情之中。”在实践生活中，人们往往在情绪激动时闪烁出智慧的火花。青年人比老年人更富于想象力的原因，正是在于青年旺盛的热情和情绪容易激动的性格。

据说，人在情绪低落时的想象能力只有平常的二分之一甚至更少，这时人们主观上根本就不愿去多想。对于这点，文学艺术家们都有切身体会。诗人只有在心潮汹涌感情激烈时才最容易驰骋他的想象，写出感人肺腑的诗篇。作家在总结写作体会时常常说：“不是我的作品感动了读者，而是作品的情节首先感动了我自己。”所以丰富的创造想象和饱满的情绪是分不开的。

对于科学家来说，只有首先对他的事业倾注了他全身心的热爱之情，才有可能驱使他去努力想象他的研究对象。一个苹果从树上掉下来实属屡见不鲜，人们几乎可以随时随地看见墙上挂着的世界地图，但是为什么只有牛顿从掉下的苹果中想象到一种看不见的力量，只有魏格纳才从墙上的世界地图想象到世界海陆的最原始分布？原因就在于牛顿和魏格纳这样的“想象家”对事业的无限热情，致使他们的衣食住行都和事业息息相关，使得他们随时随地都自觉不自觉地发挥他们的想象力去描绘理想中的科学蓝图。

操作训练

【训练策略一】借助观察进行的想象练习

1. 对熟悉形象的反向联想

这里所说的联想是指一种非常规的、反向的联想。也就是按照对一个形象的相反的认识去联想。这种反向联想有助于打破习惯的思维定式。

2. 细致观察的发散联想

细致观察后的联想其实是一种极致的想象训练。通过细致观察发现独特的细节后将其尽全力地“大肆渲染”。围绕着画面的需要，可以在原有细节基础上进行细化，也可以变化。

3. 转换角度的观察想象

想象力往往就受到这些习惯角度的影响。可以摆脱习惯观察的角度，换一个独特的角度进行观察表现。

◎读一读◎

想象力是怎样丧失的？

一个老人搞了个别开生面的测试：用粉笔在黑板上画了一个圆圈，请测试者回答这是什么。

小学一年级的小朋友们异常活跃地回答：“句号”“月亮”“烧饼”“乒乓球”“我家门上的猫眼”

问到初中同学时，一位尖子生举手回答：“是零。”一位学习后进的学生喊道：“是英文字母O。”

当问到大学生时，他们哄堂大笑，拒绝回答这个只有傻瓜才会回答的问题。

当问到机关干部时，他们面面相觑，用求救的眼光瞟着在场的领导。领导沉默良久，说："没经过研究，我怎么能随便回答你的问题呢？"

一个关于想象力的官司

1968 年，美国内华达州一位叫伊迪丝的 3 岁小女孩，从幼儿园回到家里告诉妈妈说，她已经认识礼品盒"OPEN"的第一个字母"O"了。她的妈妈很吃惊，问她是怎么认识的。伊迪丝告诉妈妈说是她的幼儿园老师薇拉小姐教的。这位妈妈一纸诉状把薇拉小姐所在的幼儿园告上了法庭，理由是该幼儿园剥夺了伊迪丝的想象力。因为她的女儿在认识"O"之前，能把"O"说成太阳、足球、鸟蛋之类的圆形的东西；然而，自从幼儿园教她识读 26 个字母后，伊迪丝便失去了这种能力。她要求该幼儿园对这种后果负责，赔偿伊迪丝精神损失费 1000 万美元。最后的结果出人意料：伊迪丝的母亲胜诉了。虽说这个例子现在看来有些极端，但是一个国家如此重视发展孩子的想象力，还是值得我们深思。

【训练策略二】借助图形变化进行的想象练习

1. 重象——几种不同的形象按照一定的内在联系与逻辑进行重新组合，构造一个新的形象就是"重象"，也就是合情不合理的"张冠李戴"。

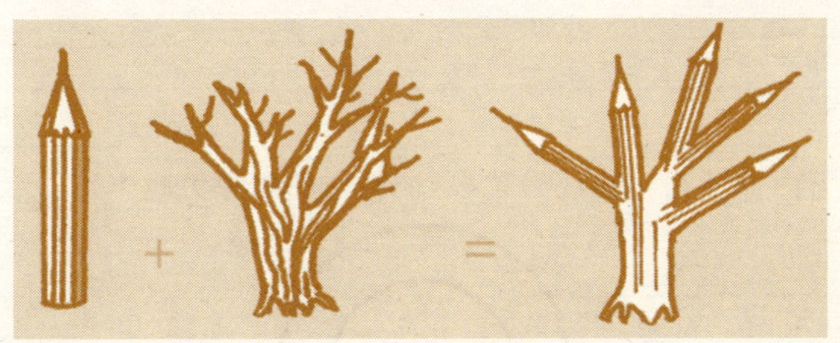

2. 残象——残象是指人为致残的意思。为了设计构思的需要，为了求得一种新的视觉效果，我们可以人为地把某一个形态进行"破坏"，在弄坏的那部分空间赋予一个新的形象，使残缺的部分残而不

残，从而使这一形态产生新的意义和功能。

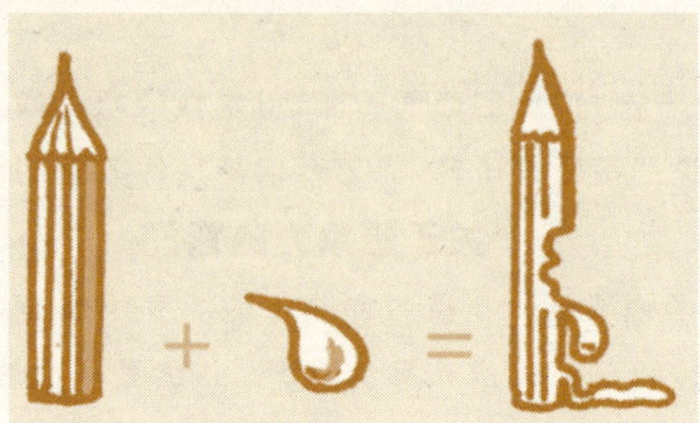

3. 变象——现实中有很多事物的发展过程是渐变过程，反映到造型艺术中，就是利用近似形，使形象转变。人们可以把任何一个形象变成另一个形象，以此来表达意识的转化。

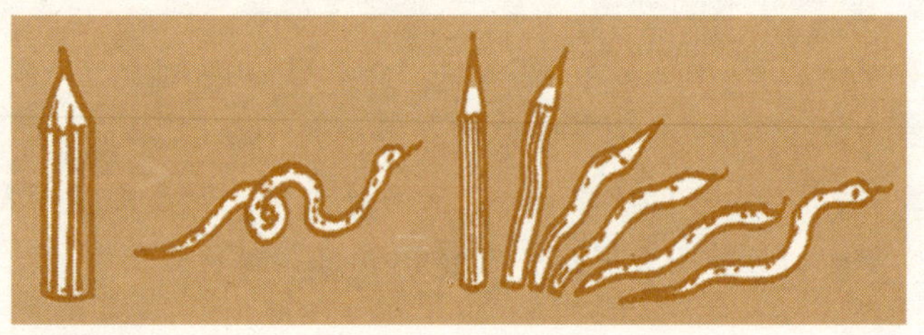

【小组训练】

1. 假如你有一只小球，你能用它做什么？想出用途最多的人为优胜。

____

____

2. 下图像什么？你说得越多，证明你的想象力越丰富。

【训练策略三】借助其他形式进行的想象练习

1.语言——选择几段语言文字或传说、故事启发自己的想象。这段文字最好尽可能少地涉及自己已经熟悉的内容。想象的内容尽可能利用反向联想与发散联想，不要受词语原定义的影响。

2.音乐——倾听一段或几段音乐，根据自己对音乐的感受进行想象，将自己的想象用抽象的线条、黑白或色彩表现出来。既要注意单独的线条、黑白或色彩效果，更要注意整体画面的效果是否符合自己对这段音乐的想象。

3.影视——欣赏一段影视、戏剧作品的片断，然后根据自己对这些片断的印象进行联想，应该尽可能地运用转换想象和发散思维，能够让自己转换到什么内容就表现什么内容，努力让自己的想象与原片断内容不同。

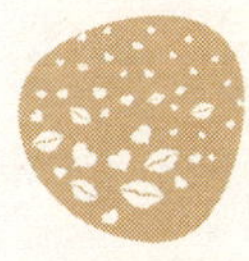

家教警语

呵护孩子的想象力是每个父母的责任

想象力是孩子灵感的源泉，呵护孩子的想象力是每个父母的责任。如果孩子不会想象，就像鸟儿不能飞翔，即使再美丽的世界，再广阔的天空，也无法承载他们的梦想，因为他们已经感受不到、体会不到了。与其把孩子教育成毫无活力的“废物”，倒不如放开他们，让他们在想象的世界中徜徉！

判断鉴别

心理多棱镜：在日常生活中，你训练与提高孩子的想象力了吗？

请父母根据自己的实际情况，在“是”或“否”上打“√”。

1.经常引导孩子用不同的方法去解决问题。（是　否）

2. 支持孩子与众不同的意见。（是　否）

3. 不会轻视和嘲笑孩子的古怪想法。（是　否）

4. 自己明确想象力对孩子发展的重要性。（是　否）

5. 当孩子对某事物有新看法时，会感到高兴。（是　否）

6. 能够引导孩子进行想象力的训练。（是　否）

7. 自认为自己的想象力比较高。（是　否）

8. 自己一直从不同角度思考问题，并能对孩子的问题提出建设性意见。（是　否）

【评价与分析】

如果你选择“是”较多，说明你注意培训孩子的想象力，否则，就需要去多多关注孩子想象力地培养了。

启示录

父母培养孩子想象力应遵循的十大准则

丰富的想象力对孩子的成长和社会的发展至关重要。美国优秀教师、美国教育新闻网专栏作家艾伦·汉斯克维兹认为，培养想象力应遵循十大准则。

第一准则：不只有美术和音乐才能开发想象力。启发和引导的途径是多种多样的。积极主动地思考像谁发明了钱包和为什么发明车轮等实际问题，有助于培养他们的观察力。

第二准则：改变固有思路。想象力最大的敌人是接受现实，一成不变。如启发学生寻找去某个商店的新路线，用双手写字等。这都可以从不同的角度迫使学生开动思维。

第三准则：从小事入手，脚踏实地。要从小事入手，脚踏实地。引导他们从木制刀具想到双面刀具的转变，然后联想到为增加多用性而大胆创新。

第四准则:多接触新事物。注意观察是开发智力和想象力的最佳途径。一个没有接触到新鲜事物的人免不了因循守旧,缺乏独特的思维和见解。

第五准则:别对孩子最初的想象力品头论足。动不动就告诉孩子什么是好主意什么是坏主意,不是一种积极培养他们独立思维的好方式。

第六准则:对孩子的作品多提问题。我们经常看到家里的墙上贴满了孩子们的作品。但除了夸奖外,很少有人对这些作品提出疑问,但提问可以激发想象力,给他们的想象发出必要的挑战。

第七准则:玩新玩具不如创造新玩法。创造新事物固然重要,但有时创造一些已存在的东西,也可以刺激他们的想象力。很多时候,孩子玩玩具盒比玩玩具更起劲。因为他们在玩盒子的过程中发挥自己的想象力。

第八准则:不要吹捧孩子的进步。避免对孩子的想象夸大其词,把小小的改进说成天才的变革。如果在课堂上老师过于夸奖某一个学生的进取,满足一两个学生的虚荣心,一定会不自然地伤害其他学生的自尊,无助于孩子们之间的合作。

第九准则:始终保持开放的思想。要经常积极主动地寻找鼓励更多更有价值的创造途径。

第十准则:重要的是过程而不是结果。鼓励孩子们对创造过程的理解,不片面强调最后作品的重要性。

第四节　在学习中“聚精会神”

《韩非子·功名》告知我们:左手画圆,右手画方,不能两成。我们要提高学习效率,取得好成绩,一个重要的前提就是有较好的注意力。注意力是智力的基本因素,在智力活动中担任

“组织者”和“维持者”的角色，是观察力、记忆力、思维力、想象力的基础。个体间的注意力差距往往会造成学业、生活等的差距。因此，集中注意力有助于提高学习效率，有助于人类学习器官和思维记忆等相关因素的相互协调与良性发展，对正在成长的青少年群体尤为重要。如果长期注意力不集中，会造成学业不良，导致青少年自尊水平和社会认可率下降，甚至最终导致接受高等教育的几率下降和心理健康受损。因此，心理学专家提醒，从小就应该培养与训练自己的注意力，以便为日后学习、工作、生活打下基础。

诊断评价

父母的忧，我的愁

我叫大亮，上初中了。在小学时，我的成绩还算中上等，可是到了初中之后，成绩却很一般，明显不如小学时的成绩。父母对我期望很大，我也能理解父母的苦心，我真想把成绩赶上去。但是，听老师讲课，上自习，做作业，我很难专心致志、一心一意，用我们语文老师的话说，就是我常常心不在焉。照这样下去，学习肯定会受到很大的影响。然而，我目前的问题

倒不在于学习成绩，而是怎么样才能够做到聚精会神，专心去听课和学习呢？

◎想一想◎

从大亮的自我表达来看，他的典型表现是注意力难以集中，因而造成了学习中的分心，听不进去课。事实上，在现实中，大亮的情况在青少年群体中并不是少数现象，而是一个比较普遍的现象。据2006年中国关心下一代工作委员会事业发展中心联合中国社会心理学会公布的《2006中国青少年注意力调查报告》显示，被访学生中自认为上课时能集中注意力的比例仅为58.8%，且仅有39.7%的被访对象表示课堂上能持续集中注意力达到30分钟以上。而在自习时间，可以集中注意力者只有48.6%。对照一下自己，你是不是也属于这个群体呢？案例中的大亮能意识到自己需要提高注意力，你有过这方面的意识么？

◎问题探析◎

聚精会神才能使学习的潜力发挥到极致！

注意力是指人的心理活动指向和集中于某种事物或对象而不被外界刺激所干扰的能力。心理学、教育学研究证实，注意力不集中会对青少年的学习产生很大的影响。

首先，注意力不集中会造成青少年完成学习任务的时间长，青少年注意力集中的同时学习效率也会增加，完成学习任务的时间也会缩短。

其次，注意力不集中的孩子很难胜任难度较大的学习内容，影响学习能力。难度较大的学习内容需要更多的注意分配，如果注意力不集中就很难完成难度较大的任务，从而造成青少年的自信心下降，影响正常学习能力的发挥。

最后，注意力不集中会严重影响孩子的阅读、书写、记忆、思维的速度。一个人的注意力资源是有限的，但注意力分散时，人的注意力指向多个对象，这样会造成每个注意对象所分配的注意资源有限，从而，影响青少年阅读、书写、记忆、思维的速度。最后，注意力不集中严重影响孩子的反应速度、敏捷性以及逻辑思维的正常发展。

测一测

请你根据自己的实际情况，在相应选项上打“√”。

1. 我上课听讲时，心不在焉，难以静下心来。

A. 偶尔　　B. 一般　　C. 经常

2. 外在的干扰再大，也很难影响我完成当前的任务。

A. 偶尔　　B. 一般　　C. 经常

3. 自习时，我容易分心，容易被外界干扰。

A. 偶尔　　B. 一般　　C. 经常

4. 我会围绕学习目标和内容安排自己的事情。

A. 偶尔　　B. 一般　　C. 经常

5. 做作业时，我不能注意细节，马虎大意。

A. 偶尔　　B. 一般　　C. 经常

6. 我上课时，头脑清醒，很有精神。

A. 偶尔　　B. 一般　　C. 经常

7. 我做事时，丢三落四，心猿意马。

A. 偶尔　　B. 一般　　C. 经常

8. 我不会被琐事影响我的学习。

A. 偶尔　　B. 一般　　C. 经常

9. 与人聊天、谈话时，我想另外的事情。

A. 偶尔　　B. 一般　　C. 经常

10. 该玩时玩，该学时学，不会玩时想学，学时想玩。

A. 偶尔　　B. 一般　　C. 经常

【评价与分析】

1、3、5、7、9 各题:选 A 得 3 分,选 B 得 2 分,选 C 得 1 分;

2、4、6、8、10 各题:选 A 得 1 分,选 B 得 2 分,选 C 得 3 分。

整体来看,得分越高,说明你的注意力越稳定越好。

具体来看,1～10 分,说明你的注意力是比较差的,需要下工夫改善自己的注意力;11～20 分,说明你的注意力一般,需要继续提高;21～30 分,说明你的注意力较好,需要继续保持。

资料卡

注意力缺陷多动障碍

注意力缺陷多动障碍(ADHD,Attention Deficit Hyperactivity Disorder),是一种在儿童期很常见的精神失调。对 ADHD 比较确切的定义,记载于美国精神医学会(APA)出版的《精神疾病诊断与统计手册》第四版文本修改版(DSM－IV－TR,APA,2000 年)。ADHD 的主要病征是:注意力涣散或集中困难活动量过多或自制力弱。

有 ADHD 的孩子,其表现通常有注意力不集中、无法抑制自己的冲动以及坐立不安等情况。在养育不听话的 ADHD 青少年的过程中,家长通常会反复地经历挫折与愤怒。由于在青少年期独立性需求比儿童期高,因此家长养育子女的过程会更加辛苦。ADHD 学生在教室内与老师的关系会变得更恶化,甚至与其他同学形成正常的朋友关系也有困难。

尤其,在过重的学业要求与升学主义挂帅下,ADHD 的学生很容易被定位为问题青少年,同时本人也因无法充分地发挥本身的能力,而失去对学业的兴趣。由于自信心不够强,常常会引起各种问题与行为,最后会感到被孤立。

1.因长期环境不适应与经历挫折，失去自信、感到自卑。

2.因缺乏社会性技巧，在交友方面感到困难。

3.由于课业内容已提高至相当的水平，无法跟上学习进度，成绩逐渐下滑。

4.缺乏解决课业外问题的技巧。

5.比小学时期出现更多的行为问题。

6.缺乏组织能力，无法作好整理、整顿的工作，有点儿脏乱。

7.容易与他人产生冲突或打架，出现暴力倾向，甚至会有旷课的倾向。

观点意识

高品质注意力的判断标准

高品质的注意力判断标准主要有四个方面：

第一是能够迅速进入注意状态。如打了上课铃以后，学生进入教室，回到座位上就能够迅速地进入注意状态，专心听老师讲课，在家里写作业，摊开作业本，马上就能把注意力集中到作业上面来；相反的情况是，孩子上课迟迟不能进入注意状态，听课心不在焉，在家中写作业也是一会上厕所，一会喊饿，要吃零食，很难静下心来写作业。

第二是能够排除干扰。比如上课时孩子专心学习，即使外面再吵闹也不为之所动，在家做作业的时候，不会受到客厅里面电视的干扰。相反，孩子上课时，教室外面一有风吹草动，哪怕有个人走过，他就会掉头张望，在家做作业，大人在客厅一开电视，他马上就坐不住，有人敲一下门，他马上就会伸出头来看一下。

第三是能够快速反应。如果孩子在上课时，老师一提问，马上就能快速反应，积极举手发言，在家写作业时速度很快，相反，孩子上课时注意力跟不上，不能快速反应，很少主动举手发言，被老师点名了，也往往回答不上来，在家写作业，也是拖拖拉拉，明明很简单的题目，全都会做，别的小孩半小时就能做完，他要磨磨蹭蹭一个小时。

第四是能够及时转移。比如孩子虽然在课间休息的时候与同学发生争吵，让自己心情很不好，如鲠在喉，但是一上课，就能放下不愉快的心情，专心听讲。在家里，即使被爸爸妈妈批评了一下，受了委屈，一旦写作业，就能遗忘不快。相反，有的孩子被老师和父母批评后，心里越想越委屈，上课想，写作业想，根本无法自拔，学习当然也就无法专心了。还有些孩子，第一天晚上看了好看的动画片，或者参加了有趣的活动，到第二天上课还在回想，与同桌讨论，注意力还无法转移到学习上来。

我们要从整体上判断青少年的注意力水平，不能根据一两条标准就确定他的注意力是高还是低。当然，如果某个青少年一条标准也达不到，或者仅仅达到个别标准，说明他的注意力可能确实值得关注了。

操作训练

【训练策略一】激发学习的兴趣，提高注意力

我们通常有过这样的经验，在打游戏或是看电视时，注意力高度集中，有时候甚至听不到外界的其他声音，而在学习时却很容易溜号、走神甚至找些借口来逃避学习。这是为什么呢？很多时间我们对打游戏、看电视感兴趣而对学习没有兴趣，在做感兴趣的事的时候我们容易集中注意力而在面对不感兴趣的活动时则很难集中注意力。兴趣是最好的老师，人在做自己感兴趣的事的时候最不容易分散注意力，青少年在学习上分散注意力的主要原因就是对学习的兴趣不够。

◎读一读◎

陈毅非常爱读书，常常把书带在身边，有空就看上几页，如果发现了一本好书，他简直是如获至宝，读起来常常是废寝忘食。

有一次，陈毅到一个亲戚家过端午节，进门后，看见桌子上有一本自己找了很久都没找到的书，于是，他忘了走几十里路的疲劳，立即躲到一个空房里专心致志地读起来。他一边看，一边用笔摘录重要章节，到了吃饭的时候，亲戚几次来请他，他都舍不得把书放下。亲戚见他这样用功就不忍再打扰他了，就把糖和粽子给他端去。陈毅的全部注意力都集中在书本和摘录上，粽子本来是蘸糖吃的，可他竟把粽子伸到书桌上的墨砚里蘸着墨汁往嘴里送，一连吃了两个粽子，竟然没有品出异味来。过了一会儿，亲戚又给他端来面条，见他满嘴是墨，便召家人来看，大家见了都忍不住大笑起来。陈毅起初还不知众人在笑什么，他用手抹了一下嘴巴，见手上沾了很多墨汁，才知道自己误吃了墨汁，他诙谐地对大家说："吃了墨没关系，我正觉得我肚子里的墨水太少呢！"

陈毅在看书时因为注意力集中闹了一个小笑话，在学习中你能像陈毅一样集中注意力吗？有些学生一边看书一边想着玩游戏，一边做作业一边想着看电视，一边听课一边想着晚饭会吃什么，这些都是注意力不集中的表现。那么你的注意力够集中吗？

【小组讨论】

加强通过兴趣提高注意力的意识，展开学习兴趣培养与提高注意力的训练(3～5 人为一组较适宜)。请小组同学围绕以下三个问题讨论。

1. 如何理解"兴趣是最好的老师"这句话？兴趣对注意力的提高有哪些作用？

____

____

2. 我对学习有兴趣吗？我对哪些学科的兴趣大，哪些学科的兴趣小？

____

____

3. 兴趣是可以培养的，我打算怎样培养自己的学习兴趣，从而提高注意力？

____

____

【训练策略二】“舒尔特表”训练法

“舒尔特表”训练是国际通行的其中一种最常见和最有效的人的视觉定向搜索训练科目。为了提高注意力，可以选择有不同难度和类型的“舒尔特表”逐级训练。

如果没有现成的“舒尔特表”，也可以自己制作“舒尔特表”。很简单，在一张有25个小方格的表中，将1～25的数字打乱顺序，填写在里面（如下表）。然后以最快的速度从1数到25，要边读边指出，同时计时。研究表明：7～8岁儿童按顺序找每张图表上的数字的时间是30～50秒，平均40～42秒；正常成年人看一张图表的时间大约是25～30秒，有些人可以缩短到十几秒。你可以自己多制作几张这样的训练表，每天训练一遍，相信注意力水平一定会逐步提高！

6	18	10	14	5
12	21	1	23	17
9	4	16	20	7
15	25	8	2	24
3	19	13	22	11

【训练策略三】凝视法

a. 准备一张白纸，在纸上从上往下，用黑色墨水笔画几个圆点，上面的大一点，向下逐渐变小。

b. 坐好，调整一下呼吸，尽量使用丹田呼吸法，总之让自己的心静下来，放松自己。

c. 一开始用你的眼睛看最上面的圆点，注意放松。

d. 暗示自己黑点变大了，且清晰入目。

e. 凝视圆点，呼吸要尽量保持丹田呼吸法，尽量把不眨眼睛的时间延长。当然不要累了眼睛，特别记住，一切要随意。

f. 练到眼睛能很长时间一眨不眨地凝视这个黑点时，就换小一些的黑点继续训练。

这个训练法配合丹田呼吸法，集中我们的精神力于一个圆点，使圆点在我们的眼中、心中扩大，增强自我的控制力，通过这个方法可达到注意力集中的目的。

【训练策略四】抗干扰训练法

集中注意，保持聚精会神的状态，就需要较强的抵抗外界和内心干扰的能力。在这里要排除的不仅是环境的干扰，还有内心的干扰。环境可能很安静，在课堂上，周围的同学都坐得很好，但是，自己内心可能有一种骚动，有一种干扰自己的情绪活动，有一种与这个学习不相关的兴奋。对各种各样的情绪活动，要善于将它们放下来，予以排除。这时候，我们要学会将自己的身体坐端正，将身体放松下来，将整个面部表情放松下来，也就是将内心各种情绪的干扰随同这个身体的放松都放到一边。常常内心的干扰比环境的干扰更严重。如果想做一个有成就的人，就要具备这种事到临头能够集中自己注意力的素质和能力，要善于排除各种环境中的干扰，同时也善于排除自己内心的干扰。

◎读一读◎

几十年前，波兰有个叫玛妮雅的小姑娘，学习非常专心。不管周围怎么吵闹，都分散不了她的注意力。一次，玛妮雅在做功课，她姐姐和同学在她面前唱歌、跳舞、做游戏。玛妮雅就像没看见一样，在一旁专心地看书。姐姐和同学想试探她一下。她们悄悄地在玛妮雅身后搭起几张凳子，只要玛妮雅一动，凳子就会倒下来。时间一分一秒地过去了，玛妮雅读完了一本书，凳子仍然竖在那儿。从此姐姐和同学再也不逗她了，而且像玛妮雅一样专心读书，认真学习。玛妮雅长大以后，成为一个伟大的科学家。她就是居里夫人。

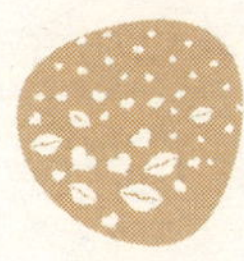

家教警语

改善孩子的注意力，父母很关键！

青少年的注意力不集中很多时候是由于家长在早期教育的时候没有对其进行适当的教育，因此，每个孩子的注意力状况很大程度上是由家长决定的，父母应该在孩子的早期教育中体现出对孩子注意力的关注，并用适当的方法对孩子进行教育才能使孩子发展出较好的注意力。

判断鉴别

心理多棱镜：家长应多做什么？

下面共有 8 道测题，请家长朋友根据自己的实际情况，选择“是”或“否”。

1. 我经常有意识地培养孩子的注意力。　（是　否）
2. 我有改善和提高孩子注意力的有效方法。　（是　否）
3. 我把家里收拾得井井有条，给孩子的学习创造一个清爽的环境。　（是　否）
4. 孩子做作业三心二意时，我会引导他专心致志、聚精会神。　（是　否）

5. 我自己的注意力保持得不错。（是 否）

6. 孩子的注意力下降，我不会厌烦。（是 否）

7. 如果孩子的注意力有问题，我会通过各种方法帮助他改善。（是 否）

8. 我经常与其他家长讨论如何提高孩子的注意力。（是 否）

【评价与分析】

所选的"是"越多，说明你越关心孩子的注意力；否则，就说明你今后需要关注孩子的注意力啦！

启示录

孩子的注意力需要家长"注意"

1. 培养孩子提高注意力的兴趣

可以通过让孩子尝甜头、奖励措施等方式来增加兴趣，从而提高注意力。对孩子本来就有的兴趣，要充分加以利用，借以培养注意力；没有的兴趣，要善于去发掘和培养。例如，对较小的孩子举行做作业仪式，以增添孩子对做作业的兴趣。还有，当必须面对没有兴趣的学习或活动时，我们可以让孩子来设想兴趣是在过程中发现或培养起来的；或者让孩子设想学好、做完后的美好结果，用以激励自己。

2. 培养孩子提高注意力的自信

自信往往通过多肯定、多鼓励来达到。多一些正面暗示，尽量避免负面暗示，例如，家长说"我们孩子注意力不集中""我们孩子总是不专心"，孩子自己说（或认为）"我不专心""我无法专心"等，都非常不利于自信的培养。

3. 为孩子创造一个安静、良好的环境

最好有单独的房间，家里干净整洁，物品摆放有序。家长尽量不在家里打牌、搓麻将，尽量减少电视、音响等带来的干扰，也不要一会儿送个苹果、一会儿送杯开水或饮料……这样既分散了孩子的注意力，又弄得孩子心烦意乱，根本无法专心学习。

4. 提高孩子的抗干扰能力

培养孩子的抗干扰能力，尤其是情绪带来的干扰。对心理的干扰会严重影响注意力的集中。提高抗干扰能力，能使孩子适应各种环境，不管在何时何地、客观条件如何不如意，都能很快将注意力集中到想做的事情上。

5. 保障孩子的睡眠质量

健康专家指出，随着睡眠剥脱的时间加长，大脑对注意力的调控会下降，在这个过程中消耗的心理资源增多，则对外界刺激注意的心理资源减少，容易出现注意力不集中。因此，足够的睡眠是注意力集中的保证。青少年学习压力大，学习负担重，很难保证睡眠质量。因此，注意力集中存在困难，家长要减少青少年的学业压力，创造良好的睡眠环境，这样才能保证注意力的集中，为更好的学习质量创造条件。

第五节　给学习提供“一面镜子”

反思是人类成长进步的基础，看到自己的不足才能有针对性地对自己进行调整，看到自己的优势才能更上一层楼。孔子的弟子曾参曾说过：“吾日三省吾身，为人谋而不忠乎，与朋友交而不信乎，传而不习乎。”可见人们在古代就认识到了反思的重要作用。在学习中通过反思可以发现在学习中存在的问题，进而根据这些问题来解决学习中存在的不足，在不断的反思中取得进步，得到成长。

诊断评价

安安的迷惑

安安是名初中一年级的学生，在上初中前，安安每天的任务只有完成作业，但安安的成绩在班级里还是名列前茅的。上了初中后，安安还是按照以前的学习方法来学习，每天上课认真听讲，放学认真完成作业，但安安的成绩却没有小学时那么好了，甚至许多原来不如自己的同学的成绩都超过了安安，安安很苦恼。在老师的帮助下，安安终于明白了为什么自己的学习方法没有变，可成绩为什么不但没有上升反而下降了。安安向自己的班主任讲述了自己的苦恼，班主任帮助安安分析了自己的学习方法。班主任发现安安除了做好家庭作业外，并没有对自己所学的课程进行很好的复习和反思，班主任建议安安课后要认真反思自己学过的知识。安安接受了班主任的建议，一个月后安安在考试中发现自己的成绩得到了很大的提高。

◎想一想◎

安安之前的学习方法存在什么问题？为什么改变学习方法后安安的成绩会有所提高？你在学习过程中是否存在和安安一样的问题，自己已经很努力了，但还是得不到自己想要的结果？

◎问题探析◎

反思是智慧的源泉，是我们人生走向成功的基本保证。

初中的课程和小学的课程有所不同，初中的课程内容较深且科目也较小学多，用单纯的上课听讲和做家庭作业的方法来学习初中的知识显然是不够的。安安并没有对学过的知识进行反思。听了老师的建议后安安运用了反思的方法。通过反思，安安对自己的学习情况有了全面的了解，安安知道了自己哪些地方存在不足，据此，安安强化了自己在学习中好的方面及已经了解的知识点，并根据自己在学习方面的弱势，调节了自己的学习策略，使学习成绩有了进一步的提高。

为什么学会反思会给我们带来这么好的学习效果呢？

心理学研究发现，反思的作用主要体现在以下几个方面。

首先，反思有自我监督的作用。通过反思，学生可以监督自己的学习状况，使其对自己的学习状况有全面的了解。

其次，反思有自我调节的作用。学生对自己有了全面的了解之后，反思可以帮助学生调节自己的行为方式，选择一种适合的方法来改正自己学习中存在的问题，并对学习中的优点进行强化，用一种更有针对性的方式来调整自己的学习。

第三，反思有自我激励的作用。如果在反思的过程中学生没有发现自己的优点或长处，而是发现了自己身上存在的不足，这些不足也能激发学生学习的热情，使学生得到成长。

最后，反思有自我强化的作用。在反思的过程中，学生对自身的情况有了全面的了解，可以强化自己的学习动机，从而使学习进步。

测一测

请根据自己的实际情况，在“是”或“否”上打“√”。

1. 老师批改完的作业，我能仔细地查看错误问题的原因，并及时改正。（是　否）

2. 我能及时找到自己掌握不好的知识并加以复习。（是　否）

3. 我能很好地了解自己对知识掌握情况。（是　否）

4. 我能很好地了解自己的学习方法存在的问题。（是　否）

5. 我能确定自己掌握了哪些知识，没有掌握哪些知识。（是　否）

6. 我能接受老师或同学给予我的学习建议。（是　否）

7. 在解决问题时尝试用另外的方法解决。（是　否）

8. 我关注是否真正理解并掌握了所学的知识。（是　否）

9. 我曾考虑解决问题的方法的正确性。（是　否）

10. 交作业或考试前，我会主动复习老师讲的知识点。（是　否）

11. 我经常考虑自己考得好或考得差的原因。（是　否）

12. 老师讲完课后我会主动地回忆老师上课讲过的内容。（是　否）

【评价与分析】

选择“是”的项目越多，说明你的学习反思能力越强；否则，就需要关注与提高自己的反思能力了。

观点意识

良好反思能力的表现

教育心理学研究表明，具有良好反思能力的人具有以下特征：

(1)强烈的问题意识。在学习中能主动发现问题,对问题存在一种敏感性,能主动地去监视思维过程,收集有关信息。

(2)高度的责任心。对自己学习和前途有高度负责的精神,因而能够意识到问题的存在,能够以更高的标准检查学习活动过程中的得与失,主动地调节认知过程,支配学习的发展方向。

(3)开放性和灵活性。更容易接纳新信息,对现有的研究结论持有怀疑态度,能够恰当地评价自己,对自己的缺点能够正确地进行估计并能采取积极有效的措施改正。

(4)深刻的探究性。能多方面、多角度对学习中遇到的问题进行探索和研究,对收集的各种改进方案进行评价、估计,按反思的结果去行动,有选择地进行最优处理,而不满足于一般性地解决。

资料卡

调查显示:中学生的学习反思能力有待提升

为探究中学生的反思学习能力,河北师范大学的牛雅萍于2011年采用自编的学生物理反思性学习能力调查问卷(包括反思意识、反思技能和反思毅力)对石家庄市一所重点中学、一所次重点中学和一所普通中学的高二年级学生展开调查。共发放问卷285份,收回的问卷中有效问卷278份。其中,男生144人,女生134人。问卷调查的结果分析如下:

1. 高中生物理反思性学习能力的总体情况分析

从三个维度的得分上看,相比于反思意识、反思毅力来说,反思技能的得分最低,这反映了高中生在物理反思性学习的过程中,虽然具备一定的反思意识,但是缺乏物理反思的技能,这也容易造成他们反思力度不够,反思的行为往往停留在回顾的表面上。

2. 反思意识的调查结果

结果显示，有55.4%的学生认为在学完物理知识后，回顾、思考老师所讲的内容是很重要的，有30.2%的学生认为极为重要；有69.4%的学生认为解决完物理问题后再回顾、再思考对于加深相关物理知识很有帮助。这说明了大多数学生认为进行物理反思是重要的，会促进物理知识的学习。

另外，86%的学生对于教师所讲、教材所写的东西深信不疑、全盘接受，缺乏独立思考的能力；64.0%的高中生会认同老师课堂内讲解的思路和方法，表明了物理课堂上学生较为依赖老师；有28.1%的学生在做完练习后只检查答案不再思考，有8.6%的学生总是这样，表明了部分学生在解决物理问题的过程中只重视结果，忽视对问题的再思考；有69.1%高中生在物理学习过程中很少会思考自己学习物理的方法，这说明高中生多数不关注自己学习物理的方法，不能够经常监控自身的学习状况，物理学习存在一定的盲目性、机械性。从这些问题的回答情况来看，集中反映了所调查高中的学生并未很好地将反思贯穿到自己的物理学习活动中，独立思考问题的积极性不高，缺乏怀疑精神，不能批判地看待问题，批判反思能力较差。

3. 反思技能（评价技能、交往技能、分析技能和策略技能）的调查结果调查显示，有39.9%的学生从来不会定期对自己物理课堂上的表现和学习效果进行评价，有37.1%的学生选择“有时这样”，这说明了大部分学生在物理学习的过程中没有对课堂上的表现和物理学习效果进行自我评价这一环节；有56.5%的学生较少会尝试找出物理学习过程中存在问题的原因，这说明了超过半数的学生缺乏对自身物理学习过程的监管。上述数据表明了高中生在学习物理的过程自我监管、自我归因的能力较差，忽视了自我评价对于物理学习的重要作用，没有养成定期对自身学习效果评价的习惯。

调查显示，学生在课后反思没有弄懂的物理知识时，56.8%的学生不能经常查找相关资料来思考解决问题的方法，57.6%的学生会在课后就没弄懂的物理知识内容积极和同学交流讨论，66.6%的学生没有或者很少会和老师积极交流、讨论所遇到的问题。综上可知，高中生在物理认知过程中如果存在问题，多数会选择与同伴进行交流讨论，其次是通过查找相关资料自己思考解决，最后才是与老师交流讨论。这表明：他们在反思物理问题时的交流的倾向性，原因可能是高中生在与同伴的交流讨论中更容易体会到平等、合作的气氛。

调查显示，有38.9%的高中生在学习新物理知识后，会经常思考新旧知识间的联系；有38.5%的学生能够经常在解完物理题后回过头再次分析题目，这道题的关键在何处；仅有17.3%的学生在解完习题后会经常思考这道题还有没有其他更简洁的思路和更佳的解法，争取一题多解；有19.4%的学生在解完物理题后经常会思考这道题目与生活中的物理情景有哪些相似；仅有7.6%的高中生在解题过程中会常总结解题规律和解题的方法；有20.1%学生在解决完物理问题之后，经常会把它与以前所解答过得题目进行比较，分析其异同。这些都表明了学生在解决物理问题后并没有进行深入的反思，做题存在盲目性。

调查显示，策略技能在反思技能各个层面中的得分最低，有87.1%的学生听课时能将不理解的或联想起来的问题记下，以便课后进一步思考理解；有82%的学生在上完课后缺少对物理课堂知识的再回顾、再思考过程，往往会认为上完课就完成了这节课的任务；有86.4%高中生不会经常将学过的物理知识串联起来做个知识结构图，这说明了一个突出问题，绝大多数的学生没有掌握一个切实可行的方法来把握物理知识间的联系；有64.4%的学生不能够经常与同学的解题思路相比较，体验别人的思路技巧。此外，大部分高中生并没有做错题笔记的习惯，对于错误多数学生采取了放过，失去了这一进行反思的宝贵资源。

4. 反思毅力的调查结果

在反思毅力方面，所调查高中生有46.0%的学生在反思物理学习问题时会经常倾听各方的意见，有45.3%的学生能够坦承自己错误的学习观念，在学生进行物理反思性学习中较能坦承自己的不足，接受别人的建议，但选择从不这样和有时这样的学生占到总人数的5%和41.7%，反映出了一部分学生对于各种解决问题的方法不够重视。

观点意识

学生为什么不愿意反思呢？

学生们为什么不愿意反思自己的学习呢？这不仅与学生自身有关，也与教师的引导有关。

1. 学生学习任务繁重

现在的学生特别是中学生学习任务较重，尽管国家下发减负的政策，学校也作出了相应的努力，在学校中学生的学业任务减轻了，但很多家长抱着“望子成龙，望女成凤”的心态给学生布置额外的学习任务，甚至参加各种辅导班。累计起来学生的学业任务还是很重，在这种学业任务很重的情况下，学生把时间全部用来完成老师和家长布置的任务，而反思本身也需要花费很多的时间，甚至比完成其他的学习任务所需要的时间更长。所以，在繁重的学习压力下，学生很难抽出时间来进行反思。

2. 学生智力因素的影响

学生的反思能力与学生的思维发展水平有关，学生的元认知水平是能否顺利开展反思性学习活动的重要条件。从认知心理学的角度看，学生参与学习活动的过程，实质上是一种认知过程，学生的活动效果好坏、质量高低，需要对自身认知过程反思才能体验到，这种反思在现代认知心理学上称为“元认知”。很多学生的认知水平发展有限，做起反思等学习任务时会感到困难，甚至不知道怎么去进行学习反思，更别提主动去反思了。

3. 教师缺乏相应的引导

大多教师的教学过程主要包括复习旧课、引入新课、讲解新课、课堂练习、教师小结、布置作业等环节。这种教学环节的设置目的主要是传授知识。在教学过程中教师给予学生反思的时间有限，充其量只是对某个知识点的思考，缺乏对知识整体的把握。此外，在传统教学中，教师很少向学生传授应该怎么去进行反思的方法，致使学生不知道该怎样反思，没有养成反思的习惯。

操作训练

【训练策略一】记反思日记

写反思日记主要是对自己的学习状况进行记录，对学习的内容、方法以及学习中的体验进行监控和自我反思，写反思日记有助于培养自己的思维能力。学习能力强的学生不仅有好的学习策略，也有很好的反思策略，其中，记反思日记就是一种很好的方法。写反思日记不是记流水账，而是要加入自己在学习中的思考过程。这样才有利于知识的掌握和能力的提高。

◎做一做◎

任务一：课堂反思日记。主要记录及反思本节课学习的学习情况，其中包括以下几个问题：

1. 在本节课的学习中我掌握了哪些知识？

____

2. 在本节课的学习中我还有哪些知识没有掌握？

3. 本节课学习的知识可以和哪些知识联系起来？

4. 没掌握的知识我应该采取什么方法掌握呢？

5. 本节课我有没有集中注意力听讲？

6. 课后我该采取什么措施巩固本节课的学习内容？

任务二：当天反思日记。主要记录一天中学习的学习情况，其中包括以下几个问题：

1. 今天都学习了哪些内容？

2. 今天的学习内容和以往的学习内容有什么联系？

3. 今天我的学习状态如何？

4. 我今天的学习还有哪些地方可以改进？

任务三：阶段反思日记。主要记录某个阶段的学习情况。如半学期或一学期，其中包括以下几个问题：

1. 这段时间我的学习状态如何，是否100%投入？

2. 这段时间我还有哪些应该掌握的知识没有掌握？

3. 我在学习方法上还有哪些方面应该注意？

通过对以上问题的记录及思考培养自己形成良好的反思习惯，学会使用反思的方法来解决学习中遇到的问题。

【训练策略二】建立反思小组

反思小组以3～5人为宜。在小组中，每一个人都可以自由地评价他人的学习方法和策略，这样做的目的是使认知活动公开化，这可促使小组成员因自己的见解遭到否定，或者听取了别人的见解后发现其观点与自己有出入，从而反思自己的观点。

◎做一做◎

要求：3～5人一组，小组成员分别介绍自己的学习方法，其余同学来对他的学习方法进行评价。主要包括以下几方面内容：

1. 他的学习方法对学习成绩的提高有作用吗？

2. 他的学习方法有哪些地方需要改善？

3. 我们可以学习他学习方法的中的哪些方面？

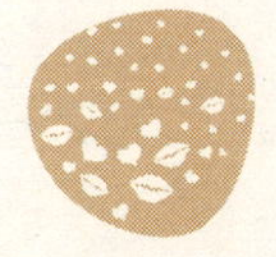

家教警语

孩子的反思能力，需要父母的引导

父母是孩子的第一任老师，也是孩子的终身老师，家长的行为无疑给孩子起了榜样作用。因此，家长在培养孩子的反思力方面也起

着至关重要的作用。作为家长要以身作则，为孩子提供良好的反思环境。

判断鉴别

心理多棱镜：孩子的反思，你引导了吗？

请父母仔细阅读以下题项，根据自己的实际情况选择“是”或“否”。

1. 经常提醒孩子对学习过程进行反思。（是　否）
2. 经常提醒孩子对学习结果进行反思。（是　否）
3. 能够教给孩子反思的方法。（是　否）
4. 表扬孩子的良好反思行为。（是　否）
5. 鼓励孩子总结自己的优点与缺点。（是　否）
6. 提醒孩子质疑现有的答案。（是　否）
7. 帮助孩子记录在反思中取得的进步。（是　否）
8. 常常创设反思的条件与环境。（是　否）

【评价与分析】

你选中的“是”越多，说明你关注孩子的反思力，反思教育越好；否则，就需要加强对孩子这方面的培养了，使孩子从小养成反思的习惯。

启示录

英国著名小说家狄更斯（C. J. H. Dickens）对自己的作品有一个规定，那就是没有认真检查过的内容，绝不轻易地读给公众听。每天，狄更斯会把写好的内容读一遍，每天去发现问题，然后不断改正，直到六个月后读给公众听。与此相同的是，法国小说家巴尔扎克(H. Balzac)也会在写完小说后，花上一段时间不断修改，直到最后定稿。这一过程往往需要花费几个月甚至几年的时间。正是这种不断自我反省、自我修正的态度，让这两位作家取得了非凡的成就。

曾子曰："吾日三省吾身，为人谋而不忠乎？与朋友交而不信乎？传而不习乎？"一次，曾子对他的学生子襄讲什么是勇敢，就直接引用孔子的话，他说："你喜欢勇敢吗？我曾听孔子说过什么是最大的勇敢。自我反省，正义不在自己一方，即使对方是普通百姓，我也不恐吓他们；自我反省，正义在自己一方，即使对方有千军万马，我也勇往直前。"

事实上，每个人在做事的时候都要持有自我反省、自我修正的态度，并以不断的追求去实现自己美好的愿望。一个善于自我反省的人，往往能够发现自己的优点和缺点，并能够扬长避短，发挥自己的最大潜能；而一个不善于自我反省的人，则会一次又一次地犯同一些错误，不能很好地发挥自己的能力。

在前人先贤的基础之上，给家长两条建议：

建议一：提醒孩子进行反思

家长在孩子的学习过程中，要经常有意识地提醒和引导他们对自己的学习过程和结果进行反思，让学生经常对自己的学习过程和考试结果进行反思总结。比如，每天放学后家长向孩子询问今天上了些什么课，在课上学到了哪些知识，还有哪些知识没有掌握。在每次考试后，家长要仔细查看孩子的试卷，特别是孩子出现错误的地方，帮助孩子找到出现错误的原因，如果孩子能及时地改正错误，家长要及时地对孩子的反思行为进行表扬，以达到强化的目的。家长还应该指导孩子进行阶段性的总结，总结自己的优点与不足，自己的学习方法是否得当，最好这些内容能以文字的方式落实在纸上，便于记录孩子的成长，及时发现自己的进步或问题，并给予良好的反馈。

建议二：创设反思的环境

从家长的角度来看，家长要给学生创造反思的环境，家长要引导并带领学生思考自己在学习中应该反思什么。家长要提醒学生监控自己哪些知识掌握了，哪些知识没有掌握，在没有掌握的知识中，哪些是可以用自己的努力来解决的，哪些可以通过与老师、同学的讨论来解决；还要提醒学生考虑哪些知识是自己理解错误的或哪些题是解决错误的，自己为什么会错误地掌握这些知识，问题出现在哪里；家长还要引导学生思考自己还有哪些方面的知识需要掌握以及学习方法上可能存在的问题。青少年初步具备了反思能力，但反思能力尚不成熟，仍需要家长的指导，因此，家长的指导对培养学生的反思能力具有非常重要的作用。

第六节　绽放"地球上最美丽的花朵"

恩格斯说过"思维着的精神是地球上最美丽的花朵"。思维是人类特有的活动，是基于人脑复杂的构造而产生的。思维是一种高级的认知活动，是我们对客观事物本质和规律的认识。人们经常说的"考虑""思考"等都是指的思维活动。思维主要表现在推理与问题解决的活动中。我们完

成复杂的学习活动，不只停留于简单的感知与记忆，还会形成更深的理

解，如果应用到实际问题之中，就需要我们的思维力了。学习越复杂，问题越困难，就越需要我们具有发达的思维能力。

诊断评价

不爱动脑筋的张亮

张亮是某中学的一名学生，学习成绩一般。据张亮自己介绍，他在学习过程中，从来不喜欢动脑筋，很少主动思考问题的解决办法。做作文时，懒得想写作的思路，脑中也很难浮现出写作的素材；做数学和物理的题目时，看到那些抽象的符号就有点儿烦，不喜欢公式的演算和推导。时间久了，对学习内容只是上课听听，下课背背，对那些只是知其然，但不知其所以然，并没有对知识形成比较深刻的理解。因为这个原因，张亮的学习一直没有什么进步，成绩平平。

◎想一想◎

张亮的问题出在哪里呢？你周围的同学和朋友喜欢动脑筋吗？学习中的你喜欢思考问题，善于解决问题吗？

◎问题探析◎

高超的思维力是取得优秀成绩、打开智慧大门的钥匙！

张亮的主要表现就是不喜欢思考，不善于思考，形象思维和逻辑思维都有待进一步提高。青少年时期，是发展与提高思维能力的黄金年龄，我们要抓紧改善思维力，为当前的学习和今后的工作打下基础，而不能做另一个“张亮”。

法国思想家帕斯卡(B. Pascal)说过，“人是一根芦苇，一根最脆弱的芦苇，但却是一根会思想的芦苇。”思维让我们通过感知获得的信息与材料，达到对事物本质的理性认识。卓越的思维让我们更准确地理解知识，帮助我们总结规律，运用规律，助我们预测未来，规划目标与行动。因此，思维能力是学习心理素质的重要组成部分。我们可以这样说，高超的思维力是取得优秀成绩、打开智慧大门的钥匙！

测一测

请根据自己的实际情况，在符合自己特点的选项上划“√”。

1. 在各种场合，我因为一个新想法，而被别人称赞。

A. 经常　　B. 一般　　C. 很少

2. 我觉得只提出问题，而得不到答案，就是浪费时间。

A. 经常　　B. 一般　　C. 很少

3. 我对很多事情，总想探究个明白彻底。

A. 经常　　B. 一般　　C. 很少

4. 在解决某个问题的过程中，我脑子一片空白 。

A. 经常　　B. 一般　　C. 很少

5. 我能通过思考，找到解决问题的更好方法 。

A. 经常　　B. 一般　　C. 很少

6. 我很难找到解决问题的突破口。

A. 经常　　B. 一般　　C. 很少

7. 在面对问题和困难时，我能做到随机应变，灵活对待。

A. 经常　　B. 一般　　C. 很少

8. 学习中的我，不喜欢动脑筋。

A. 经常　　B. 一般　　C. 很少

9. 我能比别人更快地想到问题的答案。

A. 经常　　B. 一般　　C. 很少

10. 我喜欢人云亦云，没有自己的想法。

A. 经常　　B. 一般　　C. 很少

【评价与分析】

1、3、5、7、9 各题选择“A”得 3 分，选择“B”得 2 分，选择“C”得 1 分。

2、4、6、8、10 各题选择“A”得 1 分，选择“B”得 2 分，选择“C”得 3 分。

将各题得分相加，得分越高，说明你的思维越灵活，喜欢深入思考，并常常有独特的想法；得分越低，则相反。

资料卡

学生思维的发展特点

1. 学生抽象思维的发展

第一，推理能力的发展。我国著名已故心理学家朱智贤于 1990 年的研究表明，中小学生的推理能力有随年龄增长而显著提高的趋势，但各种推理能力的发展存在着一定程度的不平衡。初一学生就开始具备各种推理能力，而且随年级升高迅速发展，不同年级间推理能力的差异均十分显著。高中生归纳推理和演绎推理的正确率均达到 60%以上，这表明，高中生的推理能力已趋向成熟。中学生各种推理能力的发展存在一定程度的不平衡，这主要表现在：其一，归纳推理优于演绎推理；其二，在演绎推理中，直言推理成熟最早，假言、选言和复合推理发展基本同步，且成熟较晚；其三，形式推理的能力高于推理应用能力的发展水平。例如，高二学生形式推理的正确率达 81%，而“改正推理错误”的正确率约为 70%，“运用推理解决问题”的正确率仅约 32%。同时，个体间推理能力的差异有增大的趋势。高中生之间的差异明显大于初中生。

第二，运用逻辑规则的能力的发展。朱智贤的研究发现，中小学生在掌握矛盾律、排中律、同一律逻辑规则方面都达到了较高的水平。初一的正确率约为68%，初三的正确率约为73%，高二的正确率约为77%。这说明，中小学生已基本具有运用逻辑规则的能力，随年龄增长运用逻辑规则的能力有所提高。该研究还发现，年级越高，个体间的差异越小。这说明，随着中小学生年龄的增长，其运用逻辑规则的能力趋于稳定。研究还表明，中小学生运用不同逻辑规则能力的发展也存在着一定程度的不平衡。其中矛盾律掌握得最好，同一律次之，排中律掌握得最差。

2. 学生辩证思维的发展

首先，中小学生的辩证思维迅速发展。北京师范大学的心理学教授林崇德于1985年的研究表明，个体的辩证逻辑思维在7～11岁开始出现，随着年龄的增长，其辩证逻辑思维水平不断发展。初三是辩证思维迅速发展的阶段，即重要的转折期。高二有85%的学生能正确地进行辩证逻辑思维，其辩证逻辑思维的水平已接近于成人。

其次，中小学生不同形式的辩证思维的发展水平不同。辩证思维是由辩证概念、辩证判断、辩证推理三种形式构成。中小学生对辩证思维三种不同形式的掌握水平是不同的。朱智贤的研究表明，辩证概念发展较早，辩证判断次之，辩证推理出现最晚。辩证概念和辩证判断的水平较为接近，而辩证推理的水平则远远落后于前两者。高二学生辩证推理的正确率仅为37%左右。

3. 学生创造性思维的发展

首先，中小学生创造性思维能力的结构日趋完整。创造性思维是由求同思维（聚合思维）和求异思维（发散思维）构成的，其中求异思维是创造性思维的核心。创造性思维能力的结构的完整性表现为求同思维和求异思维的协同发展。我国著名心理学家于1985年的张德秀研究表明，初一、初二学生的求同思维优于求异思维，而从初三开始，求异思维的发展速度明显加快，并超过求同思维的发展速度。高中生的创造性思维进入了以求异思维为主，求同思维求异思维协同发展的阶段。

其次，中小学生创造性思维品质日趋提高。创造性思维品质的高低，主要是由求异思维（发散思维）的品质决定的。求异思维具有流畅性、变通性、独特性三种特点。中小学生思维的流畅性、变通性有很大的发展，他们能从不同角度思考问题，运用不同的方法、规则、公式、原理去解决问题，能举一反三，触类旁通。但比较而言，思维的独特性发展相对缓慢。虽然中小学生的小发明、小制作、小论文的数量和质量都随着年龄呈增长趋势，但其中表现出的独创性还不明显。这说明，中小学生的创造性思维还不够成熟。

观点意识

青少年思维培养的两条基本途径

1. 通过读书培养人的思维力

读书是培养我们思维力的一个基本和重要的途径，要把读书与培养思维结合起来，在读书的过程中不仅要学知识，更要学习别人是怎样思考的，从而启发自己的思维，将“学”与“思”结合起来，正是“学而不思则罔，思而不学则殆”。思维创造能力强的人往往就是那些善于思考的人，那些善于刨根问底的人。他们能在读书的过程中发现一些别人发现不到的问题，并反复思考，形成自己独特的见解，这对思维的培养具有重要的意义。

真正有效的读书，不是跟着书本走，不是死记硬背、人云亦云，而是要通过自己的理解，把知识纳入自己的知识结构中，不断地完善自己的知识结构。这个过程本身就是在提高我们的思维力。在这个过程中，要有“问”的意识，喜欢问题，善于发现问题，并尝试解决问题。发现问题和解决问题就综合了我们各种思维的训练。爱因斯坦说过，发现一个问题，比解决一个问题还重要。我们相信，在读书中如果能更主动去思考，思维力会逐渐得到发展。

2. 通过实践培养人的思维力

著名教育家陶行知先生早年受王阳明“知是行之始，行是知之成”观点的影响，把自己的原名陶文浚改为陶知行。后来，陶行知先生在实践活动中，发现实践才是出真知的广阔天地，于是，提出“行是知之始，知是行之成”的看法，并把陶知行的名字改为陶行知。

陶行知先生的故事告诉我们，青少年除了读书，还应把学到的理论知识付诸实践活动，在实践活动中检验和升华自己的能力，包括思维力。读万卷书，行万里路。人的实践活动不同于动物的活动的一个显著标志，就是人做什么事情都是有意识有目的的，这就是说人的实践活动是离不开思维的。因此，通过实践培养人的思维是一种非常好的方法，这就要求我们在实践的过程中多思考、多提问，明确实践的目的、意义、价值，善于反思、总结，不断提高自己的思维水平。

操作训练

【训练策略一】发散思维能力的训练

发散思维又称扩散思维或求异思维，是指大脑在思维时呈现的一种扩散状态的思维模式，呈现出多维发散状。发散思维促使人从不同的角度探讨问题，可以使人的视野开阔，思维活跃，产生大量的新思想。如“一题多解”“举一反三”“一物多用”等方式，都体现了发散思维的训练。

◎读一读◎

美国科普作家阿西莫夫（L. Asimov）曾经讲过一个关于自己的故

事。阿西莫夫从小就聪明，年轻时多次参加“智商测试”，得分总在 160 左右，属于“天赋极高者”之列，他一直为此而洋洋得意。有一次，他遇到一位汽车修理工，是他的老熟人。修理工对阿西莫夫说：“嗨，博士！我来考考你的智力，出一道思考题，看你能不能回答正确。”

阿西莫夫点头同意。修理工便开始说思考题：“有一位既聋又哑的人，想买几根钉子，来到五金商店，对售货员做了这样一个手势：左手两个指头立在柜台上，右手握拳头做出敲击的样子。售货员见状，先给他拿来一把锤子；聋哑人摇摇头，指了指立着的那两根指头。于是售货员就明白了，聋哑人想买的是钉子。聋哑人买好钉子，刚走出商店，接着进来一位盲人。这位盲人想买一把剪刀，请问：盲人将会怎样做？”

阿西莫夫顺口答道：“盲人肯定会这样。”说着，伸出食指和中指，做出剪刀的形状。

汽车修理工一听笑了：“哈哈，你答错了吧！盲人想买剪刀，只需要开口说‘我买剪刀’就行了，他干吗要做手势呀？”

智商 160 的阿西莫夫，这时不得不承认自己确实是个“笨蛋”。而那位汽车修理工人却得理不饶人，用教训的口吻说：“在考你之前，我就料定你肯定要答错，因为，你所受的教育太多了，不可能很聪明。”

实际上，修理工所说的受教育多与不可能聪明之间的关系，并不是因为学的知识多了人反而变笨了，而是因为人的知识和经验多，会在头脑中形成较多的思维定势。这种思维定势会束缚人的思维，使思维按照固有的路径展开。

【小组训练】

加强发散思维能力的训练，树立提高发散思维能力的意识，增加训练发散思维的兴趣（4～6 人一组较适宜）。

1. 选择一个物品，可以是你看见的某件东西，也可以是你脑子里想象出来的任何一件物品。比如报纸，想象它的用途，将它的用途填写在下面的方框里，看谁想得多，时间要求在 3 分钟之内。

报纸______________________________

水杯________________

砖块________________

筷子________________

2. 选择一个偏旁或部首，据此想出由它组成的汉字。比如想出以“氵”或“亻”为偏旁的汉字，看谁想得多，写得多，时间要求在3分钟之内。

氵________________

亻________________

扌________________

木________________

【训练策略二】如果……会怎样？

这是一个简单的扩展想象力和激发思维力的练习。运用一些命题如“如果没有学校，会怎么样？如果白天和黑夜颠倒，会怎么样？”“如果没有纸的发明，会怎么样？”

【小组训练】

要求：小组共同商量确定几例命题，“如果……会怎样”，学生小组成员间（4～6为宜）相互说出自己的想法和观点，看谁想得多而合理，并相互交流，在交流中体验同伴的想法，开拓思维。

参考命题如下：

1. 如果人类不会思考会怎样？

2. 如果始终是白天会怎样？

3. 如果水不是透明的会怎样？

4. 如果你出生在不同的国度会怎样？

5. 如果人有四只手会怎样？

【训练策略三】运用其他思维训练方法

有意识地寻找一些资料来锻炼自己的思维力。比如一些推理游戏等。可组成思维训练小组，每人寻找一些题目，让大家解决问题，提高锻炼思维力的兴趣。比如，有这样一个问题：

一条河的东岸有6个人等着摆渡，其中4个是大人，2个是小孩。河中只有一条空的小摆渡船。小船最多只能载1个大人或者2个小孩。这6个摆渡客，如何只凭借自身的努力和这只小船，全部摆渡到西岸？（假设小孩和大人一样具有划船能力。）

注意：这船超小哦，只能载一个大人或者2个小孩。

问题解密：首先，由两个小孩划船到两岸。然后，其中一个小孩留在西岸，另一个小孩把船划回东岸。接着，由一个大人把船划到西岸，然后留在西岸，再由留在西岸的那个小孩把船划回东岸。接着，再由两个小孩把船划到西岸，重复以上的过程，直至所有的人都摆渡到西岸。

◎读一读◎

1. 多问为什么

我们的大脑与好奇心联系在一起。随着我们长大变“成熟”，许多人开始抑制或否认自己天生的好奇心。让你充满好奇心吧！问问自己为什么会发生这些事情。问问知道的人们。锻炼好奇心最好的方式就是问“为什么”。让一天至少问十个“为什么”成为你的习惯吧！你的大脑会变得愉快，你也会惊讶地发现你的生活工作中有那么多的机遇和解决方案。

2. 做个猜谜游戏

有些人喜欢拼图游戏，纵横字谜游戏，逻辑拼图——你选择哪种游戏都不要紧。在空闲时间做些猜谜游戏是活动大脑很棒的方法，并且使你的大脑保持良好的工作状态。做点猜谜找点乐子，但一定要在知道你在锻炼大脑的情况下进行。

3. 莫扎特效应

十几年前，现在威斯康星州威斯康星大学的心理学家弗朗西斯·

劳希尔（F. Kauscher）和她的同事发现听莫扎特可以提高人们数学和空间推理能力。即使老鼠走迷宫，听了莫扎特音乐也比听完白噪声或极简主义作曲家菲利普·格拉斯的音乐后走得更快更精确。去年，劳希尔报告说，至少对于老鼠来说，一曲莫扎特奏鸣曲可以刺激与大脑中神经细胞信号有关的三个基因的活动。

这听起来就像是调整心智机能的最和谐的方式。但是在你拿起CD之前，看看需要小心什么。不是每一个期待莫扎特效应的人都找到了它。再说，即使它的支持者也认为音乐提升脑力不过是因为它让听者感觉更好——同时感到放松和兴奋，相似的刺激也可以做到。事实上，一个研究发现听一个故事也能带来相似的提升。

4. 改善你做过的事情的技能

只要你想拓展你的能力和知识，一些重复的脑力刺激也未尝不可。一般的行动如种植、缝纫、打桥牌、读书、绘画和做纵横字谜游戏也都是有价值的，但你要让自己尝试不同的园艺技术，进行更复杂的缝纫方式，和更天才的对手打桥牌来增长自己的技能，读一些新领域的新作者的文章，学习一种新的绘画技巧，做更难的纵横字谜游戏，把你的大脑推向新的高度以使它更健康。

家教警语

孩子的思维训练，父母很关键

思维经过训练是可以提升的，早期教育尤其是父母对孩子的思维发展起着关键的作用。父母应该在早期就对孩子的思维进行有意识的训练，而不是等到上学之后发现孩子的问题后再进行训练。

判断鉴别

心理多棱镜：孩子的思维力，你培养了吗？

请父母仔细阅读以下题项，根据自己的实际情况选择“是”或“否”。

1. 面对孩子千奇百怪的问题时，我会认真地回答。（是　否）
2. 我经常鼓励孩子的好奇心。（是　否）
3. 我会鼓励孩子探索未知的事物。（是　否）
4. 对孩子的“好奇心”，如拆玩具等进行正确的引导。（是　否）
5. 我经常有意识地培养孩子的思维能力。（是　否）
6. 我支持孩子按自己的意愿去活动。（是　否）
7. 我支持和允许孩子自由的表达感情和想法。（是　否）
8. 我对孩子的良好的思维活动进行鼓励。（是　否）
9. 我经常帮助孩子进行试验和探索。（是　否）
10. 对于学习和生活中的问题，我能与孩子平等交流。（是　否）

【评价与分析】

在以上测验题中，你选择“是”的项目越多，越说明你对培养孩子的思维能力有很好的教育方法。否则，就需要加强自己在培养孩子思维能力方面的能力了。

启示录

居里夫人家庭教育的启示

法国科学家居里夫人（M. Curie）曾两度获得诺贝尔奖，一生科研工作十分繁忙，然而她很善于抓紧时间对子女进行早期教育，并能把握孩子智力发展的年龄优势。比如，居里夫人在女儿不到1岁时，就让她开始所谓的“幼儿智力体操”训练，让她广泛接触生人，到动物园看动物，让她与猫玩，让她到公园去看绿草、蓝天、白云，看色彩绚丽的各种植物和人群，让她到水中拍水，使她感受大自然的美景。孩子大点后，居里夫人又开始了一种带艺术色彩的“智力体操”，教孩子唱儿歌和讲童话。再大些，就开始智力训练和手工制作，如数的训练，字画的识别，弹琴、作画、泥塑，让她自己在庭园种植植物、栽花、种菜等，并抽出时间与她散步，在散步时给她讲许多关于植物和动物的趣事，如种子是怎样在花里长成的、小老鼠和鼹鼠是怎样打洞的、哪里能找到兔子窝等等。她的教育都力求从实物开始，且每天更新，以提高孩子兴趣。她还教孩子骑车、烹调等。全方位幼儿早期“智力体操”训练，不仅使孩子增长了智力，同时也培养了孩子的各种能力。

居里夫人的家庭教育对我们父母训练子女的思维力，有哪些启示呢？

给家长的建议一：鼓励孩子的好奇心

孩子的心理发展特点是活泼好动，好奇好问。他们不断地用身体和感官探索周围的一切事物，积累着知识经验，发展着思维能力。对此，父母不能像对成人般地对待孩子，对他们做出种种限制和随意斥责。根据心理学的原理，凡是因好奇心受到奖励的儿童，一定会愿意继续进行试验和探索，否则就会妨碍智能的发展。

给家长的建议二：避免孩子的焦虑感

孩子有着较强的好奇心，对事物有着一种钻研精神，喜欢拆东西，如想看看玩具里面究竟有什么东西。对此，父母不能一味地给予孩子批评和惩罚。这样只能阻碍其创造性的发展。父母既应该对他们讲明道理，指出其错误，又要鼓励他们试验探索的精神，以避免对所犯错误的焦虑感。这样孩子的思维能力才能得到发展。

给家长的建议三：培养孩子的独立性

在生活中，父母不要对孩子照顾过多、担心过多，限制和剥夺他们独立活动的机会。父母要允许孩子按自己的意愿去活动，为其智能发展提供良好的条件。另外为了培养婴幼儿的首创性，特别需要父母在生活中多关心和了解孩子，让他们能自由地表达自己的思想、感情和意愿，对其微小的创造性表现给予鼓励，增强他们的自信心。只有给孩子独立生活和思考的空间思维能力才能使其朝着好的方向发展。

参考文献

[1]林崇德.发展心理学[M].北京:人民教育出版社,2009

[2]陈琦,刘儒德.当代教育心理学[M].2版.北京:北京师范大学出版社,2007

[3]张大均.教育心理学[M].北京:人民教育出版社,2008

[4]马先仑.学习的智慧——中学生高效学习22策[M].北京:现代教育出版社,2005

[5]新教育学习研究机构.高效学习方法全集.初中版[M].西安:陕西师范大学出版社,2009

[6]郑委.爱学习会学习能学习:家长辅导孩子学习的有效方法[M].北京:北京大学出版社,2010

[7]郑委.父母做对了孩子才优秀:教育孩子的十大原则[M].北京:北京大学出版社,2010

[8]钟科.中小学生学习能力训练教材[M].长沙:国防科技大学出版社,2011

[9]朱士鸣.考试心理技巧[M].北京:上海辞书出版社,2006

[10]赵红瑾.时间管理与学习能力提升[M].北京:中国时代经济出版社,2010

[11]冉乃彦.真正的教育是自我教育[M].北京:新世界出版社,2004

[12]姚本先.心理学[M].北京:高等教育出版社,2005

[13]金堂.优秀中学生的16个学习习惯[M].北京:石油工业出版社,2006

[14]郭成.青少年学业自我研究:[学位论文].重庆:西南大学教科所,2006

[15]张玉梅.初中生合作精神的培养——基于江苏省江阴高中初中部的研究:[学位论文].上海:华东师范大学,2007

[16]肖海彦.初中生心理耐挫力现状的调查及对策研究:[学位论文].

赣州:江西理工大学,2009

[17]孙士梅.青少年学业情绪进展特点与自我调节学习的联系:[学位论文].济南:山东师范大学,2006

[18]牛雅萍.高中学生物理反思性学习能力研究:[学位论文].石家庄:河北师范大学,2011

[19]江琦.大中学生考试心理问题及考试绩效研究:[学位论文].重庆:西南大学,2006

[20]陈旭.中学生学业压力、应对策略及应对的心理机制研究:[学位论文].重庆:西南师范大学,2004

[21]周淑枫.未来取向之自我调整学习历程模式分析:[学位论文].台南:台湾成功大学,2007

[22]阮昆良,邓凌.学业成绩高、低分中学生时间管理倾向特点的研究[J].重庆:西南师范大学学报(人文社会科学版),2004

[23] 刘惠军,石俊杰.中学生自我概念与心理健康的关系[J].长沙:中国临床心理学杂志,2000(1):48～50